本书曾获

★ 吉林大学哲学社会科学精品成果奖（著作类，2007年5月）
★ 吉林省第七次社会科学优秀成果奖三等奖（著作类，2007年12月）
★ 第一届中国法律文化研究成果奖一等奖（教育部高等学校法学学科教学指导委员会、曾宪义法学教育与法律文化基金会等，2008年11月）

复仇　报复刑　报应说

中国人罪过偿报态度的文化解说

霍存福　著

产品合格证

检验员：020
厂　名：山西人民印刷有限责任公司
厂　址：山西省孝义市新义街 525 号
此产品若发现印装质量问题，请
将合格证及问题反馈给我公司，以便
查找原因，及时处理。
联系电话：0358-7641044

山西出版传媒集团　山西人民出版社

图书在版编目（CIP）数据

复仇·报复刑·报应说：中国人罪过偿报态度的文化解说／霍存福著. -- 太原：山西人民出版社，2024.11. -- ISBN 978-7-203-13618-7

Ⅰ. D924. 04

中国国家版本馆 CIP 数据核字第 2024TK4887 号

复仇·报复刑·报应说：中国人罪过偿报态度的文化解说

著　　者：霍存福
责任编辑：郭向南
复　　审：李　鑫
终　　审：梁晋华
装帧设计：孙健予

出 版 者：山西出版传媒集团·山西人民出版社
地　　址：太原市建设南路 21 号
邮　　编：030012
发行营销：0351-4922220　4955996　4956039　4922127（传真）
天猫官网：https://sxrmcbs.tmall.com　电话：0351-4922159
E－mail：sxskcb@163.com　发行部
　　　　　sxskcb@126.com　总编室
网　　址：www.sxskcb.com

经 销 者：山西出版传媒集团·山西人民出版社
承 印 厂：山西出版传媒集团·山西人民印刷有限责任公司

开　　本：890mm×1240mm　1/32
印　　张：9.75
字　　数：245 千字
版　　次：2024 年 11 月　第 1 版
印　　次：2024 年 11 月　第 1 次印刷
书　　号：ISBN 978-7-203-13618-7
定　　价：78.00 元

如有印装质量问题请与本社联系调换

王 序

孟德斯鸠《论法的精神》云："在人为法建立了公道的关系之先，就已经有了公道关系的存在。例如（一）在人类有了社会的时候遵守法律是对的；（二）如果某些'智能的存在物'从另一'存在物'那里接受恩泽的话，就应该有感谢之心；（三）如果一个'智能的存在物'创造了另一个'智能的存在物'的话，被创造的存在物，就应该保持原有的依附关系；（四）一个'智能的存在物'损害了另一个'智能的存在物'就应当受到同样的损害，等等。这些公道的关系都是在人为法之先就已经存在了的。"①其中，第三是指信奉、敬仰和依附上帝；第二指报恩；第四指报恶，尤其点明是同态复仇。

孟德斯鸠以为人为法之前的"公道关系"的二、四两项，实际也是中国有史以来的文化的核心。这就是报恩与报仇。霍存福同志的该书，是在其博士论文的基础上修改而成的。该书围绕一个"报"字，对传统中国刑法文化的三个主要文化元素——复仇、报复刑、报应说进行了分析，包括复仇事实与观念（上篇复仇）、法律中的报复刑因素及其表现（中篇报复刑）、报应（恶报）理论的内容与特征（下篇报应说），涉及中国传统刑法文化的三种主要存在形态——习俗文化、制度文化、观

---

① （法）孟德斯鸠著、张雁深译：《论法的精神》，商务印书馆1995年版，上册，第2页。

念文化。该书使用文化学方法，侧重从"大文化"视角（不仅限于刑法学理及法条精神的分析，而且涉及支撑这一学理的外围学说和习俗民风）进行专题研究，揭示报复刑这一刑法学理与复仇和报应说两种法律文化现象之间的亲缘关系和互补功能，使问题得以深入。同时，也分析了复仇这一法律文化现象、报复刑这一法律文化观念对有关法律制度的内容与其执行上的影响和制约关系。该书以世界上其他民族或国家尤其是亚欧古代民族或国家的相应风俗、法律及宗教教义为参照系，映衬中国刑法文化的这一领域在历史发展中所显示出的共同性和特异性。在历史描述和逻辑推演过程中，注重规则的法律分析；在法律意识分析的基础上，也注重揭示其潜意识或集体无意识状态；在制度的立意、学说的寓意、习俗的背景分析基础上，注重其功能的分析；并以古代传统刑法文化与当代中国现实的法律文化传统的联系，作为贯通全书的关注点。

　　本书用历史的、实证的、比较的方法，对中国人罪过偿报态度进行了细致、深刻的分析，在许多问题上提出了自己的观点，颇具新意，反映出作者的深厚史学、法学功底，对研究中国刑罚史、中国刑法观有较大参考价值。该类研究在国内不多见。出版之前，霍存福同志嘱我为序。作为他的指导教师，我欣然应之。霍存福同志治学严谨，总想使之不断完善，故迟迟未能面世。积压数年，应该推出，以广流传。

　　是为序。

王　牧

2004年11月27日

于中国政法大学

自　序

马克思、恩格斯各有一句著名的话，都讲复仇和报复刑（报应刑）的关系。马克思在《死刑。——科布顿先生的小册子。——英格兰银行的措施》中说："这种把刑罚看成是罪犯个人意志的结果的理论只不过是古代《jus talionis》〔'报复刑'〕——以眼还眼、以牙还牙、以血还血——的思辨表现罢了。"[①]恩格斯《家庭、私有制和国家的起源》也说："我们今日的死刑，只是这种复仇（血族复仇——作者注）的文明形式，而带有文明的一切好处和弊害。"[②]其实，从黑格尔开始，就屡屡讲到二者之间的关系。黑格尔还就当时英国法律中的报复刑成分进行过分析。

从中国材料进行这方面的分析，一直比较欠缺。我一直欲从事这一研究。"导论"中提到的从郑成良教授那里听来的关于学法律"缺德""作损"的故事，其实就是我写"刑官报应说"这一课题的最初刺激，也带来了最初的冲动。一些杂书，如南宋洪迈的《夷坚志》、清纪昀的《阅微草堂笔记》、袁枚的《子不语》及宋李昉《太平广记》的有关内容，促使我草成了一个"刑官报应说"的小文，因为我觉得这是一个传统法文化研究者应关注的问题。写复仇问题，也与"导论"中提到

---

① 《马克思恩格斯全集》第8卷，人民出版社2016年版，第579页。
② 《马克思恩格斯选集》第4卷，人民出版社1972年版，第92页。

的我的家乡发生的那件血案的刺激有关。那是我形成对中国的复仇主义的基本看法的现实材料。

后来在职读博士研究生，我与导师王牧教授探讨论文选题，决定从刑法文化角度研究报复刑问题，遂将三个课题联系了起来。研究复仇与报复刑，在逻辑上是解释"报应说"的来历问题的。但将三个问题串联起来，却发现了一个文化大背景——一个以"报"为中心的中国刑法文化传统，和整个中国文化的"施"与"报"的文化结构。因而，"复仇·报复刑·报应说"这个题目，是从一个特别角度谈刑罚的起源与进化问题。这样一个早期历史的过程描述，有利于学界将来的进一步理论提升。

对报复刑的研究，我抓住了它的基本形态——同害刑进行分析，并进行了中西对比。我的意见是，中国存在过同害刑阶段，只是与西方有别。中国相对些，古代西方绝对些，只是个同害刑范围的宽窄问题。它们并没有影响非同害的刑罚与其并存。同害刑有一种使用上的局限性。盗窃、强盗等犯罪是没法同害的——国家不能反过来委派某人去偷窃或抢劫犯罪人的东西，无论结果或过程的同害都是无法进行的。所以，从同害刑的逻辑中，无法排除非同害刑存在的可能性和合理性。于是，人们寻找能够接受的接近于同害的方法——手段或工具的同害刑。"去其具"，实际上就是这样一个产物。报复刑注重对已然的犯罪的处罚，是一种对于犯罪行为的机械的反动，主要针对的是犯罪，而不是犯罪人。这可能就使得重视对犯罪人教育改造的措施，难以出现并真正发展起来。

对于复仇，史学界有研究，但基本上是断代的。我突出复仇的规则分析（这是法学研究的基本要求），以与法律规则相印证。同时，我以为，对复仇现象的分析，应当注重对它与已有规则的对照。为此，我用了比较大的篇幅对法律完备情况下的复仇进行了一些分析。

"报应说"问题，在逻辑上是由复仇、报复刑等基础性原理派生出来的，因而具有前两者的特征。民间"报应说"，在中国文化中充当了俗文化的角色。它比复仇之主要作为经学文化、报复刑理论之主要作为先是"子学"后是士大夫文化并在法律上有相当的表现不同，它靠口口相传等形式，在民间有更大的基础和空间，也更广为播散。

在修改过程中，本想将原文中的一些盲点充实起来。比如，关于中国古代刑罚中的教育刑成分、功利主义刑罚成分等问题，基本没有涉及。实际上，中国古代对刑罚的教育作用是有强调的。《唐律疏议·名例》就说："笞者，击也，又训为耻。言人有小愆，法须惩诫，故加捶挞以耻之。……故《书》云：'扑作教刑。'即其义也。"这是通过"耻"的方式实现的教育。又云："徒者，奴也。盖奴辱之。"[①]又是以"辱"的方式进行的教育。但问题既多，反省总不能彻底，因而未能做较大的改动。增加的只是一些必要的资料和个别观点的修正，在整体结构和论述方式上，没能做大的改变。好在我将在这个论题上继续进行思考，深化及完善皆有待于将来。

霍存福

2004年11月20日

于吉林大学法学院

---

① 《唐律疏议》，中华书局1983年版，第3—4页。

目　录

导　论 / 001

上篇　复仇

第一章　原始复仇习俗 / 016

第一节　源于氏族组织一体性的复仇义务 / 016

第二节　起于各种形式侵害的复仇事由 / 020

第三节　出于限制报复之灾难性后果的复仇方式 / 023

第二章　经书中的复仇规范——复仇事例所反映的规则化过程 / 026

第一节　复仇前提之标准的建立——从不问是非而复仇到"不受诛"等才可复仇的限定 / 030

第二节　复仇对象的限定——由全宗族到加害者本人的缩减 / 033

第三节　复仇者的范围及角色限定——臣下、朋友参与复仇，亲族由氏族全体向近亲属等的缩小 / 037

第四节　复仇结果的指向——对死亡结果的追求的单一性 / 044

第三章　复仇之在后世——法律完备状态下的复仇问题 / 047
第一节　关于复仇的纵、禁与其争论所反映的问题 / 050
第二节　对汉以来复仇案的诸分析 / 070
第三节　复仇与相关的法律规制 / 111

中篇　报复刑

第四章　报复刑的原始蛮性表现——族刑与缘坐 / 124
第一节　族刑、缘坐——蛮性复仇在刑罚制度上的印记 / 124
第二节　夷三族刑的正式立法及其历史进化意义 / 130

第五章　报复刑的普遍而有影响的形态——同害刑 / 134
第一节　西方古代的绝对同害刑 / 135
第二节　中国古代的相对同害刑 / 146
第三节　东西方古代同害刑的特征 / 162
第四节　同害相报的报复刑的情理基础 / 170

第六章　报复刑的发展——非同害的象征性刑罚与等值报偿 / 180
第一节　同害刑在实行中的象征性——向非同害靠拢 / 182
第二节　对同害刑的清算是产生和支持非同害原则的基础 / 183

第三节　非同害的报复刑的立论基础 / 191

第七章　报复刑观念对有关制度的执行的影响 / 197
　第一节　报复刑观念在侦（审）讯过程中的表现和影响 / 198
　第二节　报复刑观念在监禁囚犯方面的反映和表现 / 201
　第三节　报复刑观念在刑罚执行方面的反映和表现 / 203

下篇　报应说

第八章　一般报应说 / 209
　第一节　报应说——多源头汇合而成的解释 / 210
　第二节　报应说与报复刑、复仇的关系 / 220

第九章　刑官报应说 / 225
　第一节　刑官报应——司法报应与立法报应 / 225
　第二节　报应的内容、范围与强度 / 231
　第三节　冤报的缘由及其实质 / 238
　第四节　冤报的罪过形态及其寓意 / 246
　第五节　报应说的特征与作用 / 254

结　语 / 261

初版后记 / 266

再版跋 / 268

参考文献 / 280

附录1：正视传统，磨琢文化，提炼精神，任重而道远 / 288

附录2：原论文摘要 / 291

复仇　报复刑　报应说

导　论

一、复仇主义的文化心理在当前中国的现实存在

1998年年初，我的家乡发生了一起惨案。一个儿时的同学残酷地用刀砍死了邻居少妇，并砍残了她的正上六年级的女儿。而事情的起因不过是一些邻里间说不清的纠葛。谈起这件事，乡民们唏嘘："只怪这家太软弱、太善良。"因为男主人只懂得干嚎，他的两个大舅哥只知道摊着两手哭喊："天哪！这可咋办？"事到临头，没有一个能出来做主的。他们以为，对付凶暴的办法就是凶暴，当时就该回报以同样的东西：反过来砍了他的妻子儿女。我不禁打了个寒战。一位乡民注意到了我的反应，补充说："这一点都不过分。砍了活该。再自然不过了。"

我没有想到"自然"，猛然间却想到了文化。想到了那一连串成语和俗语——最能表明文化被浓缩了之后的那些语汇。人们常说：语言是文化最丰富的载体。对于复仇而言也应当如此。为此，我查阅了当时我所能找到的成语和俗语辞典，对涉及复仇、报仇、报复、报应一类的语汇进行了语义分析。结果发现，这些大量存在着的语汇，无一例外地充满了浓厚的报复心理过程和心理内容。

"仇"不是单独存在的。所谓"切骨之仇""血海深仇""苦大仇深"等都与恨、怨、耻等心理体验相连：

恨：仇　　恨

深仇大恨

刻骨仇恨

新仇旧恨

家仇国恨

阶级仇民族恨

}　解决办法：报仇雪恨

怨：旧仇宿怨

怨　　家

}　解决办法：报仇雪怨

耻：报仇雪耻

}　解决办法：报仇雪耻

痛苦：亲痛仇快

必报心理：不解之仇

不共戴天

恩仇未报

讨还血债

君子报仇，十年不晚

　　这一切，可以用"仇要报"三个字来概括。"仇"的用法还有疾恶如仇，这是讲厌恶，但已不是仇本身了。

　　与仇相连的心理体验：极度的恨、怨、耻、痛苦及必报心理以及厌恶感，构成了报复心理的主要内容和过程。在恩仇未报之时，这些心理内容和过程将占据一个人的全部心灵；随着报复行为的准备和进行乃至最终完成，则是与之相对的心理体验——等待的耐心、艰苦和完成的快意：恨的消除（雪恨），耻辱感的释放（雪耻），怨和厌恶感的消解，等等。而所谓仇的内容，"血海深仇""血债累累""讨还血债"三个词已将其揭示无遗：仇是流血的，是因为流血而结下的，是杀人与被杀一类，因而也当应之以流血。所谓"不解之仇"，是指一般方法不可解，唯有付诸流血方可。尤其是"血债"二字，将"仇"比拟为另一个当然的逻辑——"欠债还钱""债有主"，流血报复似乎更是理所当然、毋庸置疑的了。中国人对流血报复和偿债一直是等量齐观的："杀人偿命，欠债还钱""冤有头，债有主"，一开始就将流血复仇与偿债捆绑在一起，互相映衬，互相说明，二者皆是公理。于是就有了样板戏《红灯记》那句流传很广的、大家都认可的台词——"血债要用血来偿"。

相比而言，中国语言中讲报仇不当的语汇只有寥寥几个："公报私仇"，"恩将仇报"，等等。但那只是说"报"错了，而不是说本来不应当报。同时，有关解仇、释憾之类的语汇，则更少得可怜。"冤仇宜解不宜结""冤冤相报何时了"，是可以理解为属于缓解、释放仇怨的俗语。其担心复仇的互相杀伐行为永难休止，因而提出疑问。其他的语汇呢？比如被人们视为高尚之举的"内举不避亲，外举不避仇"，观念中仍是将仇人视为敌人，不过考虑到国家利益、集团利益，暂时压抑了敌视、报复心理而已——它并没有也绝不是仇、怨、恨、耻心理的释放、缓解。

这样，一方面是大量的、重复频率极高的鼓舞报复、鼓励复仇的词汇群，另一方面是绝少的缓解、压抑报复心理的词汇，数量的巨大反差已经使事情不言自明。裹挟着强烈报复心理的词汇群，几千年来，负载着沉重的信息，传给一代又一代中国人。

自然，现代的中国老百姓大多已说不清《春秋公羊传》《礼记》《周礼》中关于复仇的那些说法了，也无人知晓荀况、陈子昂、韩愈、柳宗元、丘濬的有关观点（学者群中，非专业人士也早已不涉猎这些旧时的东西）。他们只知道以凶暴对待凶暴。几千年来的纷纷扬扬的大讨论，如今只剩下如上的那几句话，但魂却没有散尽。

这就是当今的中国，复仇主义仍然占据着大部分人的心灵。而这与中国目前有没有完善的刑法典，以及有没有完善的刑事诉讼程序，并没有直接的关系。这是文化——一个相对独立于制度层面的观念存在形态。而复仇，还仅仅只是它的一个方面。稍往外推开些，我们还会注意到复仇主义的另外两个表现：传统的报复刑观念和夹杂着佛道宗教意识的神鬼报应观念在生活中的影响。尽管我们的刑法典在努力追随着现代的国际性的新发展，但伴随它的未必全是现代性意识。目下的中国，大众究竟是以怎样的心理看待刑罚的，究竟怀有怎样的罪过偿报态度？这是刑法学和法律文化学必须正视的问题。我以为，中国人心理中的根深蒂固的复仇意识、报复刑观念，加上在更远的外围留存的报应期待心理，都还是当前中国的现实存在。它们，无疑是当前中国刑法文化的不可忽视的重要而带有基础性特征的文化因素。

　　文化因素及所由形成的传统有多大？这是个难以用一两句话说清楚的大问题。实际上，只要注意到新中国可以有30年的时间没有刑法典、更长的时间没有民法典而能够比较顺畅地解决犯罪问题和民事争讼问题，就不能不使人想到流传已久的那两条简单的法律文化原理——"杀人偿命，欠债还钱"。尽管我们不能否认当时诸多政策和法规的存在及其作用，但也不能低估这两句天经地义的古老格言在中国人心目中的地位。在百姓那里，它们是当然的、不必借助逻辑再去做任何说明或证明的东西。

　　其实，更重要的问题还不只是对新中国的这一时段的历史的理解。实际上，整个中国的革命也有进一步解说的必要。对于中国革命，我们有许多政治解释，而文化解释却显得单薄。但文化解释无疑更不可或缺。它是理解问题的另一关键，是使问题得到深入理解的纽结。比如，对于复仇这种文化现象，毛泽东及其领导下的中国共产党人，领悟得就比蒋介石和国民党更深刻和透彻。正是他们将中国人的传统的、潜在的复仇心理鼓动起来，把个人受剥削、受压迫的仇恨升华为阶级仇、民族恨。结果，促进了劳苦大众的觉醒。这样一个超越，当然是一种前所未有的革命性超越。中国共产党代表广大劳苦大众的利益，确是事实，但它仅仅是一种政治解释；共产党发动人民群众的方式，却是文化的。没有清楚的文化解读，做到这一点是不可能的。因为复仇及报复刑、报应说问题，是理解中国刑法文化的一大症结。

中国的文化在多大程度上影响了法律，或者在多大程度上"规定"了刑法的诸多面貌及其思想，又在多大程度上支配了人们的行为和意识活动的方向，给我们的心理以多大的内在规定性？我以为，中国法律（尤其是刑法）一直没有大面积地脱去报复刑色彩，中国人一直处在被不断鼓励的复仇情绪中，中国法文化也一直没有经历过消除复仇文化因子的洗礼过程。这一切，都得从头来。

比如，现在的中国，能不能"杀人者不死"？我担心。就像专家们担心法律一旦确认安乐死，会给那些不孝子、恶妇们提供一道做手脚的法律保障，因而国情不允许法律目前规定安乐死一样，[①]中国的法律一旦减弱了它的报复色彩（诸如对杀人者不处以死刑），在目前将会是怎样一种情形。然而潮流呢？中国总要赶上时代潮流，追随文明大势。中国人无论如何不能总是浸泡在报复的苦水中、烘烤在复仇的火焰上。

二、复仇主义与传统文化、文化传统

中国人何以有如此强烈的报复心理？这是否意味着：中国人的心理多少有些灰暗？或者进一步说，中国人何以有如此大的"血腥味"？

---

①张田勘：《安乐死：在地下状态进行》，《时代潮》1997年第12期。

这当然不是人种问题。不是由于中国人天生就心理灰暗，也不是中国人有嗜血的品性，而是个文化问题。因而在这里有必要进行文化的解读。

文化解读不可避免地要涉及两个概念——文化传统与传统文化。我们接受学术界通说，将它们作为本书的工作概念。汤一介先生曾指出："'传统文化'是指已成的文化，是过去文化的积存，它是凝固的，是有规定性的"，"而'文化传统'是指已成文化在现实生活中的流向，是一种活动，是在不断变化之中，往往呈现为无规定性。"[①]在这样的意义上，我们的分析就可能是跳跃的，有时侧重传统文化，有时侧重文化传统。但基本的着眼点在于后者。因为研究历史的根本目的，在于对现存或现实的改造。而传统文化总要表现为某种文化传统，不表现为一定的文化传统的传统文化是不存在的——除非它是一种灭绝了的文化。因为所谓"文化传统是一种无形的精神力量，是融入民族的集体无意识中的活的存在，它始终存活在我们的心智中、言谈中和生活方式中，并且不断地更新生长，随时代而发展"[②]。在这样的意义上，复仇主义既是传统文化，又是文化传统；它既是稳定性的存在，也是一直处在变化中的东西。

复仇主义的传统法文化或法律文化传统的大背景，是中国文化的崇尚"报""施"。

杨联陞先生的一项研究的题目是"报——中国社会关系的一个基础"。一个"报"字，被他提到了这样高的位置，其实并不过分。这项

---

①汤一介：《在有墙与无墙之间——文化之间需要有墙吗？》，《独角兽与龙——在寻找中西文化普遍性中的误读》，北京大学出版社1995年版，第17页。

②陈跃红：《文化壁垒、文化传统、文化阐释——关于跨文化交流中的误读及其出路问题》，《独角兽与龙——在寻找中西文化普遍性中的误读》，北京大学出版社1995年版，第139页。

研究的意义，正像陈寅恪先生谈到训诂学时所说"凡解释一字即是作一部文化史"。①对"报"字来说，用它代表一部中国文化史，是并不为过的。"报"以及与它相对应的"施"字所构成的"报施"观念系统，是中国文化和文化史的核心概念。

那么，一个"报"字，在中国人的心目中，究竟有多么大的分量？从哪个方面来看待它作为"中国社会关系的一个基础"？

古代的中国，是一个被理解为靠情感维系各种社会关系并由此进行多方面关系展开的国度。这使得人们之间的关系简单到了两个字：报与施。

《礼记·曲礼上》说："太上贵德，其次务施报。礼尚往来，往而不来，非礼也；来而不往，亦非礼也。"礼尚往来之"尚"，是指崇尚、讲究。最高层次的是立德，其次是讲究施与报。大概"太上"层次，非一般人所能企及，而只是极个别的先进者才能达到；普通人只能在"其次"上下功夫。"太上"因已经到达崇高的道德境界，无所谓施与、报还。他们已经超越了施、受、报之类的凡心。"其次"者做不到这种超越，才必须斤斤于施与报。

施与报是对立的统一，既要施，也要报。每一个人都处在施与报的链条当中。"施"是给、与、予、授，"报"是还、偿、复，居中的"受"是个过渡阶段，可以是被动甚至是被迫的接受，也可以是心甘情愿的接受。

①杨联陞：《中国文化中"报""保""包"之意义》，香港中文大学出版社1987年版，第2页。

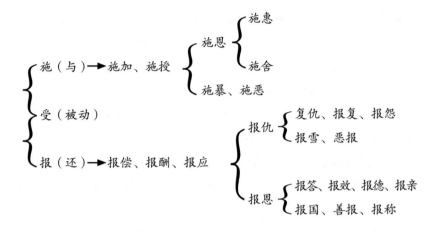

那么，怎样施，又怎样报呢？

就"施"而言，孔子有一套理论。《论语·颜渊》："子曰：'己所不欲，勿施于人。'"又，《公冶长》："子贡曰：'我不欲人之加诸我也，吾亦欲无加诸人。'"这是施的规则。

就"报"而言，《论语·宪问》："或曰：'以德报怨，何如？'子曰：'何以报德？以直报怨，以德报德。'"这是报的规则。

另外，《诗·大雅·抑》说："投我以桃，报之以李。"《诗·卫风·木瓜》："投我以木瓜，报之以琼琚。匪报也，永以为好也。"这是施与报的对应原则。至于报的心情，《诗·小雅·蓼莪》："欲报之德，昊天罔极。"虽说是形容，但也能指实。

因而在恩惠的施报方面，就如汉刘向《说苑》所云"施德者，贵不德；受恩者，尚必报"，对施者的要求是不思回报，因为"施恩图报为小人，不思报答为君子"；对受者的要求是必须回报，而且要做到以大报小，"滴水之恩，当以涌泉相报"。反映这些要求的谚语还有："施恩不望报，望报不施恩"，"施人勿念，受施勿忘"，"施恩勿图，知

　　　　　复仇　报复刑　报应说

恩必报"，"有恩不报非君子，施恩图报非真人"，"一报还一报，不报非正道"。①

在仇怨的施报方面，"施"就是作恶，"报"就是报仇、报复、报怨。中国人的恩怨观念极深，在报复上是绝不含糊的。这在渊源上可能与孔孟有关。

孔子讲"以直报怨"，那么，"直"的含义是什么？老子《道德经》有"以德报怨"，故一般人以为这是孔子反对老子。吕思勉先生说：孔子反对的"以德报怨"不是老子之徒的意见，"此深求而反失之也"。这个"或曰"之人，指的是"当时复仇之事"。孔子反对"以德报怨"，而主张"以直报怨"，故吕先生以为："然则孔子亦不主不报怨也，此自当时事势使然。"②杨联陞则谓"以德报怨"虽出自老子《道德经》，但对西方人关于儒家道德低于基督教标准的批评持反对意见。他以为儒家"以直报怨"着重的是"公正的原则"。更进一步，杨联陞以为，《礼记·表记》中有孔子之语，叫"以怨报怨"，不知它是否相当于"以直报怨"。如果孔子确实说过这句话，那么后来的儒者出于"一个君子而大谈以怨报怨是不相称的"理由，而修改了他的立场。因此，"以怨报怨"这句话很少被后来的儒者所引用，他们一直是信守"以直报怨"的。③

杨联陞先生的这个意见很有参考价值。虽然孔子对待报复的态度，有时是不赞成的。《论语·颜渊》中樊迟问辨惑，子曰："一朝之忿，忘其身以及其亲，非惑与？"吕思勉先生以为这相当于后来孟子所说的"好勇斗狠，以危（其）父母"④者，都反映孔孟反对报复的立场。孟子

---

①李庆善：《中国人新论——从民谚看民心》，中国社会科学出版社1996年版，第303页。
②吕思勉：《吕思勉读史札记》，上海古籍出版社1982年版，第383页。
③杨联陞：《中国文化中"报""保""包"之意义》，香港中文大学出版社1987年版，第53页。
④《孟子·离娄下》。

甚至有"杀人之父，人亦杀其父；杀人之兄，人亦杀其兄"的说法。但也有相反的资料。孔子似曾鼓励过子路的儿子前去报父仇。[①]不过，人们对思想家的意见往往是各取所需。后儒可以不讲"以怨报怨"，就像杨联陞先生所说的那样，甚至希望《礼记》中的这句话是一个笔误。而社会上的其他人，则会拿起"以怨报怨"的口号来为自己的行为辩护。对于中国的复仇、报复，后儒的鼓吹自是一事，孔孟的人伦立场本身就是一个鼓动因素。

施报文化给中国人以诸多的文化规定性。有施必报，有恩必报，有怨必报，有仇必报。复仇不过是施报系统中的一个支脉。施报是个道德问题，使事情局限于道德范畴而不能越出，不唯报恩的道德色彩十分浓厚，报仇也主要是满足伦理要求，这就自然带来了复仇情绪的狂热和复仇风气的兴起。同时，施报在最初，是人不独立的结果。与其说它的核心是报，勿宁说是施。这使人们经常处于等待施恩、施惠的状态。在这点上，与其说报是社会关系的一个基础，毋宁说施是社会关系的一个基础。因而，施报关系的强大的文化塑造，给了中国人性格"懒"、"被动"、等待等因素，人们不习惯于自己解救自己。这就涉及我们经常遇到的一个问题：中国人为什么期待"清官"，为什么必得有一个"青天大老爷"出现才有活头？这实际渊源于中国人的等待施恩、受惠的顽强心理。它是文化上的主因。虽然这不排除我们给予这种期待政治上或法律上的解释。

正因为这种文化原因，中国人对政治、法律问题的解释，都不能超

---

①《太平御览》卷482云："初，子路仕卫赴蒯聩之乱，卫人狐黡时守门，杀子路。子崔既长，告孔子欲报父仇，夫子曰：'行矣。'子崔即行。黡知之，于城西决战，其日，黡持蒲弓、木戟而与子崔战而死。"

出施与报的语言系统。刑罚目的的设定，^①刑罚制度的变迁所走过的文明路程，都不过是由最高统治者的施恩所表现出来的渐进形式。^②

三、从文化学角度看中国人的罪过偿报态度问题

从文化的大背景那里，我们看到了"报"的普遍与必然。在报仇或报恶那里，它就是复仇主义。

从文化学的角度看，施与报实际是中国人建立并据以生活的文化结构，报仇（报恶）和报恩（报善）分别是这个文化结构的两个在性质和方向上相反的文化丛。在报仇（报恶）这个文化丛中，复仇、报复刑、报应说是在功能上互相关联的三个文化元素或文化特质。在这里，复仇是习俗、行为，报应说是信仰、信念，报复刑是制度。它们既有具体的，也有抽象的；既有物质的，也有非物质的。信仰和习俗，就属于文化元素的非物质性的方面。

复仇、报复刑、报应说三个文化特质，显示了中国刑法文化的独特内容。它们各有自己特殊的意义、历史或社会背景以及在整个文化系统中的功能。不对它们进行各别的研究，就无法理解中国社会的文化尤其是刑法文化。

复仇、报复刑、报应说实际上反映了一种罪过偿报态度。罪、过、恶，或其重叠表达——罪恶、过恶、罪过，应当得到怎样的偿报，是一

---

①《荀子·正论》说："凡刑人之本，禁暴恶恶。……凡爵列官职，赏庆刑罚，皆报也，以类相从者也。一物失称，乱之端也。夫德不称位，能不称官，赏不当功，刑不当罪，不祥莫大焉。"国家政治法律生活的两件大事——刑与赏，都被理解为"报"。就刑罚而言，"报"被提到了刑罚目的和价值的层次，"刑人之本"即刑罚使用的主要、根本目的和价值所在，"禁暴"是说其禁绝犯罪之暴行的功能，"恶（Wù）恶（è）"是讲刑罚本身所包含的对犯罪之恶行的否定性评价。而"报"的程度或适度性，是"赏当功""刑当罪"，其反面是"赏不当功，刑不当罪"，讲究的是罪刑相应。其具体化，也就是他所认为是绝对原则的"杀人者死，伤人者刑"，即刑罚的轻重取决于罪行的大小。

②汉文帝在即位的第二年，欲废连坐法，陈平、周勃说："陛下幸加大惠于天下，使有罪不收，无罪不坐，甚盛德。"这里的"惠""德"都是道德德目。见《汉书·刑法志》。

个具体的文化态度问题。①研究刑法文化，应当首重罪过偿报态度。一般来说，它是个兼摄习惯、制度层面和观念层面的反映文化本质与文化特征的概念。不同的罪过偿报态度，反映着不同质的社会伦理、宗教伦理、司法伦理，决定着罪刑制度的面貌，也影响着法律观念、法律理想的风貌。罪过偿报态度绝不只是个法律问题，也是个伦理问题。康德的伦理报应、黑格尔的法律报应都只是其一。

复仇、报复刑、报应说，集中反映了中国人罪过偿报态度的复仇主义特征。它实际上表示一个文化丛——以"报恶"为内容的在功能上相互关联的三个文化元素的经常的心理趋向。因为在人们惯常的理解中，"报""复""应"所含有的往返、往复、往来之意，都是先前的一个或数个行为（甚至是数不清的一连串或没有必要去计数的行为）的结果。在针对"恶"的行为的场合，它们都带有惩罚的性质。因而，复仇、报复刑、报应说的统一的基础是惩罚。没有惩罚，刑罚没必要，复仇不必要，报应也缺乏根据。

从文化视域或文化视野来审视中国人的罪过偿报态度，原始复仇、报复刑、报应说，构成了一个历史的、逻辑的发展过程。其发展的路径是：从原始复仇开始，发展到报复刑，进而混合复仇与报复刑而成报应

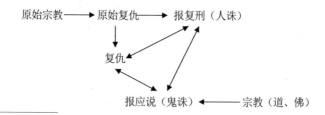

①在社会心理学中，"态度"是指一种认知成分、情感成分和行为倾向的持久系统。认知成分指个人对有关事物的信念，情感成分指与这些信念有联系的情感体验，行为倾向指行为反应的准备状态。信念+情感体验+行为准备状态，就构成了"态度"的全部内容。我们突出罪过偿报的文化态度，是因为文化态度连接着文化现象，支撑着文化结构，昭示着文化心理。一定的文化态度必然依靠一定的文化现象而得到展示。现象反映态度、表达态度。

　　　　　　　　　　　　复仇　报复刑　报应说

说的往复循环的三角结构。其间，两次受到来自宗教的影响。

就制度文化层面而言，原始复仇与报复刑具有相当的逻辑联系。马克思主义经典作家曾反复强调过这一点。马克思说："这种把刑罚看成是罪犯个人意志的结果的理论只不过是古代《jus talionis》〔'报复刑'〕——以眼还眼、以牙还牙、以血还血——的思辨表现罢了。"[①]恩格斯也说："我们今日的死刑，只是这种复仇（血族复仇——作者注）的文明形式，而带有文明的一切好处和弊害。"[②]这里的肉刑、死刑，皆以同害刑为特征。比如，肉刑的产生与存在，就可能与虐杀俘虏的手段有关。在野蛮时代，族人或同伴的死状，往往是对待俘虏的方式。因而刑罚的一切，都可能从复仇中得到了启示。

报复刑与血亲复仇的这种天然的联系，在于报复刑的规则也就是复仇的规则，报复刑规则的特征、性质、范围等等，与血亲复仇的诸讲究同出一源（如因灭杀仇家宗族而有了族刑等等），因而复仇规则是深入了解报复刑规则的基础。

报应说是作为人类之外的一种异己力量存在和发挥作用的。它的出现，源自复仇和报复刑的有限性。复仇是一种自力行为，指个人的主动积极的进攻性行动和过程；报复刑是一种他力行为，是国家公权力施用刑罚。一旦自力不足、他力又未能时，就需要一种自力或他力的延伸。报应说正是延伸了的自力（身死后之鬼魂）与他力（类似国家君主和法律的天帝、阎罗及其天法或冥律）的结合。报应的这种心理期待，期望恶报的结果的来临——国家的刑罚报复、私人的复仇以及"自然发生"的某些结果（比如疾病、事故、自杀、绝后及其他不利之事）。报应说使用了复仇的形式，利用了报复刑的原则和方法，是二者的综合。这在逻

---

①《马克思恩格斯全集》第8卷，人民出版社2016年版，第579页。
②《马克思恩格斯选集》第4卷，人民出版社1972年版，第92页。

辑上是一个类似"正—反—合"的否定之否定的过程。虽然，在现象上，我们注意到的是三种文化现象各有自己发生作用的范围和对象：复仇出现于人们力所能及之时，报应（期待）适合于他们力不能及之时。

中国人的罪过报偿态度，之所以是一个饶有兴味的课题，是因为中国人的复仇、报复刑与报应说，往往是一个在观念中搅扰不清的问题。中国人理解刑罚，不仅难以超出报复刑的范围，就是他们理解的报复刑，也往往与复仇、人鬼或神鬼报应搅在一起。这在很大程度上来源于那个三角结构的循环。报复刑支持了报应说，报应说支持了复仇，复仇又支持了报复刑，复仇也支持了报应说。你中有我，我中有你，我、你之中又有他。法律正义、伦理正义、宗教正义，都各自得到了表现。正义的标准和层次是如此地多，因而实现正义的方式方法也就只能多。

中国刑法文化，由于复仇主义文化因素的长期存在和持续发生作用，因而其特别的文化结构得以巩固，独特的文化面貌得以保持，属于一种特性明显的文化。复仇、报复刑与报应说是传统刑法的意识之根、文化之根。传统刑法，其基础在此，其根源在此，其表现也往往不离此。我们满意也好，不满意也罢，都只能慢慢来。我们无法用一道行政命令去剔除我们认为不合适的文化因子，因为文化问题只能用文化的方式去解决。

上篇 复仇

第一章　原始复仇习俗 / 016

第二章　经书中的复仇规范——复仇事例所反映的规则化过程 / 026

第三章　复仇之在后世——法律完备状态下的复仇问题 / 047

第一章　原始复仇习俗

人类最古老的行为之一，就是复仇。复仇的出现，要比刑罚（即使是报复刑）早得多。在刑罚出现之前，复仇就已经存在了相当一段时期。那是个复仇的时代。引起复仇的事由之多，复仇规模之大，冲突之频繁，某些情况下的后果之严重，都是绝无仅有的。我们一般称之为血族复仇或血亲复仇。

关于中国远古时代血亲复仇的具体情形，由于书缺有间，很难说得非常清楚了。我们现在所能看到的，仅是有关春秋时期的经学书籍中所记载的一些事情。那大抵都属于稍晚的东西（尽管其中包含了一些原始的痕迹），只能说明复仇在奴隶时代后期的变形，不容易解释以往。我们将在下一章探讨这些问题。本章所要勾勒的，是原始血亲复仇的一些基本轮廓，为第二章的分析提出一些前提概念和建立一个基本思路。因为我们能够看到的和真正影响了中国的复仇文化或复仇文明，是经学文化或经学文明。

第一节　源于氏族组织一体性的复仇义务

复仇是一种古老的习惯。

复仇　报复刑　报应说

吕思勉先生说："复仇之风，初皆起于部落之相报，虽非天下为公之义，犹有亲亲之道存焉。"① "风"表明它是一种习惯，氏族、部落之"相报（复）"以及不能"天下为公"，意味着：真正凌驾于氏族之上的公共权力还没有产生，而主要是靠天然的血缘联系使人们形成的氏族共同体来解决问题，即奉行所谓"亲亲之道"。因而，复仇的社会基础，就是氏族组织及其一体性的生存条件和观念。

吴荣曾先生曾注意到唐朝周边一些少数民族的复仇习俗史料。它们非常有助于我们了解中国远古时代复仇的一些可能的类似细节。比如：

《新唐书·松外蛮》：凡相杀必报，力不能，则其部助攻之。

《通典·附国》：俗好复仇，故垒石为巢而居。

《通典·党项》：尤重复仇，仇人未得，必蓬首垢面，跣足蔬食，要斩仇人，而后复常。

吴先生以为："尽管唐代松外蛮等民族在历史发展阶段上有先后之别，但他们必欲置仇人于死地的作法，反映出这是一种较为原始的复仇习俗。党项人在仇人未得时，必'蓬首垢面，跣足蔬食'，和《檀弓》所说的'寝苫枕干'颇有相似之处。"②

这些情况，虽然其中有反映个性或特殊性的东西，但也有能反映共性或普遍性的东西，能够在某种程度上折射出远古中国的复仇情形，至少能够为我们提供切入问题的思路。与人类学研究的成果相参证，其他国家或民族早期的有关情况可以帮助我们建立这种普遍性和特殊性的概念。

---

①《吕思勉读史札记》，上海古籍出版社1982年版，第382页。
②吴荣曾：《试论先秦刑罚规范中所保留的氏族制残余》，《中国社会科学》1984年第3期，第199—200页。

许多人注意到摩尔根对美洲易洛魁人血族复仇的研究。摩尔根说，在文明社会中，"国家负保护人身和财产之责"，而在氏族制度下，"个人安全依靠他的氏族来保护"。[①]恩格斯说："假如一个氏族成员被外族人杀害了，那末被害者的全氏族必须实行血亲复仇。"[②]这表明，易洛魁社会中的血亲复仇是一种集体义务。"松外蛮"的部族"助攻"表明这种义务是确实的。不过，"松外蛮"与"党项"的复仇，已经是一种较为进化了的形态，可能与爱斯基摩人的复仇相近。在爱斯基摩人中：

> 杀人案件……被害者的最近的亲属代他复仇，或报复在凶手本人，或报复在他的亲属的一人身上。由于集体责任感的原则，仇恨会由上辈传给下辈，往往在正式和解成立之前，双方牺牲了许多无辜的性命。关于血斗的实施……出事之后也许过了多少年才作报复的行动，在中间的时期，凶手仍然可以到被害者的家里去，他们也一样欢迎他，招待他，如此和平无事者若干年，忽然在出猎的中途他们把他杀了；或者约他角力，他如输了便送命。[③]

在爱斯基摩人那里，复仇者的范围是被害人的近亲属；报复的对象可以是加害者本人也可以是加害者的亲属一人，报复的对象不定而数量有定。但也有例外。正式和解之前双方会有许多"无辜"者被杀，表明报复的数量实际上也不能确定，对象也多是加害者的亲族。同时，报复也不具有即时性，可以经过若干年。实践中还存在类似"决斗"的形

---

①转引自吴荣曾：《试论先秦刑罚规范中所保留的氏族制残余》，《中国社会科学》1984年第3期。
②《马克思恩格斯选集》第4卷，人民出版社1972年版，第83页。
③《初民社会》，商务印书馆1987年版，第498—499页。转引自常金仓：《穷变通久——文化史学的理论与实践》，辽宁人民出版社1998年版，第99—100页。

式——角力，输者死。多数场合很可能是由复仇者杀死加害者。至于报复的方式，出猎途中杀死仇人，并且在平时表露出一种相安无事的样子，是私下的或暗的复仇，多是偷袭；约定角力，则是公开的或明的复仇了。

而"松外蛮""党项"和"附国"的复仇，虽确实都是"较为原始的复仇习俗"，但有了一些进化。"松外蛮"的复仇限于"相杀"，其余侵害则未必报复，报复对象也当是加害者，似不及于加害者的亲属；在复仇主体方面，奉行的是以近亲属复仇为主的原则；在其"力不能"时，方由其部族"助攻之"。表明他们刚刚从氏族集体复仇中走出来，而进化到复仇限于近亲属的狭小范围；而部族的"助攻"又表明，氏族一体的意识仍然很浓厚，其可能会导致加害与被害两个部族之间的大规模集体械斗。"党项"复仇的对象也似是加害者本人，而未必波及他的亲族；报复的限度则是以斩杀为结果。但不知"蓬首垢面，跣足蔬食"者为受害人的近亲抑或包括全部族。而"附国"因俗好复仇而建筑石屋居住，则报复的范围除了加害者本人，很有可能扩及其亲族。

中国的先民们对于复仇是否作为一种神圣义务去理解？我们无法揣测远古时代中国先民的心理。从后来发展了的情况来看，中国人将复仇看作一种道德义务、道德责任。但这是儒家伦理的宣扬，未必是远古先民的真实意识。瞿同祖先生曾说：

> 在Jibaro Indians人中，当一个小孩的父亲被人杀死时，他长大了，他会明白他对于死去的父亲的责任是怎样的。死者会托梦给他的儿子兄弟，哭着叮嘱他们不要让仇人逍遥事外。如果他的儿子兄弟不为报仇，那么这个含冤的愤怒的冤鬼就会对他的儿子或兄弟不利了（Sumner, op.cit.I, 648）。这种对冤魂不能休息的信念，无疑是将复仇看成一种神圣义务的具体表现，

使人复仇具有宗教的信仰，对于不复仇的后果的观念，更是强迫人不敢轻视他的神圣义务的一种手段。[①]

中国人是否也有来自梦幻的先祖威胁？虽然，我们常见到有关死者托梦给亲属的记载，但普遍的情况是，他们一般并不切责亲属不报仇，并进而对他或他们做出不利的事情。这是因为亲属们一般会为他报仇，只有个别例外。无论如何，它们属于后来伦理义务被放大了以后的事情，难以确实说明远古。

第二节　起于各种形式侵害的复仇事由

如前所述，杀人是容易引起复仇的，"相杀必报""要斩仇人"当是通例。"尤重复仇""俗好复仇"的意识，是将杀人看作最严重的侵害和最严重的罪行，因而复仇是当然的反应。在某些民族中，复仇可能是出于某些宗教意识或宗教原理。比如，澳大利亚人重巫术，将人之死亡的原因归结为受了诅咒：

> 每逢有人死亡，澳大利亚人动辄诉诸种种独特的占卜之法，借以查知死者为何方、何部落之仇人所咒杀。所谓"罪者"既经卜出，则大兴问罪之师，直至置该人或其亲人于死地，始肯罢休。[②]

中国人虽不如此看待死亡原因，但明显的是，在古代中国，由于氏族共同体的一体性（在发展中又进化为近亲一体），杀人不唯引来近亲复仇，也可能导致氏族之间大规模的群体争斗。这是见诸少数民族早

[①] 瞿同祖：《中国法律与中国社会》，中华书局1981年版，第66页注（2）。
[②] 《世界各民族历史上的宗教》第54页，转引自常金仓：《穷变通久》，辽宁人民出版社1998年版，第99页。

复仇　报复刑　报应说

期社会形态史料的明确记载的。如《金史·始祖纪》载："始祖至完颜部，居久之，其部人尝杀它族之人，由是两族交恶，哄斗不能解。"

但在中国，复仇之事远不止血仇一项。氏族或部落在与异氏族、异部落交往中的一切争端，都可以成为"仇"从而引起群体报复行为。

古人对远古时期的描画，似乎可以为我们提供一些理解古代宗族之间互相仇杀问题的特殊角度。《韩非子·内储说上七术》：

> 殷之法，刑弃灰于街者，子贡以为重，问之仲尼。仲尼曰："知治之道也。夫弃灰于街必掩人，掩人，人必怒，怒则斗，斗必三族相残也。此残三族之道也，虽刑之可也。"

韩非托孔子之口讲的这个故事，是对远古社会的合理推测。这个反映宗族利益共同性的故事，能折射出早期氏族社会矛盾冲突的基本情形。生活方面的纠葛，在聚族而居的情况下，也可能成为宗族之间互相仇杀的始因。立法从禁止其端开始，是对氏族社会复仇习惯遗留的一种防范。

公然地违背社会生活准则的作"恶"，也是造成复仇的事由。当然，作"恶"一方的氏族或宗族也有反报复的可能。据《左传·襄公二十二年》载：

> 郑游眅将归晋，未出竟，遭逆妻者，夺之，以馆于邑。丁巳，其夫攻子明杀之，以其妻行。子展废良而立大叔。……求亡妻者，使复其所，使游氏勿怨，曰："无昭恶也。"

游眅公然夺取他人之妻，被其夫所杀，招致报复。执政子展下令召回杀人者，并令游氏不得报复。可见，若无此令，游氏家族是有报复的可能的。

侮辱也会引来复仇，甚至是灭杀宗族。《左传·文公六年》载：

> 贾季奔狄，宣子使臾骈送其帑。夷之蒐，贾季戮臾骈，臾

骈之人欲尽杀贾氏以报焉。臾骈曰："不可。吾闻《前志》有
之曰：'敌惠敌怨，不在后嗣，忠之道也。'夫子礼于贾季，
我以其宠报私怨，无乃不可乎？介人之宠，非勇也；损怨益
仇，非知也；以私害公，非忠也。释此三者，何以事夫子？"
尽具其帑，与其器用财贿，亲帅捍之，送致诸竟（境）。

因为一个"戮"——侮辱，臾骈家人就想趁护送贾氏家小的方
便"尽杀贾氏以报"，可见当时人们的思维或意识活动的方向。尽管
"蒐"是国家的一项大活动，可以说是公开场合、大庭广众之下的侮
辱，但还给对方一个"尽杀"其家小，毕竟还是重了些。当然，臾骈也
没有听从这个怂恿，讲了一套理由后，将贾季的妻小安全护送到边境。

这样的复仇，在后来遭到了法家的批评。《韩非子·五蠹》：
"今兄弟被侵，必攻者，'廉'也；知友被辱，而随仇者，'贞'也。
'廉''贞'之行成，而君上之法犯矣。"这是韩非从国家立场、法的
立场出发，对社会上残存的顽强的复仇行为和复仇观念的强烈批评。可
见直到战国后期，社会上对侵害和侮辱进行复仇的观念仍是如此盛行。
"侵"与"辱"不是血仇，这是明显的。在汉代，父兄及自己被辱要复
仇，法律上甚至出现了"轻侮法"[①]，更表明"侮辱"被作为古老复仇之
由的流风余韵之久长了。

---

①"轻侮法"出现于东汉章帝年间。时有某人父亲被人侮辱，其人遂将侮辱者杀死，章帝
免其死刑。后将此案作为判例，司法中准予援用。和帝时废止。见《后汉书·张敏传》。

第三节　出于限制报复之灾难性后果的复仇方式

复仇的方式通常是流血的，尤其在杀人的场合。这往往导致世仇相报的循环往复。复仇方式的进化，是氏族之间为避免流血死亡而努力以某种方式的和解，作为流血死亡的替代形式。

经济赔偿是血斗的第一种替代形式。

恩格斯在谈到易洛魁人的复仇习惯时说："血族复仇仅仅当作一种极端的、很少应用的手段。"[1]摩尔根讲到，易洛魁人和其他印地安部落中，在采取非常手段前，杀人者与被杀者双方的氏族有责任设法使罪行得到调解，通常方式是赔偿相当价值的礼物并道歉；但如果被杀者氏族中的亲属不肯和解，则由本氏族从成员中指派一个或多个复仇者，他们负责追踪杀人犯，直到发现了他并将他杀死才算了结。倘若他们完成了这一报仇行为，被报复一方的氏族中任何成员不得以任何理由为此愤愤不平。[2]恩格斯将这种赔偿称为"起源于氏族制度的血族复仇的一种普遍的较缓和的形式"[3]。

这种"普遍的较缓和的形式"，在中国某些民族的早期社会，也曾流行过。宋代岭南的黎族人，就盛行用交纳赎金代替流血的复仇。《文献通考》所收录之《桂海虞衡志》载：

> （黎蛮）性喜仇杀，谓之捉拗。所亲为人所杀，后见仇家

---

①《马克思恩格斯选集》第4卷，人民出版社1972年版，第92页。
②（美）摩尔根：《古代社会》，商务印书馆1977年版，上册，第75页。转引自陈兴良：《刑法的人性基础》，中国方正出版社1996年版，第410—411页。
③《马克思恩格斯选集》第4卷，人民出版社1972年版，第136页。

人及其洞中种类皆擒取，以荔枝木械之，要牛酒银饼乃释，谓
之赎命。

虽"性喜仇杀"，却并不杀仇，而是用索要赎金的方式替代。这种
方式，在某些原始部族向国家发展的过程中，也曾通过部族首领命令的
形式实行过。《金史·始祖纪》：

> 始祖至完颜部，居久之，其部人尝杀它族之人，由是两族
> 交恶，哄斗不能解。……乃为约曰："凡有杀伤人者，征其家
> 人口一、马十偶、牸牛十、黄金六两与所杀伤之家，即两解，
> 不得私斗。"……女真之俗，杀人偿马牛三十自此始。

这是带有早期国家强制性的约束，女真族由此进入了阶级社会。

不过，这些少数民族早期历史中的复仇方式的和缓形态，在中国的
复仇历史上，还不是普遍的形式，只能当例外看。在中国，占统治地位
的是经学所表述出来的复仇规则。那是一种不涉及任何形式的经济赔偿
乃至最终排斥经济赔偿的形态。

象征性流血，是血斗复仇的另一种替代性形式。

在澳洲，"杀人可以引起复仇的血斗"，为避免这种可怕的事实，
也用一种法律认可的对阵来代替，方法是：

> 凶手以盾蔽身，对抗死者的亲属群或地方群，他们用标枪
> 掷他，他尽力抵御，到身上流血为止，这就结束了这场公案。[①]

可见，早期澳洲的无限制的血斗，是引起限制方法产生的直接原
因。自然，死亡结果的发生是不可避免的，而且是大面积的死亡。限制
的结果，是不再有死亡，而代之以象征性的流血——因为到身上流血就
"为止"了；报复行为也只是象征性的，受害者亲属（代表血缘共同

---

①《初民社会》，商务印书馆1987年版，第491页，转引自常金仓：《穷变通久》，辽宁
人民出版社1998年版，第99页。

体）或"地方群"（代表地缘共同体）用投标枪扎伤加害者的办法发泄其愤怒。有资格或义务参加复仇的是亲缘或地缘共同体的全部人员，似乎并不限于近亲属或近邻；报复的对象也不包括加害者的亲属，而只是加害者本人。自然，"法律认可的对阵"，表明是出自国家意图的限制。地缘共同体加入复仇，在古代是一种特殊情形，是血缘组织向地缘组织过渡的产物。这在中国古代不具有普遍性。

霍贝尔《初民的法律——法的动态比较研究》也提到了豪伊特所描述的澳大利亚东南部的土著部落对杀人行为的解决过程：

一个图腾团体成员因个人恩怨杀了另一图腾团体的一个成员。两图腾团体所有成员依约到了指定地点，作为械斗的战场。加害一方的头人与对方约定：一旦违法的一方有人被矛刺中，战斗就立即停止。随后，违法者便站到队列的外面，用盾遮护着身体，忍受着由死者的亲属掷来的长矛的打击，直到最终有一个人受伤为止。这时，加害方的头人就宣告战斗结束。如果战斗继续进行，两个图腾团体的全部成员就都卷入这场战斗之中。[①]

这种模拟血斗的象征性复仇方式，在中国似乎不曾存在过。如前所述，中国人更习惯于"斩仇人"的流血方式。

---

①霍贝尔著、周勇译：《初民的法律——法的动态比较研究》，中国社会科学出版社1993年版，第343—344页。

第二章　经书中的复仇规范

——复仇事例所反映的规则化过程

初起时的中国文化是经学文化，经书的复仇法则也代表着文化形成期的法则。另有一些为"经"作"传"的解释（合称"经传"。后世将"传"也列入"经书"，故也可以将其称为广义的"经书"），也对其中的复仇之事加以说明。包含在其中的复仇规则，是我们知道的中国人最早表明对这一问题的态度和看法的所在。同样或类似的复仇之事、之人，由血族复仇的原始文化特性进入刻意雕琢的文明形态。而雕琢本身就是文化进步。

后世人把儒家经学书籍的许多议论或说法，理解为对复仇的肯定。凡要证明某一复仇行为的合理性，都无一例外地要到经书中找根据。经书充当了复仇的依据。凡对复仇持否定态度的，则又批评经书大谬，直称乌有其事。实际上，经书的情况很复杂。它们与当时的复仇实践联系非常密切，是从复仇实践中抽取出来的。同情、赞许、肯定，贬抑、反对、否定，各种情况都有。资料不来源于一处，观点不出自一人。但古老的原始复仇习俗，在古代文化的形成期得到的这种系统总结和解释，是循着一种限制和规范化的路径走出来的。这种初意并不是人们都能体

复仇　报复刑　报应说

味到的。[①]

经书中讨论复仇问题的礼书，主要有出于西汉戴德、戴胜兄弟的《礼记》和《大戴礼记》，以及西汉末的《周礼》。

《礼记·曲礼上》：

> 父之仇，弗与共戴天；兄弟之仇，不反兵；交游之仇，不同国。

《礼记·檀弓上》：

> 子夏问于孔子曰："居父母之仇，如之何？"夫子曰："寝苫枕干，不仕，弗与共天下也；遇诸市朝，不反兵而斗。"曰："请问居昆弟之仇，如之何？"曰："仕弗与共国，衔君命而使，虽遇之不斗。"曰："请问居从父昆弟之仇，如之何？"曰："不为魁，主人能则执兵而陪其后。"

《大戴礼记·曾子制言上》：

> 父母之仇不与同生，兄弟之仇不与聚国，朋友之仇不与聚乡，族人之仇不与聚邻。

《周礼·地官·调人》：

> 调人掌司万民之难，而谐和之。凡过而杀伤人者，以民成之。鸟兽亦如之。凡和难，父之仇，辟诸海外；兄弟之仇，辟诸千里之外；从父兄弟之仇，不同国。君之仇视父，师长之仇视兄弟，主友之仇视从父兄弟。弗辟则与之瑞节，而以执之。凡杀人有反杀者，使邦国交仇之；凡杀人而义者，不同国，令

---

① 中国人的复仇所经历的限制过程，是漫长而艰难的。吕思勉先生曾根据春秋战国复仇之事，从原理上指出了限制复仇的两个必要性：第一，"亏君之义"，背离了原则，因而"复仇之风，有不可长者矣"；第二，"以一身之私"而行复仇，比如范雎之一饭之德必偿、睚眦之怨必报，背离了"亲亲之道"——为亲属复仇而非为自己。见《吕思勉读史札记》，上海古籍出版社1982年版，第382页。

勿仇，仇之则死。凡有斗怒者成之，不可成者则书之，先动者
诛之。

经书中谈论复仇的另一类书籍，是《春秋公羊传》。该书成书较
早，资料价值较之后出的礼书为高。它有三条有关复仇的资料，尤以第
三条最为重要。

《公羊传·隐公十一年》：

> 君弑，臣不讨贼，非臣也。子不复仇，非子也。

《公羊传·庄公四年》：

> 九世犹可以复仇乎？虽百世可也。

《公羊传·定公四年》：

> 父不受诛，子复仇可也。父受诛，子复仇，推刃之道也。

复仇不除害，朋友相卫，而不相迿，古之道也。

《定公四年》的这则资料非常重要。它是依据伍子胥兴师伐楚复
父仇一事，而抽取出来的三条复仇规则。楚国的伍子胥，父亲伍奢、哥
哥伍尚被楚平王杀害。伍子胥奔吴，吴王阖闾欲为子胥兴师伐楚。子胥
曰："诸侯不为匹夫兴师。且臣闻之：事君犹事父也，亏君之义，复父
之仇，臣不为也。"[1]吴王于是止。但到后来，楚国欺侮蔡国，兴师伐
蔡，蔡求救于吴，伍子胥以"蔡非有罪也，楚人为无道"，劝吴王阖闾
此时可以兴师救蔡。战争的结果，吴攻入楚国，伍子胥鞭平王之墓，烧
其宗庙。

这个复仇事件牵涉到几类人：复仇者的父子、被报复的父子、复仇

---

①吕思勉先生说："盖君非一臣之君，势不得举一国以殉一人。故臣仕于君有不得资其力以复仇者。若枉道而资其力，则亏君之义矣，又古之义士所以弗仕也。此有父母之仇者所以弗仕也。"见《吕思勉读史札记》，上海古籍出版社1982年版，第381页。

复仇　报复刑　报应说

者的朋友。吴王阖闾是作为朋友出现的。楚平王已死，他的儿子楚昭王在位。因为涉及的人较多，关系比较复杂，故规则牵涉的面也就较广。伍子胥和吴王阖闾是否有那么强的遵守正当的血族复仇先例的自觉？他的言语是可信的。

这三项规则之外，是否还有更多的规则？在当时或许是有更多的规则的，只是伍子胥君臣的行为只符合这几条，故而也只叙述了这几条。它们都可以看作限制性条款。同时，既说是"古之道也"，那么在当时这些规则是被当作适宜通行的先例来理解的，在此只是归纳而已。

吕思勉先生曾指出这条资料所包含的"春秋之义"的两项原则性规矩，一是"以义之是非为正"，即"父不受诛，子复仇可也；父受诛，子复仇，推刃之道也"；二是"限止其事，使不得过当"，即"复仇不除害，朋友相卫而不相迵"。那么，如何理解它们的意义？我以为，看上述资料对理解当时的复仇规则有无重要价值，主要应看它们是否已经建立了复仇的正当性标准以及究竟建立了什么样的正当性标准。这又可以分为四个具体问题：

1.复仇前提的标准是否已经建立以及建立了什么样的标准？

2.复仇对象是否已经受到限制以及限制在什么范围？

3.复仇者的范围是否已经受到了限制以及限制在什么范围？

4.复仇结果的指向是单一的还是有多种可能的？

今就这里所反映的规则问题，结合礼书中的其他说法，一并叙述如下。

第一节　复仇前提之标准的建立
——从不问是非而复仇到"不受诛"等才可复仇的限定

正如瞿同祖先生所言，早期复仇中，甲族"对于伤害乙族而引起乙族忿怒的肇祸者，是否不对，是不问的"[①]。唯一要看的是，产生了死亡结果、受到了伤害，就可以报复。这表明，是非观念或罪与非罪的观念，在当时尚不存在。而正当性观念首先要检验的，就是是非观念或罪与非罪观念是否建立。经书中所阐述的复仇规则，已开始区别引起死亡的具体原因和情状，对是否允许复仇进行了限制。其中的一个重要前提，是看死亡是否属于罪有应得，死者是否有罪过。

前述《公羊传·定公四年》云："父不受诛，子复仇可也。父受诛，子复仇，推刃之道也。"汉何休注曰："'不受诛'，罪不当诛也。""父以无罪"被杀而复仇，"故可也"。而"受诛"就表明"罪当诛"。一旦"罪当诛"而复仇，"子复仇非当，复讨其子。一往一来曰推刃"。这是说，复仇者的父亲有罪，应当处死，其子复仇就是不当。这样，被报复者的儿子必然也同样为父复仇，反过来报复复仇者。这种来来往往没完没了地互相仇杀就是"推刃"。

这里的逻辑形式是：

1.（父）不受诛→（子）可复仇……（可能再报复，但不合
（不该杀，无罪）　　　（报复）　　　规则，社会不支持，
　　　　　　　　　　　　　　　　　　　有能力纠正）

（冤）　　　　　　　　　（申冤）

---

①瞿同祖：《中国法律与中国社会》，中华书局1981年版，第67页。

2.先在的恶→（父）受诛→（子）不应复仇……（反报复可能）

　　（罪）　　　（该杀，有罪）

　（他人冤情）　　（不冤）

　　后一种情形，"受诛"是因有一种先在的"恶"存在，是国家刑事惩罚的前提。故不允许儿子复仇。"推刃"二字表明：中国人是从对不适当复仇的否定中，来寻求解脱之路的。显然，这是因被大量的复仇与反报复的情形所困扰而产生的规则。由于过去无限制，所以导致往复无穷的复仇行为的循环，现在要对复仇的正当性提出要求了。

　　问题在于前者。这里的人是被诸侯——君主所杀，君主代表的是国家公权力，难道也可以复仇吗？何休注说："（伍子胥）父以无罪为君所杀，诸侯之君与王者异，于义得去，君臣已绝，故可也。"这是说：诸侯不同于天子。天子，天下所共尊也。诸侯若与臣下义绝，臣下可去，故复仇是可以的。①这个通过特殊情形而阐述的一般原理，也应当适用于普通人。至于这个"受诛"与"不受诛"引出了后世司法官员枉杀他人是否可以被报复的话题，那是另外一回事。

　　《周礼·地官·调人》也有类似"父受诛"即不允许"子复仇"的规则："凡杀人而义者，不同国，令勿仇，仇之则死。"注云："'义'，宜也。谓父母、兄弟、师长尝辱焉而杀之者，如是为得其宜。虽所杀者人之父兄，不得仇也，使之不同国而已。"

　　则其逻辑形式就应是：

　　辱　　→　杀人而义　→　勿仇（仇之则死）

　（加害）　　（报复）　　　（不得反报复）

---

①丘濬《大学衍义补》云："按《公羊（传）》因论伍子胥报仇而言此，盖谓列国争杀报复之事，非王法也，人君诛其臣民，无报复之理。"但这似乎是丘濬一己之想法。伍子胥后，历代不乏报复君主的事例。隋朝王颁即掘发陈武帝陈霸先冢而报父仇，见《隋书·孝义传》。

"杀"是个人或家族的复仇所致，但因其已有先在的"恶"——辱人所亲，故此"杀"是"义杀"或"宜杀"。"令勿仇"，"令"自然是国家发出；"仇之则死"，如果刻意复仇，官府可将其处死，对之使用国家刑罚权。

复仇是否被允许，实际上要看加害行为是否含有故意。复仇要以加害者故意杀人或有意侮辱人为基本的要件。比如《周礼·秋官·朝士》："凡报仇雠者，书于士，杀之无罪。"就被理解为因故意杀人而进行的复仇。而过失杀人，不在复仇之列。《周礼·地官·调人》的和难制度，就适用于过失杀人："调人掌司万民之难，而谐和之。凡过而杀伤人者，以民成之。鸟兽亦如之。"郑玄谓："'过'，无本意也。'成'，平也。""以乡里之民，共和解之。"不过，国家公权力介入复仇的调停，春秋晚期已有，同时也已不局限于过失杀人。前述游贩夺人妻就是故意作恶。吴荣曾先生非常注意子书中的官府调解资料，以为出自战国末年秦国墨者之手的作品《墨子》之《号令》和《杂守》篇，反映了秦国这方面的制度，与关东的齐鲁类似。[1]但也难以看清究竟是适用于过失杀人还是适用于所有结仇情形。

罪过因素被纳入复仇要件的结果，就是在报复对象确有罪过的场合，往往强调其家族不要家丑外扬，以抑制其再报复的欲望。这可以看作从"受诛"规则中引申出来的另外一条规则。

前述游贩夺人妻而被其夫杀死，子展下令游氏不得报复："使游氏勿怨，曰：'无昭恶也。'""昭恶"一词，表明游贩先已作恶，是有

---

①《墨子·杂守》："民相恶若议吏，吏所解，皆札书藏之。"这是官府对仇怨的调解情况，要有详细的记录，表明将来不得违背调解协议而私行复仇。《墨子·号令》"必谨问父老、吏大夫，请（诸）有怨仇雠不相解者，召其人明白为之解。守必自异其人而籍之，孤之。有以私怨害城若吏事者，父母妻子皆断。"吴先生以为，"孤之"即《周礼》的避仇之意，使有仇者分开和远离。

罪的，相当于"受诛"；若游氏反报复于被夺妻之家，就等于将游贩的恶行昭彰于世人了，故而莫如密之。"无昭恶"对复仇之家是很重要的的劝诫，具有比较大的诱惑力，是对复仇的一种限制。

同时，即使对方有罪过，复仇是否应行，也要受制于其他因素。前述《左传·文公六年》中，臾骈之所以不欲趁机尽杀贾季妻小以报受辱，其理由除了忠恕这个总德目外，还有三个具体的德目。一是说宣子宠爱贾季，不能趁此机会报私怨，否则就不是"勇"。二是说若杀贾氏除怨，宣子必将怨于臾骈，这是报了一个旧怨又增益了新仇人，不是"知（智）"。三是说须区分公私，复仇只是一己之私；既服侍宣子，就得尽忠于宣子，听其所命，贯彻其意图，这是"公"。报仇"以私害公"，那不是"忠"。三个德目"勇""知（智）""忠"，分别是对复仇的三个限制规则：因宠不勇，益仇不智，害公不忠。臾骈没有说受辱之事不应当报仇，只是考虑到各种情况，不应当在此时此地报，也不应当在这么大的范围报。这三个德目，也是新建立的道德规范对此前无限制的复仇的一种制约，是新提升的道德范畴。这表明原始复仇道德所认为"勇""智"的事情，到了此时有了变化。

第二节　复仇对象的限定
——由全宗族到加害者本人的缩减

现代的人们谈起"仇"这个字眼，潜意识中只指凶手、加害者，并不包括其亲属。所以，一般所谓复仇，也不涉及其亲族。但这只是后来发展了的观念。将"仇"与"仇人之子""仇人之父"等等区分开，曾经是一个很大的历史进步。而这一进步并不是在一夜之间完成的。

关于复仇的对象问题，瞿同祖先生曾指出："在复仇时，许多社会的习惯是并不仅限于以仇人为对象的，将仇人杀死或将他的族中任何一人加以报复是一样的。"[1]造成这种情形的基本原因是，这样的社会都是正处在一个以"家族为社会单位、个人完全隶属于家族的时代"。在这样的社会中，人们的观念是将自己和族人视为一个整体的，在"复仇者的心目中，不是说某甲杀了某乙，而是说某家某族对我的家我的族有了伤害的行为，他在这种情形之下，于是抵抗复仇也成为全族的连合的责任，每一个族人为保护自己及其族人而战斗。他的族人，对于伤害乙族而引起乙族忿怒的肇祸者，是否不对，是不问的。常因此而演成家与家间、族与族间的大规模的械斗"[2]。

中国古代是否有过不分是非和罪责应当由谁承当，而实行举族哄斗的事实？答案是肯定的。前述《韩非子·内储说上七术》所说的殷商之"弃灰于街"必引起三族相残的哄斗，就是远古不区分肇事者与其亲族的显例。如果从实践一面看，春秋时各诸侯国的贵族在政治斗争中依靠政治强力灭杀对方的宗族，也是复仇兼及其亲族的一种曲折反映。可以想见，在中国历史上，将"仇"限定为凶手、加害者，也只是后来发展了的结果，在初期是可能将对方的所有亲族都算作"仇"的，从而复仇兼及其亲族是普遍情形。但将"仇"限定为凶手、加害者，在《公羊传》所反映的春秋时期的贤者身上，已经明显地出现了。贤者在当时是代表社会发展和思想发展的潮流的。

《公羊传·定公四年》所述的复仇三规则，其中的一项是："复仇不除害……古之道也。"汉何休注曰："取仇身而已。不得兼仇子复，将恐害己而杀之。时（伍）子胥因吴众，堕平王之墓，烧其宗庙而已。

---

[1] 瞿同祖：《中国法律与中国社会》，中华书局1981年版，第67页。
[2] 瞿同祖：《中国法律与中国社会》，中华书局1981年版，第67页。

昭王（当时的楚君）虽可得杀，不除去。"这是说，只准许对加害者本人进行复仇，不得因担心将来会受到反报复而将仇人的子孙杀死。超过了这个界限，就是过当。《公羊传》去古未远，说这是"古之道也"，当有所据。这表明，复仇不得兼及仇人之子的规则，在实践之中是要遵循的。

前述《左传·文公六年》所说的臾骈之族人欲尽杀贾氏以报所受的侮辱，臾骈不同意的理由之一就是："吾闻《前志》有之曰：'敌惠敌怨，不在后嗣，忠之道也。'""敌惠"为"有惠于彼，不可望彼人之子报"，"敌怨"为"有怨于彼，不可仇彼人之子"。这是说不因为恩怨而惠及或祸及后嗣，才是"忠之道"。吕思勉说："'敌惠敌怨，不在后嗣'，复仇不除害之义也。"后者恰是这一"不除害"规则。

"忠"这个德目，就是忠恕。它是人们处理施与报关系的总原则。一要施恩不望报，二要不怨及后嗣。后者是正在形成中的对复仇进行限制的思想（在另一面就是对当时轻易就使用的族刑的限制意识，复仇毕竟是一种私刑），主张在复仇的范围内将其"后嗣"排除出去。臾骈没有说受辱之事不应当报仇，只是说不应当在这么大的范围报。这个德目，如前所述，是新建立的道德规范对此前的无限制的复仇的一种制约，是新提升的道德范畴。

自然，贤者能遵守的规矩，未必是所有人都能遵守的。即使在贵族中，违背"复仇不除害"规矩者也是有的，严重者竟至于弑君。如郑伯与昭公因在用人上意见不合，惧其诛己而弑昭公。吕思勉先生说："至此而复仇之风，益不可长矣。"[①]贤者践行合理的规矩，应当是在倡行必要的规则。

_____

①《吕思勉读史札记》，上海古籍出版社1982年版，第382页。

这一规则，在《周礼》中也有反映。《周礼·地官·调人》："凡杀人有反杀者，使邦国交仇之。"注："反，复也。复杀之者，此欲除害弱敌也。邦国交仇之，明不和诸侯，得者即诛之。"疏云："有'反杀者'，'反'，复也。谓既杀一人，其有子弟复杀之，恐后与己为敌而害己。故郑云'欲除害弱敌也'。云'邦国交仇之'者，其杀人者或逃向邻国，所之之国，得则仇之。"

春秋时期之人的复仇行为所反映的这一规则，较之此前是一个发展。这个发展是巨大的。可以想见，在这之前还曾有不得兼及其余亲属的规则，然后才能出现不得兼及其子孙的规则。瞿同祖先生说："这种将犯罪者或作恶者与无辜者加以区别的概念，据Steinmetz研究的结果，无目标的复仇实较有目标的辨别的复仇为原始。他认为人类智力的发展使人们渐渐发觉遏制为非作恶最好的办法是对作恶者予以惩罚，于是复仇由第一期进到第二期。Hartland也说最初犯罪的宗族部落中每一个人都可以为复仇的对象，但文化演进以后这种复仇的权利渐渐地被限制，女人小孩是被除外的，宗族部落衰落以后只有犯罪者本人和其最近亲属负此责任。"[①]"复仇不除害"将犯罪者的子孙排除在外，表明中国的复仇规则有了比Hartland所说的复仇兼及其"最近亲属"的进一步的范围缩减。复仇在此时，应当说是受到了限制——虽未必是对责任者的某种认识方面，但企求从"复仇除害"所造成的不利局面中解脱的意图，却是比较明显的。

一个社会的通行的复仇者范围，能够折射出这个社会的规则或法律的发达程度；同样，一个社会的复仇对象的多少及特定与不特定，也能反映这个社会的规则或法律的发达程度。这两个是互为条件和对象的事

---

①瞿同祖：《中国法律与中国社会》，中华书局1981年版，第67—68页。

项。其实，如果从复仇的历史去看，作为后来刑法基础的"罪责自负"原则的提出和坚持，在开始时是从对复仇对象的无限制现象中产生的，是一种制约规格，是漫无限制的反对物。中国的情况就是一个明显的例证。

第三节　复仇者的范围及角色限定
——臣下、朋友参与复仇，亲族由氏族全体向近亲属等的缩小

关于复仇者的范围，《公羊传》依次提到了臣、子孙（九世孙）、朋友三类。我们先分析臣下与朋友的复仇问题。

臣下、朋友加入复仇者的行列，意味着社会从单纯的氏族血缘联系向其他方向发展了：为君主复仇是地域性、政治性的国家发展在人际关系上的反映，为朋友复仇是人际关系在非血缘的交往者之间获得了发展。[①]非亲属之间的复仇，显然是早期复仇形态——血族复仇的发展。《公羊传·隐公十一年》说到为君主复仇，将君臣关系与父子关系相比类："君弑，臣不讨贼，非臣也。子不复仇，非子也。"以君臣比父子，由此可知：为君复仇实际是从为父复仇的逻辑中推导出来的。就像人们为证明自己的儿子身份必须为父复仇一样，臣下如与君主存在君臣名分，也就必须为君主复仇。《周礼·地官·调人》说到和难之制："君之仇视父，师长之仇视兄弟，主友之仇视从父兄弟。""视"是一种比照，说明被比者是先此存在的，是基本的、大量的，是公理。

臣下复仇的义务，《春秋》一书是通过所谓《春秋》笔法表达出来

---

①《周礼·地官·调人》有"师长之仇视兄弟"，非亲属而有复仇义务者，除了臣下、朋友外，还有学生。为师长复仇同样意味着非血缘的人际关系在师生关系上有所发展。

的。《春秋》经文的一个记载原则是，"君弑，贼不讨，不书'葬'，以为不系乎臣子也"。因为"葬"这件事，是"生者之事也"，是活人的责任。①就是说，臣子没有报复弑君的贼人，即使君主已经被安葬了，史书也不能记"葬"字，表明臣子没有尽到伦理义务，与其君父义已绝。同时，即使像鲁桓公被弑而史书写了"葬"字，也必须有特殊理由。贼未讨而书"葬"，是因为"仇在外也"，齐国强而鲁国弱，不能立即报复。②《礼记·檀弓下》所载的邾娄定公的那句话"寡人尝学断斯狱矣：臣弑君，凡在官者杀无赦；子弑父，凡在宫者杀无赦"，讲的就是全体官员都有为君主复仇的义务。《管子·大匡》更说："君谓国子：凡贵贱之义，入与父俱，出与师俱，上与君俱，凡三者，遇贼不死，不知贼，则无赦。"父、师、君被杀，陪从的儿子、学生、臣下，遇难不死（表明其未尽卫护义务），以及不知道谁是贼人，都不能免罪。吕思勉说："以此义推之，则复仇不徒非所禁，不复仇者且犯义当诛矣。"③《春秋》笔法的根基，就在于此。

朋友加入复仇者行列，既是义务或责任，同时也就有个与主要复仇者的关系问题，就免不了角色限制，免不了出现作为朋友参与复仇的规则。《公羊传·定公四年》说："朋友相卫，而不相迿，古之道也。"注云："相卫，不使为仇所胜。时子胥因仕于吴为大夫，君臣言朋友者，阖卢（闾）本以朋友之道为子胥复仇。""迿，出表辞，犹先也。不当先相击刺，所以伸孝子之恩。"疏云："迿者，谓不顾步伍，勉力先往之意，故曰出表辞。"所谓"朋友"作为人伦中的一伦，在相随复仇时，只能起护卫作用，不能喧宾夺主、越俎代庖。④

---

① 《公羊传·隐公十一年》子沈子语。
② 《公羊传·桓公十八年》。
③ 《吕思勉读史札记》，上海古籍出版社1982年版，第384页。
④ 吕思勉谓："亦所以限制为人复仇者，使不得逾其分也。《檀弓》之'不为魁'亦此义。"

复仇 报复刑 报应说

这个在复仇活动过程中的行动规则，较之《礼记·曲礼上》的"交游之仇，不同国"、《大戴礼记·曾子制言上》的"朋友之仇不与聚乡"，更为具体。

在此之外，朋友参与复仇的规则，还有自身条件或环境的要求。比如，《礼记》的"父母在，不许友以死"①这一规则，源自《战国策》聂政为友复仇的故事。与前述规则一样，也是从复仇实例中抽取出来的。《战国策·韩策二》云：

> 韩傀相韩，严遂重于君，二人相害也。严遂政议直指，举韩傀之过。韩傀以之叱之于朝，严遂拔剑趋之，以救解。于是严遂惧诛，亡去，游，求人可以报韩傀者。至齐，齐人或言："……聂政，勇敢士也。避仇，隐于屠者之间。"严遂阴交于聂政……久之，聂政母死，既葬，除服。……聂政曰："前所以不许仲子者，徒以亲在。今亲不幸，仲子所欲报仇者为谁？"……独行仗剑至韩。韩适有东孟之会，韩王及相皆在焉，持兵戟而卫者甚众。聂政直入，上阶刺韩傀。韩傀走而抱哀侯，聂政刺之，兼中哀侯，左右大乱。

聂政所谓"前所以不许仲子者，徒以亲在"，正是"亲"（父或母）在，则不能应允为朋友去死——因为替人报仇，同样存在着死亡危险，这等于是为"义"而丧失了尽"孝"的可能。这是不可取的。至"今亲不幸，仲子所欲报仇者为谁"，正是它的反面：父或母死了，就可以答应朋友去死。因为这时"孝"的义务已经完成，再无牵挂了。

前述《公羊传》提到的亲属复仇范围有子孙（甚至是九世孙）。而《礼记》的《曲礼》《檀弓》所涉及的被害对象有父母、兄弟、从兄

---

①《太平御览》卷406引。

弟、交游四类人；《周礼》除了父（母）、兄弟、从父兄弟之外，又有君主、师长、主友；《大戴礼记》除父母、兄弟、朋友之外，又有族人。被害对象范围对应的一面，也就是复仇者的身份或范围。这个范围显然较《公羊传》为宽，从而也有《公羊传》所缺乏的东西。

诸礼书所反映的亲族复仇问题，大抵已经脱离了原始的状态——氏族全体（在古代中国是宗族，宗族是原始社会氏族的发展形态）不必分主次地一律拥有复仇义务的状况，有所改变了。能够获得复仇资格的亲属只局限于子女、兄弟、从兄弟三类，显然是近亲属，与西方某些国家法律明确规定的复仇者范围相当。[①]以亲情言之，父子天性，兄弟手足情，复仇都无问题；以亲等言之，兄弟为期亲，后世一般以"期以上亲"为亲属中较近的亲属，唐律中就以"期以上亲"和"期以下亲"划界而处遇不同。但《大戴礼记》所谓"族人之仇不与聚邻"，则是过去血族共同复仇的唯一遗存。复仇的亲属范围的限定，表明中国社会正在向脱离氏族血缘羁绊的方向迈进，只是一时还不能走得太远。

复仇者的亲属范围的限定，显示着复仇主体的范围比之早期血族复仇有所缩小。比如复"父（母）仇""昆弟之仇""从父昆弟之仇"者，只能是子、兄或弟、从父兄或弟，诸"孙"是被排除在外的。但孙子辈的人是否曾有过复仇义务？据称，"复仇之法，依异义：古《周礼》说，复仇可尽五世，五世之内。五世之外，施之于己则无义，施之于彼则无罪。所复者惟谓杀者之身，乃在被杀者子孙可尽五世得复

[①]西方古代法比如《罗斯真理》规定的复仇者范围，与中国礼书中鼓励复仇的范围很相似。如在杀人罪方面："某人将他人杀死，则由被害人之兄弟、儿子、侄子或外甥为死者复仇；倘若无人复仇，则凶手应偿付四十个格里夫那。"伤人罪则根据具体情况，能够由受害人自己复仇的，则由受害人自行复仇，如"被打出血或有伤痕……如果受害人不能为自己复仇，他可以向肇事者索取三个格里夫那和医药费"。这里的"不能"显然不是行动能力，而是毅力和胆量。如果因为伤害而使自己欠缺行动能力的，如"打他人的脚，脚虽完整但已致瘸，应由被害人的儿子复仇"。这是法律中明确规定的复仇制，应当说比较少见。见张寿民译：《罗斯真理》第1条，摘自《外国法制史汇刊》第1集，武汉大学出版社1984年版，第202页。

之"①。除了儿子辈外，孙、曾孙、玄孙也在其中。即子为父、孙为祖、曾孙为曾祖、玄孙为高祖皆在此范围内，过此则不得复仇。这应当反映的是更早时期的观念，至少大部分礼书所指称的时代已经不是这样了。

值得注意的是这里的观念："五世之外，施之于己则无义，施之于彼则无罪"，"无义""无罪"是评价的两个标准。所谓"义"是道义，是"宜"，是适当，它与当事者的自我认识有一定关联。而"罪"则完全受制于亲疏远近的实际状况了。因为所谓"罪"之有无，并不是客观的既定而不可移易的东西，而是随着亲属关系的远近而发生变化的概念——亲近（在五世以内）就是有罪的，亲远（在五世以外）就是无罪的。己"无义"则不得复仇，彼"无罪"也不得复仇，两个方面都不允许复仇，说明在礼书之前的时期确实有过一个在亲属范围上的复仇限制，习惯上不得超出五世范围。

需要说明的是《春秋公羊传》表彰"复九世之仇"，因为它已超出了五世。

鲁庄公四年（前690），齐襄公灭纪，声称为复九世之仇。按《史记·齐太公世家》载："（齐）哀公时，纪侯谮之周，周烹哀公而立其弟静。"这是一起因诸侯之间利益冲突而发生的告恶状事件，最终造成了诸侯被杀。事情发生在周夷王（前885—前878）之时，已相隔近200年。对此，《公羊传·庄公四年》说："九世犹可以复仇乎？虽百世可也。"吕思勉先生说，《公羊传》表彰齐襄公复九世之仇，同时声明大夫之家则不得援以为例，必以上无天子、下无方伯为限，实际是在肯定

①《周礼注疏》卷14，《十三经注疏》，中华书局1980年版，上册，第732页下。"之内"二字上的"五世"当是衍文。又，《礼记·曲礼上》疏："异义：《公羊》说'复百世之仇'，古《周礼》说'复仇之义，不过五世。'"可与"复仇可尽五世之内"相参证。见《礼记正义》卷3，《十三经注疏》，上册，第1250页。

的形式中表达了一种对复仇的限制——"尊国法而绝私报"。①

"复九世仇"超出了"不过五世"的最大范围，再鼓动以"复百世之仇"，这种煽动性语言，自然是越格的，因而也经常受到后人的批评。马希孟说："若夫《公羊》论九世之仇，则失于太过，而所报非所敌矣。"就是说，报仇应当具有即时性，"所报"必须是"所敌"。这样，复仇者与敌方之间才有充分的理由互相报复，而经过数代就失去了意义。不消说，愤怒减低、记忆下降、面子问题已无大碍、利益关系发生了变化等，都是可以不必复仇的理由。

复仇的亲属范围的限定，也是一种义务层次的差别。之所以必须由子、兄弟等近亲复仇，以及随之而来的复仇方式的不同，后人是从伦理上进行解释的。对《礼记》中的"弗共戴天""不反兵""不同国"，马希孟说：

> 先王以恩论情，以情合义。其恩大者，其情厚，其义隆。
> 是故父也，兄弟也，交游也，其为仇则一，而所以报之者不同：或"弗共戴天"，将死之，而耻与之俱生也；或"不反兵"，将执杀之而为之备也；或"不同国"，将远之而恶其比也。②

又比如，《礼记·檀弓上》所记载的复"从父昆弟之仇"，要求是"不为魁，主人能则执兵而陪其后"。之所以只能做陪衬，是因为"从父昆弟"属于大功亲，亲属关系较疏远。这与过去是不同的。这应当说是符合经书的原意的。

同时，它也表明：尽管血族复仇的某些外在特征（如近亲在复仇时跟随在后）可以保留，但已受到了规则的约束。近似的例证，有"居昆弟之仇"的"衔君命而使，虽遇之不斗"。《礼记·檀弓下》载：

---

①《吕思勉读史札记》，上海古籍出版社1982年版，第382页。
②《大学衍义补》卷110引。

滕成公之丧，使子叔敬叔吊，进书，子服惠伯为介。及郊，为懿伯之忌不入。惠伯曰："政也，不可以叔父之私，不将公事。"遂入。

吕思勉说："此所谓衔君命而使，虽遇之不斗者也。"①按，懿伯是惠伯的叔父。惠伯作为国家的吊唁副使节，与正使节敬叔同行。两家本有仇。"敬叔杀懿伯，被懿伯家所怨，恐惠伯杀己，故难惠伯，不敢入也。""惠伯知其难己，遂开释之：'今既奉君命政令，奉使滕国，不可以叔父之私怨，遂欲报仇，不行公事也。'"②

复仇者的范围问题，是一个非常有价值的问题。在很大程度上，复仇者的范围能够折射出刑法原则发展的程度。同理，刑法发展的程度也可以从一个社会通行的复仇者的范围看得出。将复仇者的范围限定在狭小的范围内，这应当说是与刑法或法律的立场相近了。法律坚持由一个主体——国家——实施惩罚，而此前的发展当是有资格复仇者受限定的事实不断出现。没有这样一个对复仇人范围进行限制的事实不断铺垫，很难想象在一夜之间，国家就将所有的惩罚权都收归了国有。因而对复仇资格的限定，也应是一个渐进的过程。在古代中国，经学起了半是总结、半是限制的作用。

---

① 《吕思勉读史札记》，上海古籍出版社1982年版，第381页。此事也见《左传·昭公三年》。
② 《礼记正义》疏，见《十三经注疏》，中华书局1980年版，上册，第1312页。

第四节　复仇结果的指向
——对死亡结果的追求的单一性

经书尤其是礼书中鼓励的复仇方式无一例外是杀仇。复仇必得将仇人杀死，象征性的伤害和经济赔偿的调和，在这里是不被允许的。

比如，《礼记·曲礼上》的父仇之"不共戴天"，郑玄注释说："父者，子之天；杀己之天，与共戴天，非孝子也，行求杀之，乃止。"从为子者的义务和责任讲，是必须将仇人杀死，否则就未合为子者的本分。《大戴礼记》也明确为"父母之仇不与共生"。吕大临说："父者，子之天。不能复父仇，仰无以视乎皇天矣。报之意，誓不与仇俱生，此所以弗共戴天也。"[①]"不与共生""不与仇俱生"是说不可共存、必有一死，即使因报仇而死，也是死得其所。

又，《曲礼上》的"兄弟之仇，不反兵"，郑玄说是"恒执杀之备"，即一直随身带着兵器，随时准备杀死仇人，故"不反兵"是不必返回家去取兵器。"交游（朋友）之仇，不同国"，并不意味着只是不在同一国生活，实际表达的思想仍是可以杀之。郑玄说："交游之仇，不吾辟，则杀之。"[②]不避开"吾"，则杀之，显然与"吾"居处较近，

---

① 转引自杨鸿烈：《中国法律思想史》，台湾商务印书馆1987年版，下册，第176—177页。需要说明的是，《礼记》关于复仇方式不同的说法，本身就有矛盾。《曲礼上》的"弗共戴天""不反兵""不同国"三种处遇办法，在《檀弓上》中却有不同的说法。在被托为孔子之语的语境中，"弗共戴天"变成了"弗与共天下"即不与共事一个君主，而办法是不仕即不做官。而下一步就是"遇诸市朝，不反兵而斗"——这本来是对待兄弟之仇的办法，这里被用来作为复父仇的方法。交游之仇的"不同国"，在这里变成了不是一般的不同国，而是做官时不同国。而且因为做官的缘故，在执行君命的过程中，虽然相遇也不能斗，即不能复仇。

② 杨鸿烈：《中国法律思想史》，台湾商务印书馆1987年版，下册，第176页。

这是其地理意义；另外，不避"吾"，可能显露的是轻蔑甚至严重伤害"吾"之感情的东西，杀之也是当然。

还有《周礼·秋官·朝士》："凡报仇雠者，书于士，杀之无罪。"郑玄注："谓同国之相避者，将报之，必先言于士。"疏曰："凡仇人皆王法所当讨，得有报仇者，谓会赦后使已离乡，其人反来，还于乡里，欲报之时，先书于士，士即朝士，然后杀之无罪。"虽有国家公权力的参与，但仍然追求死亡结果。

从报仇的方式看，《礼记·檀弓上》的"遇诸市朝，不反兵而斗""虽遇之不斗"的"斗"字，虽表明报仇是公开的，可以在"市朝"这样的大庭广众下实施，但以"斗"的形式相报复而具有的决斗色彩，与死亡结果是密切相连的。在个案中，我们可以看到正式相约决斗的死亡。《太平御览》引师觉授撰《孝子传》云：

> 仲子崔者，仲由之子也。子路仕卫，赴蒯聩之乱，卫人于厱（《左传》作盂厱）遂杀。子崔既长，欲报父仇，厱知之，曰："夫君子不掩人之不备，须后日于城西决战。"其日，厱持蒲弓、木戟，与崔战而死。[1]

可见，在春秋时期，类似决斗的复仇方式还有遗存。杀死子路的人，听说子路之子仲子崔要为父复仇，遂提出决斗。杀人者一方，是有绅士风度的（尽管杀人者当时职责即守门，是在履行公务，可以自豪）。公开决斗，反映了其绅士风度。或者，此类复仇之事在春秋时主

---

[1]《太平御览》卷352。

要是在贵族间通行的，因而带有贵族气。民间或实行另一规则。[①]

对死亡结果的追求，正是当时复仇规则对复仇加以限制的原因之一。以杀仇为目标，"推刃之道"就是它的一个必然结局。缺乏象征性惩罚和经济赔偿的替代形式的先天不足，导致后世法律禁止以经济赔偿方式解决仇怨的规定的产生，这就是唐律以来法律所规定的"杀人私和"罪。

---

①这种情形，在汉代那些刻意仿古的人身上也曾出现过。西汉末年，周党被一个乡佐侮辱过，当时也未当回事。后到长安游学，读了《春秋》，方知"复仇之义"，遂弃学归乡复仇。大略也就是他从经书中学到那种贵族气吧，原先并不懂什么的他，竟也写信给乡佐约定决斗时间，而且向对方提供武器。不幸的是，周党在决斗中被刺伤，乡佐倒是受了感动，用车送他回家。周党这才消除了复仇的念头。此事的滑稽是必然的。在汉代，在周党身上，已难有真正贵族的气质，所以模仿也绝不会像的。见《后汉书·周党传》，《太平御览》卷481引《东观汉记》。参见西田太一郎：《中国刑法史研究》，北京大学出版社1985年版，第75—76页。

第三章　复仇之在后世

——法律完备状态下的复仇问题

　　杨鸿烈谓："'复仇'是文化不开时人民的自助（self-help），到了实行国家司法主义的时候，可就成为'不法行为'！"[1]就是说，按道理，"国家的出现，结束了复仇的历史，代之而起的是刑罚权的行使"[2]。因为随着氏族制度的没落和瓦解，血族复仇的基础不复存在了。但中国的情况不是如此。

　　同时，刑罚权的行使，代表着法律的使用，这也就意味着法律对复仇的否定和抑制。因而，法律对复仇的限制必将越来越多、越来越具体。但中国的情况仍然不是如此。

　　氏族制的遗留在中国的延续时间很长，贯穿了整个奴隶制时代，这就是被中国人称为"宗法制"的东西。在中国，国家并没有一下子切断与氏族血缘的联系，而是在氏族血缘的宗族组织基础上建立起了国家。宗法制的瓦解和崩溃，是在春秋末年才发生的事情。春秋时期大量的复仇事件的发生，正是宗法制亲疏内外的分野所显示的亲属、家族与外族、外人的对立和敌意的表现。这就出现了一种复杂的情形：国家并

---

①杨鸿烈：《中国法律思想史》，台湾商务印书馆1987年版，下册，第176页。
②陈兴良：《刑法的人性基础》，中国方正出版社1996年版，第410页。

不缺乏法律（夏商时期且不论，仅以春秋时期而言），但复仇却非常盛行。人们从复仇事实中抽象出来的复仇规则，实际是与法律规则同步发展的。私人复仇与法律惩罚犯罪一直相伴随。

同时，在宗族组织瓦解的过程中，对复仇进行限制的观念及法令出现了。最强硬的，是出自当政者的政令；而大多数却是被卷入复仇事件的当事人的议论，但那只是他们信守的道德规则。因而就如我们前面所说，贤者可以遵守，而不肖者自然就可以不遵守。韩非所谓"兄弟被侵，必攻者，'廉'也；知友被辱，而随仇者，'贞'也"①，那是从早期社会遗留下来的复仇道德的观念形态。而限制诸项，不过是"忠（忠恕）""勇""智""忠（忠诚）""廉""贞"等新的德目。这最多是表明：道德发展了，新道德扩及复仇之事，但对于约束或扭转习俗性的复仇风气，还是软弱无力的。问题就在于这种限制的领域、这种限制的规则，不是见诸法律的大面积的硬性禁止，而是主要停留于道德调整的范围内。它们通过经书表达出来，是带有浓厚的氏族习惯的礼的规范，是所谓"春秋之义"。

这两个情况，就变成了其后历史发展的前提。

对复仇的真正法律限制，出于其后的高倡法治的战国时代，是出自法家高扬过的法的原则和精神。它曾经在观念和法制两方面，对原始的血族复仇的遗留进行过卓有成效的清算，但却难以抹掉经学创造的历史成果。经学中礼的规范或"春秋之义"，固然有限制、禁约复仇的一面，但浸透其中的赞成、鼓励复仇的因素，却是对习俗的妥协；其中关于复仇的观念，成为原始血族复仇遗留的主要残存形式，且其影响不可低估。《春秋》笔法的复仇基调，影响就很大。这又为其后的历史定下

---

①《韩非子·五蠹》。韩非希望当时的君主不要遵循这种旧道德，而要坚持法律原则，故云："人主尊贞、廉之行，而忘犯禁之罪，故民程于勇，而吏不能胜也。"

了发展的前提：从规则的纯粹形式角度看，对复仇的态度是古代历史发展中的礼与法这两大规则系统发生矛盾冲突的表现：或纵或禁，反映的是这两大规则系统各自的要求。礼的规则多同情、赞成、鼓励甚至放纵复仇，法的规则反对并禁止复仇。从思想的系统看，对复仇的纵与禁，又表现为儒家与法家两大学派深层思想冲突的外化。儒家讲私情、私礼、人伦，法家讲公法、公义、秩序。后来的历史，不过是两家思想争锋的反映。①

因此，我们看到的现象是：在血族复仇的环境（氏族共同体及其遗留）早已不存在的情况下，复仇的纵与禁，竟然也会成为问题。是由于儒家从伦理方面的激扬，才显出复仇在道德上的重要性，还是由于别的因素，比如是由于它与"杀人者死，伤人者刑"这一在血族复仇基础上产生的报复刑原则相符合，而在很大程度上受到法律（刑法）原则或明或暗的巨大支持？②那么，又如何理解经学中的那些出发点本是限制复仇的规则所包含的允许、鼓励复仇的因素，竟发展为被作为复仇的根据无限地利用这一事实？

---

①在古代中国，不存在第三套规范系统，但思想上却有第三家对复仇表明过态度，这就是道家。《太平御览》卷482引《陈留志》：韩卓父亲被一吏侮辱，韩卓欲为父复仇，曾手执兵器，埋伏道旁，等待机会下手杀之。不久，韩卓的长子暴病将死。韩卓长叹说："道家有言：'报仇不欲过。'今长子病，岂为是乎？"于是扔掉了兵刃，选择了棍棒。遇到小吏，只是把他打了一顿，"复耻而止"。原欲以杀复仇，后选择棒打一顿，洗清耻辱而止。这个过程以及中间的变化，或许能反映道家与儒家之间的细微差别。
②吕母为报子仇而杀县令一事见冯梦龙《智囊补》卷26："诸吏叩头请宰，母曰：'吾子不当死，为宰枉杀。杀人者死，又何请乎？'遂斩宰，以头祭子冢，因以众属刘盆子。"这表明，报仇也是报复刑观念使然。

第一节　关于复仇的纵、禁与其争论所反映的问题

复仇是一种古老的习惯。只是中国人更多地和更长时间地保留了这种习惯。

战国变法尤其是秦国法制的实施，曾对复仇习俗予以清理。法家商鞅从制度禁约的角度，解决了复仇色彩十分浓厚的"私斗"问题。法律上规定民"为私斗者，各以轻重被刑"，出现了"行之十年……民勇于公战，怯于私斗，乡邑大治"的效果。[①]法家韩非提出法治状态下复仇的不合法性，试图从思想上解决复仇的旧道德规则与新法律原则何者应是第一位的问题，指出："今兄弟被侵，必攻者，'廉'也；知友被辱，而随仇者，'贞'也。'廉''贞'之行成，而君上之法犯矣。"说如果"人主尊贞、廉之行，而忘犯禁之罪，故民程于勇，而吏不能胜也"。[②]这是法家在法律完备状态下，要求人们超越原始道德，重新理解复仇的本质的努力。诚如培根所说："复仇是一种野生的裁判。人类底天性越是向着它，法律就越应当耘除它。""因为头一个罪恶不过是触犯了法律；可是报复这件罪恶的举动却把法律底位子夺了。"[③]复仇在本质上是对法律的否定，是对国家公权力——刑罚权的挑战。法律的态度，自然应当是禁止复仇。

在这个问题上，西方哲人基本采取相同的立场。黑格尔就努力将报复（Vergeltung）与复仇（Rache）区别开来，以为：在法的最初步、最

---

① 《史记·商君列传》。
② 《韩非子·五蠹》。
③ （英）弗兰西斯·培根著、水天同译：《培根论说文集》，商务印书馆1983年版，第17页。

原始的表现中，"犯罪的扬弃首先是复仇，由于复仇就是报复"，"在无法官和无法律的社会状态中，刑罚经常具有复仇的形式……在未开化民族，复仇永不止息"。[1]虽然他主张刑罚是一种报复，坚持申说刑罚的报复性质，但也要求避免无休止的复仇，道理在于"复仇由于它是特殊意志的肯定行为，所以是一种新的侵害。作为这种矛盾，它陷于无限进程，世代相传以至无穷"[2]。他认为这不是表现法和正义的真正形式。要解决这个矛盾就"要求从主观利益和主观形态下，以及从威力的偶然性下解放出来的正义，这就是说，不是要求复仇的而是刑罚的正义"[3]。如果用黑格尔本人辩证法的术语来说，复仇会陷入永无休止的"坏的无限"。[4]

但战国时期本身就是一个复仇盛行的时代。法治的局部的和短暂的实施，并没能从根本上消灭复仇的社会心理和思想基础。中国人虽有时将复仇定性为"擅杀"，即承认国家刑罚权的优先性和唯一性，但这不构成主流，没有占据绝对的地位。汉代以后的中国，仍然出现了对复仇时而允许、时而禁止的循环反复的纵禁不一的局面。

可以说，中国人在这个问题上，一直是处在一种难堪的境地，或者说是一直没法走出一个逻辑悖论的怪圈——法律原则的"杀人者死"和经学原理的"复仇杀人不死"构成的悖论：如果承认"杀人者死"（B）这个命题（法律所认可的规则），就推得一个"杀人者不死"（–B）——这恰是礼学原理所赞许的；如果承认"杀人者不死"（–B），则又可推出"杀人者死"（B）。[5]解开这个悖论的难度是非常

①（德）黑格尔著，范扬、张企泰译：《法哲学原理》，商务印书馆1961年版，第107页。
②（德）黑格尔著，范扬、张企泰译：《法哲学原理》，商务印书馆1961年版，第107页。
③（德）黑格尔著，范扬、张企泰译：《法哲学原理》，商务印书馆1961年版，第108页。
④（德）黑格尔著，范扬、张企泰译：《法哲学原理》，商务印书馆1961年版，第11页。
⑤该处的分析方法，可参见林达：《历史深处的忧虑：近距离看美国》，生活·读书·新知三联书店1997年版，第149—150页。

大的，中国人似乎一直无法解开这个悖论。一方面，他们没法抵御经学关于复仇的鼓动，没法否定它。东汉初年的桓谭所说的就是这种情形。另一方面，他们又没法完全抛开法律原则，因为法治原则的旗帜毕竟在战国以来曾经高扬过。

一、法律上允许、禁止复仇的反复循环

（一）立法上的纵禁

汉代继受商鞅变法以来的秦律传统，大略是禁止复仇的。据《后汉书·桓谭传》载，东汉初年的桓谭曾对当时盛行的复仇提出过禁止建议，云：

> 今人相杀伤，虽已伏法，而私结怨仇，子孙相报，后忿深前，至于灭尸殄业，而俗称豪健。故虽有怯弱，犹勉而行之。此为听人自理而无复法禁者也。今宜申明旧令，若已伏官诛而私相伤杀者，虽一身逃亡，皆徙家属于边。其相伤者，加常二等，不得雇山赎罪。如此则仇怨自解，盗贼息矣。

既云"申明旧令"，则此前曾有过禁止复仇的法令。日本学者西田太一郎据此推测："西汉时禁止复仇行为的法令大概比东汉多。"但又存异说，引《太平御览》卷598所云"汉时，官不禁报怨"，又谓"说明当时的法令不仅承认复仇，而且法律的效力还约束不了豪强大族"，出现自相矛盾。①我以为，"汉时，官不禁报怨"之"汉"，未必指西汉，应当是指东汉。从桓谭的说法看，西汉禁止复仇的可能性是很大的。

与后世不同的是，东汉初的所谓复仇已不是在凶手未伏法的情况下，而是在凶手已受官惩的情况下进行的，可见问题之严重。

---

① （日）西田太一郎著、段秋关译：《中国刑法史研究》，北京大学出版社1985年版，第75—78页。

魏自曹操、曹丕以来，明令禁止复仇。这或许是战乱年间为防止人们借机互相残杀的通规。《三国志·魏书·武帝纪》："（建安）十年春正月……令民不得复私仇。"又，《三国志·魏书·文帝纪》记载，黄初四年春正月，诏曰："丧乱以来，兵革未戢，天下之人，互相残杀。今海内初定，敢有私复仇者，皆族之。"

　　但至魏明帝制定《新律》，则仿古义而立制，有限制地允许复仇，规定："贼斗杀人，以劾而亡，许依古义，听子弟得追杀之。会赦及过误相杀，不得报仇，所以止杀害也。"①此古义即《公羊传》《礼记》《周礼》精神的混合，表现在：

　　其一，故意杀人（即贼杀）及斗杀人（因斗而杀）允许报仇，过失杀人（过误相杀）被排除掉了。前者相当于《公羊传·定公四年》的"不受诛"，"复仇可也"；后者仿照《周礼》"过而杀伤人"不得复仇而允许调解避难的精神立制，②以缩小复仇相杀的范围。主观恶性在这里仍是主要考虑的因素。

　　其二，"子弟得追杀之"限定了复仇者的范围。复仇仅限于父兄等被杀，其余亲属不包括在内。可以理解为：在"父（或母）不受诛，子复仇可也"的基础上，增加了"兄（弟）不受诛，弟（兄）复仇可也"。

　　其三，复仇的前提条件是加害者因告劾而逃亡（以劾而亡）。由于国家刑罚一时无法加诸其身，私人复仇作为国家追究犯罪的救济措施，可以理解为代替国家行使惩罚权。

　　其四，国家刑罚权应得到尊重，赦免（因贼斗杀人）是国家表明的一种态度。所以赦免后，子弟不得复仇。

---

①《晋书·刑法志》。
②过失杀人不得报仇，也与汉律以来"过失杀人不坐死"（《周礼·秋官·司刺》注引汉律）的规定精神相吻合。

可见，报仇对象得是犯当死之杀人罪——故意为之且未被赦免者，复仇者也仅限于子弟。这是复仇从道德规则变为法律规则留存至今的最为详细且最早的资料。

曹魏《新律》作为成法，曾行用了很长时间，直至晋代才有一些改变。晋成帝时，司马无忌父亲司马承被王异害死，无忌欲杀王异子王耆之，《晋书·谯刚王逊传》："御史中丞车灌奏无忌欲专杀人，付廷尉科罪。成帝诏曰：'……自今已往，有犯（复仇）必诛。'于是听以赎论。"这是针对具体案件而发布的禁止复仇诏书。

至南北朝的南梁和北魏，皆有禁止复仇的诏书。《梁书·武帝纪》："（太清元年八月）诏曰：'……缘边初附诸州部内百姓，先有负罪流亡逃叛入北，一皆旷荡，不问往愆，并不得挟以私仇而相报复，若有犯者，严加裁问。'"《魏书·世祖纪》："（太延元年）诏曰：'……民相杀害，牧司依法平决，不听私辄报（复，敢有报）者，诛及宗族；邻伍相助，与同罪。'"法律又回到了汉末和曹魏初年的立场。

北周远攀姬周为始祖而刻意仿古，官制方面一依周制，在法律制度上也多用周制，法律上公开允许复仇。据《隋书·刑法志》载，北周文帝时的《大律》规定："若报仇者，告于法而自杀之，不坐。"这很明显是仿照《周礼·秋官·朝士》"凡报仇者，书于士，杀之无罪"而立制的。但这种仿古做法持续时间不长，不久，就"除复仇之法，犯者以杀论"，又回到禁止的立场上。可能是实践中问题太多，无法再坚持下去。

自此之后，法律或法令中再难见到允许复仇（即使是有限制地允许复仇）的规定了，国家基本上回到了战国以来法家提倡的禁止复仇的立场。

（二）司法上的态度

复仇在立法上的纵、禁既如上述，那么，司法上的态度又是如何呢？它们是否影响了实际的复仇行为的发生率了呢？回答应当是肯定的。

虽然立法上的或纵或禁具有不确定性，但司法上对于复仇案的轻减处理，却是一贯的。因此，立法上对复仇的放纵固然是导致一个时期复仇增多的一大因素，而司法上的轻减则是鼓励复仇的长期因素。

东汉初防广（一作房广）杀死杀父仇人，光武帝予以减死处理。[①]这当然是一个鼓励，导致桓谭所谓"子孙相报"的往复无穷。桓谭的建议很可能没有被采纳，整个东汉的复仇问题一直是个严重的社会问题。但严重的问题是由统治者自己挑起来的。

南梁张景仁斩杀父仇人韦法，简文帝萧纲下教令褒美之，原其罪，蠲其户内租调；[②]成景儁屡复父仇，梁武帝义之，每为屈法。[③]北魏孙益德复母仇，高祖、文明太后以其幼而孝决，又不逃罪，特免之；[④]孙男玉复夫仇，显祖（献文帝）诏曰："男玉重节轻身，以义犯法，缘情定罪，理在可原，其特恕之。"[⑤]西魏杜叔毗杀仇，当时执政的宇文泰（后追封为文帝）嘉其志气，特命赦之。[⑥]北周柳雄亮手刃仇人黄众宝，周高祖（武帝）特恕之。[⑦]

唐代对复仇案件，太宗、高宗、武则天皆宽法以处之。王君操杀仇后自首，太宗下诏原免；[⑧]卫孝女（卫无忌）杀仇，太宗特令免罪，徙雍州，给田宅，并令州县以礼嫁之。[⑨]贾孝女、贾强仁杀仇，高宗诏并免其

---

① 《后汉书·钟离意传》，又见《太平御览》卷643引《会稽典录》。
② 《南史·孝义下》，又见《太平御览》卷481引《梁书》。
③ 《南史·孝义下》。
④ 《魏书·孝感传》，《北史·孝行传》。
⑤ 《魏书·列女传》。
⑥ 《周书·孝义传》。
⑦ 《周书·孝义传》。
⑧ 两唐书《孝友传》，《太平御览》卷482引《广德神异录》。
⑨ 《新唐书·列女传》，又见《太平御览》卷440、481。

罪，徙洛阳；[1]赵师举复父仇，高宗也原之。[2]武则天对复仇案的态度，一直比较缓和，13岁的少年杜并刺死欲陷其父杜审言于罪的周季重，自己当时也死，武则天召见杜审言，表示慰问。[3]徐元庆杀仇，武则天初欲赦之，只是因陈子昂谏，这才作罢。[4]

宋朝尤其是开国之初，皇帝屡屡减免对复仇者的刑罚。《宋史·孝义传》云："太祖、太宗以来，子有复父仇而杀人者，壮而释之。"比如，李璘父亲及其家属三人被陈友所杀，李璘手刃仇人，太祖"壮而释之"。雍熙中，甄婆儿母亲刘氏被董知政击杀，以斧斫杀董，太宗嘉其能复母仇，特贷其死。端拱中，刘斌从弟刘志元杀死刘斌之父刘加友，刘斌以刃刺志元，未死，遂自陈于官，朝廷黥配刘志元，释刘斌等人之罪。[5]

之后，虽少有释放之事，但减刑的事是常有的。仁宗时，王德殴死刘玉父，刘玉杀王德，仁宗义之，减刑为决杖、编管。神宗时，王赟刺杀了殴死父亲的凶犯，神宗以其能杀仇祭父，又能自首，其情可矜，特诏贷死，刺配邻州。[6]

金世宗大定"十年，尚书省奏：'河中府张锦自言复父仇，法当死。'上曰：'彼复父仇，又自言之，烈士也。以减死论。"[7]

地方官也往往主张宽免复仇者，甚至径自作主释放。晋朝王谈报邻人窦度杀父仇，太守孔岩义其孝勇，列上宥之，后又举为孝廉。[8]刘宋的宋越复仇，太守夏侯穆嘉之，不仅不处罚，而且提拔为队主；[9]钱延庆杀

---

① 《新唐书·列女传》，又见《太平御览》卷415。
② 《新唐书·孝友传》。
③ 《太平御览》卷481引《大唐新语》。
④ 《新唐书·孝友传》，参见《陈伯玉集》《柳河东集》。
⑤ 《宋史·孝义传》。
⑥ 《宋史·刑法志》。
⑦ 《金史·刑法志》。
⑧ 《晋书·孝友传》，《太平御览》卷482引檀道鸾《续晋阳春秋》。
⑨ 《太平御览》卷481引孙严《宋书》。

父仇，吴兴太守上表朝廷请不加罪，朝廷许之。[1]梁李庆绪手刃父仇，州将义而释之。[2]

（三）法律中的复仇因素

法律中的复仇因素，即使在所谓禁止复仇的时代，也是存在的。杨鸿烈曾指出："复仇思想直至近世犹深入法律条文里面。"[3]

《大清律例》规定：凡"祖父母、父母为人所杀，而子孙（不告官）擅杀行凶人者，杖六十；其即时杀死者勿论"；"凶犯当时脱逃，被子孙撞遇杀死，照擅杀应死罪人律，杖一百"；"凶犯拟抵遇赦减等发配后逃回，被死者子孙擅杀，杖一百、流三千里"；"凶犯遇赦释回，国法已伸，不当为仇，如有子孙复仇杀害，仍照谋故本律定拟（入于缓决，永远监禁）"；"释回之犯复向死者子孙寻衅争闹，或用言讥诮，有心欺凌，死者子孙忿激致毙，于谋故杀本律减一等，杖一百、流三千里"。[4]

如果说清律的态度是允许复仇，似乎还难以遽下这个结论。但我们可以从中明显地看到对于复仇的子孙的宽容。第一款的"即时杀死勿论"，有类似当今的正当防卫之效果，似较唐律的规定为宽。而所谓擅杀行凶人，范围就很窄了。因为按照下款，指的是"凶犯当时逃脱"，可见本款不是逃脱后擅杀。既非"即时杀死"，又非"当时脱逃"后被杀，则只能是在脱逃过程中而杀死者。所谓的处罚是象征性地杖六十。第二款也只是照擅杀应死之人律杖一百，也是象征性的。第三、第四款之所以处刑重，一是"拟抵遇赦减等"，二是"遇赦释回"，都可以理解为"国法已伸"，故而不允许复仇。

---

①《宋书·孝义传》《南史·孝义传》。
②《南史·孝义下》。
③杨鸿烈：《中国法律思想史》，台湾商务印书馆1987年版，下册，第192页。
④《读例存疑》卷三十七《刑律·斗殴下》"父祖被殴"条，律文第2款、第2条例文，成文出版社1970年，第962、963页。

值得注意的是第一款和第二款。对"擅杀"者之所以不处以死刑，仅仅给予象征性的杖刑，关键是这里的一个用词，即罪犯是"应死罪人"。这是中国人的报复刑观念在起作用，即那个"杀人者死"的强大逻辑。凶犯既已杀了人，就免不了一死；被害人子孙杀了凶手，等于代国家执行了死刑。在这种情况下，为了一个本来"应死"的罪犯，去切责并惩罚一个孝子贤孙，是不合情理的。以结果为导向的考虑，是中国人常有的心理趋向。还有就是中国人的罪过观念的特殊性引起的。中国人常说"死有余辜"，是说死亡的结果并不足以抵消其罪孽，这与其说是形容，毋宁说是指实——中国人的报复心常有引导人们趋于重惩的倾向。至于这种重惩是来自国家还是来自个人，那是一个细节问题或者只是个技术问题。而中国人一向认为道义问题是较技术问题更为重要和更为根本的。重惩既是道义，那么，以恶对恶，后一个恶仍然是划算的。中国人又爱说不要"伤及无辜"，认为伤害了无罪者是不合理的。但这句话的潜台词是"对有罪者即使有所伤害也是无所谓的"，背后的逻辑是"谁让你如何如何了"。

因此，尽管国家在这里表明了它的国家公权力的态度——惩罚权应归国家行使，私人杀死了即使是应死之人，也只是"擅杀"，本身是没有权利这样做的。但不对擅杀者处以死刑，仅处以象征性的杖刑，很值得我们思考。而对后三类杀人者之所以不处死，也是出于事出有因的想法而予以减轻的。减轻本身明显背离了"杀人者死"的通例，其理由就是复仇情节及时人的复仇情结两个方面的存在。

如果说这样分析有可能脱离法律的原意，那么我们来看一看清朝人自己是如何看待他们的这一类规定的。清朝的地方大员们，习惯于从法律规定的缝隙中，寻找允许复仇的蛛丝马迹。

主持审结清朝著名的王恩荣复仇案的某按察使在研究案情之后，说：

律不言复仇，然"擅杀行凶人，罪止杖六十，即时杀死者不论"，是未尝不许人复仇也。恩荣父死时未成童，其后屡复仇不遂，非即时，犹即时矣。况其视死无畏，刚烈有足嘉者。当特予开释，复其诸生。[①]

这样的解释，不能说是有道理的。因为对"即时"的解释，不能如此信口开河。"即时"只是一个很小的时段，即使"已离开现场"而杀死凶手这样的情况，都不能认为是"即时"。因此，以王恩荣在父亲死时年少，当时不能报仇，其情可谅；长大后屡次复仇达不到目的，却一直能坚持不动摇，从而以复仇之志未泯、复仇之行未断，将一个长时段与法律规定的有特定意义的"即时"相比拟，得出"非即时，犹即时矣"（尽管不是即时，但也相当于即时）的结论，明显是一种曲解。所以，无论如何都不能将王恩荣的复仇看成"即时杀死凶犯"。但如果对律意做出这样的分析——"未尝不许人复仇也"，倒是事出有因。清律确实在这方面是网开一面的。因而，法律尽管没有明显褒扬复仇者"视死如归"的刚烈之节的规定，但因是司法中却必然会出现这种倾向性处理意见。因为法律中尽管没有明许，却已经暗含了这样一种态度。

二、有关复仇的争论所反映的文化困境

（一）赞许复仇——难以逃离的道德陷阱

从哲学上将复仇的原理推衍为人类效法天地万物五行相生相克"自然之理"的，是自汉代春秋公羊学以来的观点。《白虎通义·五行》："子复仇何法？法土胜水，水胜火也。"明丘濬进一步将复仇推衍为人

---

① 《清史稿·孝义传》。

性之常，是所谓"生民秉彝"，《大学衍义补》卷110：

> 按：复仇之义，乃生民秉彝之道，天地自然之理，事虽若变，然变而不失正，斯为常矣。以五行之理论之，如金生水，金为火所克，水必报之；水生木，水为土所克，木必报之；木火土三行皆然。人禀五行以有生，有以生之，必有以报之；人知所生者，必报其所由生。

这样，"报"除了是自然之理外，还是人之禀性。但这种复仇的自然哲学或人性论并不是支持复仇或评价复仇的主要观念。在中国，真正支持复仇的是道德哲学，是所谓孝、义等伦理范畴。

复仇的孝、义等价值虽然也要受制于其他的伦理标准，比如节、忠等，在先秦就已经有忠大于为兄弟复仇之悌，[①]后世又有妇女贞节大于为夫复仇之义，[②]等等。不过，复仇一旦不存在与其他伦理价值的冲突，它的道德价值往往就能压倒一切。

注目于复仇的道德价值，赞许复仇并不加处罚，往往会导致互相杀伐永无已时，这意味着设置了一个道德的陷阱。

《南齐书·孝友传》载：齐永明中，发生了朱谦之复母仇而杀死族人朱幼方案。而所谓"仇"，不过是朱幼方燎火不慎，烧了朱谦之母亲的棺材。谦之自首后，县令表上其事，别驾孔稚珪等人写公牒给本部刺史豫章王：

> 礼开报仇之典，以申孝子之情；法断相杀之条，以表权时之制。谦之挥刃斩冤，既申私礼；系颈就死，又明公法。今仍

[①]《礼记·檀弓上》中孔子说："衔君命而使，虽遇之不斗。"这是遇到了两个伦理原则冲突时的处理规则，即不为兄复仇之"不悌"，小于不执行君命之"不忠"。
[②]白居易《百道判》中有丈夫遇盗而死，妻子为求杀盗者而为之妻。判云：妻子没有为丈夫复仇的义务，"夫仇不报，未足为非"。复仇是一种高尚的道德行为，故不得有不德的行为同时存在，嫁则"失贞行之节"，"妇道有亏"。

杀之，则成当世罪人；宥而活之，即为盛朝孝子。杀一罪人，

未足弘宪；活一孝子，实广风德。

豫章王将此事报告了世祖，世祖嘉其义，但"虑相报复"，命朱谦之随曹虎西行。将要出发时，在津阳门守候的朱幼方之子朱恽，杀死朱谦之；谦之的哥哥朱选之又刺杀朱恽。往复相杀，连死三人。世祖闻报，曰："此皆是义事，不可问。"都予以赦免。时人评论："弟死于孝，兄殉于义，孝、友之节，萃此一门。"

这无论怎样看都是一个陷阱。在节、义、孝、友等的名义下，三人成了刀下之鬼。我们实在难以计算出这究竟使哪一家的正义得到了伸张。因为孝、义、友等概念，在这里都是个别的，都只是某一家的孝、义、友，而不是普遍的。它们尚难与正义概念等同起来，一个人的孝、义又难以与整个意识形态所倡导的孝、义观等同起来。这就是文化的困境，是一个悖论，是一个难以理清的个别与一般的矛盾。显然，在道德的圈子内，是无法解决这一问题的。

宋代王安石反对复仇，认为复仇不是治世所行，因而他是坚持法律的一元标准的。但他也曾试图在伦理上解决该问题。在《复仇解》中，他设问道：

或曰："世乱而有复仇之禁，则宁杀身以复仇乎？将无复仇而以存人之祀乎？"

曰："可以复仇而不复，非孝子也；复仇而殄祀，亦非孝也。以仇未复之耻，居之终身焉，盖可也。仇之不复者，天也；不忘复仇者，己也。克己以畏天，心不忘其亲，不亦可矣乎？"①

————————

① 《王文公文集》卷32。

王安石提出了"可以复仇而不复，非孝子也"的命题，这是他对传统的迁就之处。但他同时又提出了一个对破除当时风行的复仇观念具有意义的思想：复仇成本的再计算问题。这就是"复仇而殄祀，亦非孝也"，为了复仇，结果将家族的香火都断了，那就不是孝了。这在终极意义上也符合孟子的说法，"不孝有三，无后为大"。因而，王安石也就更赞成不去复仇，以为被害人子孙解脱心理压力的办法是自慰：可以将仇未报看作自己的终身耻辱，在观念上只要不忘复仇从而内心不忘其亲就是可以嘉尚的，没有必要去孜孜于复仇。

（二）赞许复仇与惩罚擅杀的调和，抽象的二元标准——仍然是陷阱

中国人试图从困境中解脱出来，试图走出道德的圈子来解决问题，于是有了调和道德原则和法律原则的说法和办法。

武则天时，徐元庆之父徐爽被县尉赵师韫所杀，元庆手刃师韫，自首到官。武后欲赦其死，因陈子昂谏，这才作罢。徐元庆案引起了争论。

陈子昂上疏说：

> 先王立礼以进人，明罚以齐政。枕干仇敌，人子义也；诛罪禁乱，王政纲也。然无义不可训人，乱纲不可明法……元庆报父仇，束身归罪，虽古烈士何以加？然杀人者死，画一之制也，法不可贰，元庆宜伏辜。《传》曰："父仇不同天"，劝人之教也，教之不苟，元庆宜赦。臣闻刑所以生，遏乱也；仁所以利，崇德也。今报父之仇，非乱也；行子之道，仁也。仁而无利，与同乱诛，是曰能刑，未可以训。然则邪由正生，治必乱作，故礼防不胜，先王以制刑也。今义元庆之节，则废刑也。迹元庆所以能义动天下，以其忘生而及于德也。若释罪以利其生，是夺其德、亏其义，非所谓杀身成仁、全死忘生之节

也。臣谓宜正国之典，置之以刑，然后旌闾墓可也。[①]

陈子昂的议论，是一种抽象的二元标准或双重标准（价值）说。一方面，复仇是"义"，是"仁"，是"节"，是"德"，是"烈士"之行——伦理价值或伦理意义；另一方面，国家要"明罚""明法""杀人者死"——法律价值或法律原则。使两个价值并存，同时得以表现的办法，就是既不"废刑"，也不"夺德""亏义"，即杀其人而旌其闾墓——否定的法律评价加上肯定的道德评价。

二元标准似乎不偏不倚，而且在死亡这点上找到了二者的共同处——杀其人，一方面照顾了"杀人者死"的法律原则，另一方面也成就了复仇者"杀身成仁"的"全死忘生之节"，是遂了其本志。然而这却是一个陷阱——它使许多人受到鼓励，从而走向死亡。礼教的杀人，此是其一。

抽象地泛泛而论，不考虑复仇的具体原因、情节，是陈子昂立论的特征。这较之《周礼》《公羊传》等考虑这些因素，要差一个境界。故后来柳宗元批评他，也是着眼于此的。

二元标准说在中国有较大的市场。中国人喜欢什么都不失去，但往往什么都兼顾不了。

唐宪宗元和六年（811）九月，富平县人梁悦父亲被秦果所杀，梁悦杀仇人而诣县自首请罪。皇帝下诏曰："在礼，父仇不同天；而法，杀人者死。礼、法，王教大端也，二说异焉。下尚书省议。"韩愈上了著名的《复仇状》，文曰：

> 伏以子复父仇，见于《春秋》，见于《礼记》，又见
> （于）《周官》，又见诸子史，不可胜数，未有非而罪之者

---

① 《新唐书·孝友传》。参见《陈伯玉集》《柳河东集》。

也。最宜详于律，而律无其条，非阙文也。盖以为不许复仇，则伤孝子之心，而乖先王之训；许复仇，则人将倚法专杀，无以禁止其端矣。夫律虽本于圣人，然执而行之者，有司也。

经之所明者，制有司者也。丁宁其义于经，而深没其文于律者，其意将使法吏一断于法，而经术之士得引经而议也。《周官》曰："凡杀人而义者，令勿仇，仇之则死。"义，宜也，明杀人而不得其宜者，子得复仇也，此百姓之相仇者也。《公羊传》曰："父不受诛，子复仇，可也。"不受诛者，罪不当诛也。诛者，上施于下之辞，非百姓之相杀者也。又《周官》曰："凡报仇雠者，书于士，杀之无罪。"言将复仇，必先言于官，则无罪也。今陛下垂意典章，思立定制，惜有司之守，怜孝子直心，示不自专，访议群下。臣愚以为复仇之名虽同，而其事各异，或百姓相仇，如《周官》所称，可议于今者；或为官所诛，如《公羊》所称，不可行于今者。又《周官》所称，将复仇，先告于士则无罪者，若孤稚羸弱，抱微志而伺敌人之便，恐不能自言于官，未可以为断于今也。然则杀之与赦，不可一例，宜定其制曰：凡有复父仇者，事发，具其事申尚书省，尚书省集议奏闻，酌其宜而处之，则经、律无失其指矣。谨议。[1]

杨鸿烈说："韩愈所说仍是空洞模棱，并非根本解决的办法。"[2]这有一定道理。韩愈确实没有提出具体的区处办法，而只是提出了原则。他虽然也在努力区分"私杀"与"官诛"，但似乎没有柳宗元那样努力建立一元标准的明朗态度。他既强调了"法吏一断于法"的必要，又看

①韩愈：《韩昌黎文集校注》，上海古籍出版社1986年版，第593—594页。
②杨鸿烈：《中国法律思想史》，台湾商务印书馆1987年版，下册，第186页。

重"经术之士引经而议"的合理，前者是原则性，后者又是灵活性。而且在他的心目中，灵活性应大于原则性。虽然，他也提出了"经术之士引经而议"的范围只限于"百姓（私下）相（杀之）仇"，而对"为官所诛"者则明确指出不得复仇。但他最后提出的建议却是对复仇者"酌其宜而处之"，以保证经、律两个方面都"无失其指（旨）"，这等于没有提出详细办法。而在实践中，则很可能会引起复仇者等待轻减的侥幸心理，较少顾忌地去实施报仇行为。

该案的处理，最终以梁悦申冤请罪，发于天性，而特从减死，决杖一百，配流循州。因而皇帝这次向臣下征集意见的活动，等于仍然没有产生一定之规。将来的办法，仍然是碰到案件再行个别商议，实行个别解决的方针。人们的思想依然是那样混淆无定，只靠自己对经书和法律的理解了。

（三）禁止复仇——法律的一元标准树立的艰难

二元标准既然靠不住，中国人曾试图建立法律的一元标准。以合法性为一元标准，多倾向于反对并禁止复仇。

柳宗元《驳"复仇议"》，用杨鸿烈的话说，是"很能分辨法律和道德的界限，所以很不满意陈子昂的这种'首鼠两端'不彻底的办法"[1]。柳宗元批评了既"旌"又"诛"的矛盾办法，造成"趋义者不知所向，违害者不知所立"的情势，建议区分情况处理。他说：

> 若元庆之父不陷于公罪，师韫之诛独以其私怨，奋其吏气，虐于非辜，州牧不知罪，刑官不知问，上下蒙冒，吁号不闻；而元庆能以戴天为大耻，枕戈为得礼，处心积虑，以冲仇人之胸，介然自克，即死无憾，是守礼而行义也。执事（者）

---

①杨鸿烈：《中国法律思想史》，台湾商务印书馆1987年版，下册，第184页。

宜有惭色，将谢之不暇，而又何诛焉？其或元庆之父，不免于罪，师韫之诛，不愆于法，是非死于吏也，是死于法也。法其可仇乎？仇天子之法，而戕奉法之吏，是悖骜而凌上也。执而诛之，所以正邦典，而又何旌焉？

柳宗元又批评陈子昂的多余担心，说：

且其议曰："人必有子，子必有亲，亲亲相仇，其乱谁救？"是惑于礼也甚矣。礼之所谓仇者，盖以冤抑沉痛而号无告也；非谓抵罪触法陷于大戮，而曰"彼杀之，我乃杀之"。不议曲直，暴寡胁弱而已。其非经背圣，不已甚哉！《周礼·调人》："掌司万人之仇。凡杀人而义者，令无（勿）仇，仇之则死。有反杀者，邦国交仇之。"又安得亲亲相仇也？《春秋·公羊传》曰："父不受诛，子复仇可也；父受诛，子复仇，此推刃之道。复仇不除害。"今若取此以断两下相杀，则合于礼矣。且夫不忘仇，孝也；不爱死，义也。元庆能不越于礼，服孝死义，是必达理而闻道者也。夫达理闻道之人，岂其以王法为敌仇者哉？议者反以为戮，黩刑坏礼，其不可以为典，明矣。

请下臣议附于《令》。有断斯狱者，不宜以前议从事。[1]

努力为"仇"下一个定义，努力建立一道"可仇"与"不可仇"的界限，是柳宗元的目标。应该说，这种想法抓到了关键，是有充分的道理的。中国人之所以在这个问题上纠缠不清，就在于所谓"仇"的含义过于宽泛，在于复仇本身的伦理特性。一方面，一切侵害（包括侮辱与轻微伤害）都可以划入"仇"的范围，都可以去报复，从而出现"仇"的概念的泛化。另一方面，即使单以杀人而言，人们也习惯

---

[1]《柳河东集》卷四。

　　　　　　　　复仇　报复刑　报应说

于笼统地将一切"杀"的行为都看作"仇"。被私人无端地杀害是可仇的，道义上、伦理上鼓励复仇；被官方定罪而杀死，人们也从道义、伦理的角度去看待，也认为可仇，可以去复仇。这样看待问题，必然混淆"义杀"与"私杀"。因为正义的复仇固然有昭示公正的作用，邪恶的复仇如果也被当事者视为正当，就会使"杀人偿命"无条件地适用，"偿"就永远会被拟定为正义的。从根本上说，刑罚也是一种暴力，如果将行使国家刑罚权也视为可仇，则一切杀伐行为皆可仇。因此，要判断杀伐行为是否可仇，关键是树立合法性标准。合法性标准一旦建立了，道义、伦理标准就得服从法律标准。这样，二元标准就必然会变为一元标准了。

不过，柳宗元留下了一个尾巴，这就是对确有冤抑而号诉无告者拥有报仇权利的肯定。这就是说，复仇的理由并没有被根绝。这也意味着：人们可以不必去做通过法律正当程序解决的努力，只要他们认为告诉求胜无望（柳宗元没有讲告到何种程度才算"号诉无告"），就可以私行复仇。这无疑是对他自己建立的标准的一个严重破坏。与《周礼》《公羊传》所提出的界限相比，实际是退了一步。这个妥协，是出于中国人对复仇者的那种强烈而难以磨灭的同情心。柳宗元就是如此。

希望将二元标准做某种程度的统一，建立一元标准，曾是人们努力的目标。白居易《百道判》有一则关于复仇的判词，云：

> 得戊兄为辛所杀，戊遇辛，不杀之。或责其不悌。辞云：
> "辛以义杀兄，不敢返杀。"

白居易拟判云：

> 舍则崇仇，报为伤义。当断友于之爱，以遵王者之章。
> 戊居兄之仇，应执兵而不返；辛杀人以义，将割刃而攸难。虽
> 《鲁策》垂文，不可莫之报也；而《周官》执禁，安得苟而行

之？将令怨是用希，实在犯而不校。

　　揆子产之诫，损怨为忠；征史䲡之言，益仇非智。难从不悌之责，请听有孚之辞。①

此出自《周礼·地官·调人》："凡杀人有反杀者，使邦国交仇之；凡杀人而义者，不同国，令勿仇，仇之则死。"所谓"《周官》执禁"者也。这就是说，坚持法律原则，毕竟能使事情得到限制。

唐代还有一个引起朝廷内部争论的复仇案件，也能反映这种建立一元标准的努力。

开元二十九年（741），有人告发嶲州都督张审素有罪，朝廷命监察御史杨汪前去按治。告发者又告张审素与总管董元礼谋反，元礼穷急，带兵包围杨汪，胁迫其洗雪张审素之罪。很快，兵吏共起，斩杀元礼，解了杨汪之围。杨汪遂以张审素实有谋反之事，判处斩刑，没收其家。当时，张审素的两子张琇、张瑝幼小，被流放到岭南。不久逃回，杀杨汪于都城，并在斧头上系挂了为父申冤的状词。该案就此开始了审理。

中书令张九龄等都称张琇、张瑝兄弟孝烈，应当免其死；裴耀卿、李林甫等则以为不可，玄宗也以为不可许，对张九龄说："孝子者义不顾死，然杀人而赦之，此途不可启也。"乃下诏曰：

　　国家设法，期于止杀，各伸为子之志，谁非徇孝之人？展转相仇，何有限极？咎繇作士，法在必行；曾参杀人，亦不可恕，宜付河南府杖杀。

据说，当时，士民皆怜之。②杨鸿烈谓：玄宗的做法，"是趋向'法治'的表现"。③

---

①《白居易集》，中华书局1979年版，第4册，第1387页。
②《文献通考·刑考五·刑制》。
③杨鸿烈：《中国法律思想史》，台湾商务印书馆1987年版，下册，第186页。

应当说，"各伸为子之志，谁非徇孝之人？展转相仇，何有限极？"已经看到了个别与一般的尖锐冲突，试图解决个别性带来的问题，是一个比较好的思路。但这一思路，在中国古代，不能取得压倒性优势。中国人在复仇问题上，往往受制于来自报复刑的对等性原则的干扰。

南宋理学家胡寅曾就此案评论说：

> 复仇，因人之至情，以立臣子之大义也。仇而不复，则人道灭绝，天理沦亡，故曰：父之仇不与共戴天，君之仇视父。张审素未尝反，为人妄告，杨汪受命往按，遂以反闻，审素坐斩，此汪之罪也。瑝与琇愍其父之冤，亡命报之，其失在不讼于司寇，其志亦可矜矣。张九龄欲宥之，岂非为此乎？而裴、李、降敕之言，何其戾哉？设法之意，固欲止杀。然子志不伸，岂所以为教？且曰"曾参杀人，亦不可恕"，是有见于杀人者死，而无见于复仇之义也。杨汪非理杀张审素，而瑝、琇杀汪，事适均等，但以非司寇而擅杀当之，仍矜其志，则免死而流放之可耳；若直杀之，是杨氏以一人而当张氏三人之命，不亦颇乎？[1]

胡寅的说法，尤其是那个"事适均等"的理由，正是中国人深入骨髓的意识——命与命须相抵。既然已经抵了命，事情就摆平了；如果非要切责报仇是非法杀人，那最多不过是流放刑。因为如果要处以死刑，那就有另一个计算：一命是否能抵三命的问题。一等于三，这个不等式是中国人所不能接受的。[2]这不仅是学者的看法，也是大众的心理。所

---

[1]《大学衍义补》卷110引。

[2]这种局外人看待复仇的计算心理，西方人也曾论及。培根说："可是在这种情形里，那报仇的人也应当留神，他那报复的行为要没有法律惩罚才好；否则他底仇人仍然要占先的，因为二人之间吃亏底比例乃是二比一也。"培根为复仇者设想得很细，这很像中国人；同时，他的比率计算法，也很像中国人。见（英）弗兰西斯·培根著、水天同译：《培根论说文集》，商务印书馆1983年版，第17页。

以，张氏二兄弟被杀之后，当时的舆情是"士民皆怜之"。因为这大悖于他们的普遍意识。合法性的一元标准在中国没有市场，就是这种一如既往的意识作用的结果。

第二节　对汉以来复仇案的诸分析

对复仇的分析可以是多方面的。但这里主要侧重于复仇的文化分析。

《搜神记》卷十一《三王墓》所记的遗腹子为父报仇一事，颇能反映中国人的意识。在一定意义上，可以将它看作中国复仇文化的全息图。

楚国的干将为楚王制造宝剑。原定一年完成的事，三年才做完。干将估计楚王必杀他，遂决计将所铸两支剑中的"雌"剑献给他，而将"雄"剑留下来。当时，妻子莫邪已怀孕，干将对妻子说："汝若生子是男，大，告之曰：'出户望南山，松生石上，剑在其背。'"就到王城献剑。本来就大怒的楚王，得知干将只献了"雌"剑而未献"雄"剑，遂杀了他。干将的遗腹子赤比长大后，问母莫邪关于父亲的事，母亲告诉了他原委。赤比按照父亲遗言的暗示，在自家堂前松柱中发现了"雄"剑，"日夜思欲报楚王"。楚王也梦见一个眉间宽阔的男子来杀他，言"欲报仇"，遂悬赏千金捉拿他。赤比闻听，逃亡入山，边泣边歌。一个侠客见到，问曰："年轻的孩子，为何你哭得如此悲伤呢？"莫邪说："楚王杀吾父，吾欲报之！"侠客说："闻王购子头千金，将子头与剑来，为子报之。"赤比说："幸甚！"于是自刎，双手捧头及剑献给侠客，尸身却没有倒。侠客说："我绝不辜负你！"赤比的尸身才倒下。侠客带着赤比的头颅来见楚王，王大喜。侠客说："此乃勇士头也，当于汤镬煮之。"但煮了三天三夜，头颅却煮不烂。且往往浮在水面上，睁目大怒。侠客说："这孩子的头煮不烂，只要大王亲自到鼎前临视，自然就烂了。"楚王到了鼎前，侠客趁势一剑砍下他的头，王头落入汤中。侠客自刎，头也落入汤中。因三个头被煮得无法辨认，楚臣遂将三头葬在一起。故人们称它"三王墓"。

这个故事有几点值得注意，它们特别能反映复仇的一系列"文化信息"。

关于父亲一方。一是被杀者的期望：父亲干将期望儿子为其报仇——这是几乎所有被杀者（倘使他有儿子的话）的共同期望，并为此做了安排。父亲也有智，用谜语指示儿子。二是报仇能力的设定：具有报仇能力者为儿子而不是女儿。干将未讲如果妻子生了女儿该如何办。这是男子的一种家庭角色，也是男儿的社会角色：男儿有力、有勇、有智，是经常被寄予期望的，有时是唯一被寄予期望的一种人。三是象征物与象征意义："剑"是武器，是报仇之凭恃。"剑"又是正义（曲与直之中，剑是代表直的）的化身。"剑"又是用来"决断"事物的，[1]是使没有结果的事情得到一个结局的象征之物。又，剑有雌雄，预示着后者必胜。[2]

关于儿子一方。首先是为子者对自身角色的认知：儿子赤比听到父亲被杀及临行前的安排，未受鼓动就想到复仇——似乎是一种"自然"的、"本能"的反应；但实际上是文化的结果，他能从父亲的安排中得出结论。其次是男儿家庭角色和社会角色的优势：男儿有智，能猜透父

---

[1] 东汉何武判一个特别遗嘱案：一富翁立遗嘱，将全部家产给女儿、女婿，而给他的幼子仅留一把剑。何武体会其意图，云："夫剑者，亦所以决断。"见辛子牛主编《中国历代名案集成》，复旦大学出版社1997年版，上册，第169页。

[2] 应注意的是：这里干将被杀，可能冤，也可能不冤。因为他没有合同概念。中国人在这里不去追究违反契约的责任，却将眼睛盯在了血案上。因为楚王是专横、暴力、血腥的象征。

亲谜语；男儿有勇，能为父死，无论被杀或是自杀。

关于侠客一方。第一，侠客的出现，是偶然，也是必然；第二，侠客有义、有勇，能为人死；第三，侠客有谋，能赚敌首。

故事中未被明示的文化因素，在一些能够对中国文化有深刻理解的人那里，往往被准确地参透了。蔡志忠先生为这个故事做漫画时，为侠客和楚王各增加了一句台词：

侠客说："这是勇士的头，应当放在锅中煮，才能焚去他的怨气，不再困扰您。"

楚王说："既是如此，就如你所说，设大锅煮去他的怨气。"①

在原文中，侠客并没有说"焚去他的怨气，不再困扰您"这句话，楚王也没有说"设大锅煮去他的怨气"之类的话。仇之不报而有"怨"——这中国复仇文化中最重要的文化因子，蔡志忠是看得很透的。因而，设法排解人的怨气，或设法去掉人的怨气，就是复仇者及其仇人都必须正视和解决的事情。怨是报仇的原因，是直接理由。

一、复仇原因的一般分析

对复仇的分析，首先得从对复仇的原因的分析开始。

复仇的具体原因可能是不同的，但一般原因却不外两个：一是加害者（主要是杀人犯）未受惩，国家没能追诉犯罪，社会没有对相应的罪行表达应有的态度；②相伴而生的是，加害者并不惭悔或悔罪，他们有时表现出来的轻蔑态度，对受害者的子女们是一种强烈的刺激；被害者的

---

①蔡志忠：《六朝怪谈》，生活·读书·新知三联书店1991年版，第146页。
②王安石《复仇解》曰："《书》说纣曰：'凡有辜罪，乃罔恒获，小民方兴，相为敌仇'，盖仇之所以兴，以上之不告，辜罪之不常获也。"商朝这一复仇资料，也能够帮助我们理解古代复仇的原因。

家属没能从对罪犯的惩罚中得到相应的心理平衡和心理补偿。[1]二是虽然国家进行了对罪行的追诉，但加害者因合法的理由或非法的原因而免受制裁，或减轻了惩罚；受害者的家属同样没有得到相应的抚慰，至少是与其期望不符。这两种情况下的复仇，都不可避免地带有明显的惩罚特性和情感宣泄特性，尤其是对前者而言。英国培根论复仇云："复仇中最可原谅的一种，就是为了报没有法律纠正的那一种仇的。"[2]"最可原谅"这种态度，其实也正是中国人对待复仇的普遍态度。道理在于：这时候的复仇带有代替或弥补法律纠正的功能，也具备平慰受害者家属心理的作用。

复仇的这种代替或弥补法律纠正的功能，中国古代思想家曾经从"公法"与"私义"关系的角度提及过。他们将复仇——通过"私"的方式解决问题的手段——看作社会关系的调节机制之一。在他们看来，就如同法律制裁对人们施加压力一样，复仇也能起到这样的作用，只不过是起辅助作用。游桂说：

> 圣人之治天下，于暴乱之人以公法治之，苟制之于公法而不足，则由于私义而制之。是以暴乱者无所逃罪，而人安其生。夫所谓仇，皆王诛所不及，公法有时而失之者。圣人因礼而为之法，曰："某仇也，是其子与弗共戴天者也；某仇也，是其兄弟所必报，而不反兵者也；某仇也，是其交游之所不同国者也；三仇皆以杀人而言，人之子弟交游皆得报而杀之：弗共戴天，则世之暴者，不敢害人之父母矣；不反兵，则世之暴者，不敢害人之

---

①东汉赵娥父被杀，赵娥三个兄弟相继病故，"仇乃喜而自贺，以为莫己报也"。赵娥却"阴怀感愤"，终至杀仇。见《后汉书·列女传》。又，唐太宗时，王君操父被杀，君操"婴孤，仇家无所惮"，终致王君操杀仇。见《新唐书·孝友传》。
②（英）弗兰西斯·培根著、水天同译：《培根论说文集》，商务印书馆1983年版，第17页。

兄弟矣；不同国，则世之暴者，不敢害人之交游矣。①

由于畏惧私人复仇，社会又多了一道护卫个人生命的屏障。

对复仇合理性的这种认同，实际上是在表达这样一个思想：复仇不过是报复刑的一个曲折表现。在这里，"杀人者死"的报复刑规则，是支持复仇的一个基本原理。既然"杀人者死"是通理，出于这个原因，所以下述的一切就是必然的了。

（一）杀人者死，故未受到法律追究而侥幸漏网者，必以复仇杀之

在我收集的85个复仇案中，下列是未被官府追究判刑从而引起被害人子弟甚至母亲、友人报复杀人的案件。

1.纯粹刑事案件未被追究从而引起私人复仇者

新莽赵熹堂兄被杀；东汉董子张父被害，防广父被害，许世报仇杀人，缑玉父被杀，赵娥父被杀，魏朗兄被杀，张宗被杀；魏终宠父被害；东吴孙翊被杀；晋王谈父被杀，赵胤父被害，桓温父被害，沈劲父被杀；刘宋钱延庆父被杀，姚牛父被杀，宋越亲属被杀；齐闻人夐父被害；梁张景仁父被杀，成景儁父被杀，李庆绪父被害，荀瓊父被害，赵拔扈全族被杀；北魏孙益德母被害，吴悉达父母被杀，孙男玉夫被杀，淳于诞父被害；北周柳雄亮父被害；隋王舜父被杀；唐王君操父被殴杀，卫无忌父被杀，周智爽父被害，赵师举父被杀，余长安父、叔被杀，梁悦父被杀，贾孝女父被杀害，谢小娥父夫被杀；北宋李璘父及家属三人被杀，甄婆儿母被击杀，刘斌父被杀，刘玉父被殴死，王赟父被殴死；明傅檄父被杀，张震父被陷害致死，孙文父被杀，王世名父被殴死；清李复新父被杀，党国虎父、兄被杀，虞尔忘父被杀，黄洪元父被

① 《大学衍义补》卷110引。

复仇 报复刑 报应说

杀，颜中和父被杀，颜鼍父被杀，王恩荣父被吏殴死，任骑马父被杀，郭景汾祖、父被杀等。

其中，一小部分是叛乱（两例，北周柳雄亮、清郭景汾）、土匪（一例，清李复新）杀人，算是特例。其余大部分是和平时期的杀人案件。如果再除去其中的盗犯杀人（两例，北魏淳于诞、清虞尔忘）、土豪杀人（一例，魏终宠父）及官府依势杀人的案件（一例，梁赵拔扈）等特殊情况外，我们就会注意到这样一个情节：相当多案件是亲属（汉缑玉、隋王舜、宋刘斌）、族人（唐周智爽、贾孝女，明孙文、王世名，清党国虎）或邻居（晋王谈）杀人，再远些就是同里人（清黄洪元）、乡人（汉魏朗、刘宋姚牛、唐卫无忌）、县人（汉赵娥、刘宋钱延庆、梁张景仁。名曰县人，实际居住距离未必远）的杀人案。在这样的范围相对狭小的生活圈子中出现杀人案，应当说是便于侦破和追究的，但我们看到的却是未被追究的事实。未经官府治罪的刑事案比率很高。

2.被陷害（政治性案件）未能纠正而引起的复仇案

王莽时刘鲤父（更始皇帝）被害，东汉苏不韦父被陷害，刘宋沈林子父、祖被告发与叛乱有关而被杀，隋王颁父被陈武帝所杀，唐张琇父被斩等，共5案。另外，陷害而尚未致死的案件有：曹魏韩暨父、兄被诬陷几致死，唐杜并父被关押欲杀，共两案。

3.因不法而被法办（罪未必至死）

汉吕母之子有小罪被县令所杀，朱朗父淫祀不法被县令所杀，唐徐元庆父被县尉所杀，陈斌被兵曹拷杀等，共四案。

4.只言报仇而不清楚有无被杀情形者

东汉孝子报父仇，遗腹子报父怨，魏刘氏与旧县令有仇，晋张兑报父仇，共四案。

5.非血仇

西汉丁兰母亲神主被砍，王莽时原涉被举奏，曹魏夏侯惇师被辱，魏汤父亲被殴打，晋董黯母亲被邻人苦辱，南燕冷平寡嫂被僧强奸，南齐朱谦之母亲棺尸被不慎焚烧，隋郎双贵从兄被殴伤，唐孟元方父母墓被盗发①等，共九案。

应当说，长则数百年、短则数十年的朝代，有几个乃至十几个案件没能追究从而引起复仇案，是不足为怪的。但问题也正在于：二十五史及一些类书中所记载的这85个复仇案，如果排除掉5（非血仇而不必去报复）和4（不清楚有无被杀情形），则因血案而引起复仇的竟高达84.7%；如果再排除掉3和2，仅仅是纯粹的刑事血案的复仇率也高达71.8%。而所谓复仇的一般原因，就是加害者未受到法律追究。可以设想，如果当时能够比较准确及时地制裁这类犯罪，是否会有这样多的复仇案，是值得怀疑的。因此，在这个意义上，复仇实际具有弥补法网疏漏的社会作用。因而当时人们对复仇者的怜悯和宽容，一方面是对其道德性的评价，另一方面也是对复仇行为补充了司法的不足的实际考虑的结果。后者之中，当然包含了对"杀人者死"的报复刑原则的绝对肯定。因为道理很简单，国家刑罚权的杀是一种杀，私人复仇的杀也是一种杀，最终都要有个杀的结果。与其惩罚复仇者，莫如因应现实，只以现在的杀为结局，不再造成更多的死亡。因而当时人们的看法是：宽纵复仇者，"宥而活之，即为盛朝孝子"，而"活一孝子，实广风德"；同时，惩罚复仇者，"今仍杀之，则成当世罪人"，而"杀一罪人，未足弘宪"，并不能对法律原则有多大裨益。

---

①发冢在古代被视同血仇，但与实际的血仇毕竟有别，故单列出来。

（二）杀人者死，故虽然受到法律追究而以贿赂免于制裁者，※由复仇杀之

清严廷瓒父被族子严旸所杀，讼官罪当斩，严旸贿上官得脱。严廷瓒斧裂仇人。[1]杨献恒父被杨开泰殴死，献恒三次讼告，开泰以贿免。献恒以刃杀之。[2]光绪初，土豪罗五杀死李巨勋父亲，李讼官使罗系狱，但罗以贿赂出狱。李巨勋挟刃伺仇，将其击杀。[3]

似乎很难以此来评价一朝法制的得失。我们不能就此说清朝的法制状况不好，但司法腐败问题确乎是复仇的诱因之一。

（三）杀人者死，故虽然受到法律追究而逢大赦而免于制裁或减轻制裁者，※杀之

北周杜叔毗兄被叛将曹策诬以谋叛杀害，叔毗申冤，朝廷以事在归附之前，不追究其罪。叔毗于白日手刃曹策于京城；[4]清李复新父李际春被土寇贾成伦劫杀，顺治初告官，贾有罪，但会赦减死，复新以石击杀贾成伦；[5]陆起鲲、陆起鹏报父被杀之仇，先诉官，但因巡道仅判罚金，遂起而斫杀之。[6]

这就是清律之所以专门用三款规定遇赦复仇仍给以刑罚制裁的现实原因（见前引）。国家无疑是要表明它的法律处断的威严——赦的效力，因而禁止赦后复仇。但人们仍认为："赦罪者一时之仁"，而"复仇者（乃）千古之义"；原初的杀人之罪"可赦于朝廷"，而被害一方之仇却是"难宽于人子"。[7]复仇是无可指责的。因而现实中也就有了数

---

①《清史稿·孝义二》。
②《清史稿·孝义二》。
③《清史稿·孝义二》。
④《周书·孝义传》。
⑤《清史稿·孝义二》。
⑥《清史稿·孝义二》。
⑦《清史稿·孝义二》载县老掾语。

量如此多的赦后复仇。

（四）杀人者死，故杀人犯虽然悔过求哀，也必杀之

前述统计结果已经显示出，三种报仇形态中，以第一种最多，第二和第三种，基本上只出现于清朝。在清朝之前，只有北周一例，是希望通过诉讼得到解决的。这表明：清以前的人们更注重肆无忌惮地复仇，原本不注意官府；而清朝人复仇必先告官，多了一些借助官府的意识。这可能是时代的一个发展，但不必把这看得过重。因为即使是清朝人，告官不遂其意，也重又私行复仇——与清以前人并无二致。比如那个复仇过程最复杂曲折的王恩荣复仇案，王恩荣两次报仇不遂，才去告官；官判远避，王恩荣遂再次报复。小吏在面对利斧时，眼见生存无望，乞求哀怜贷死，王恩荣并不允，斧裂之，以足蹴踏其心。①这似乎可以引出复仇的另一个规则：杀人者死，故杀人犯虽然悔过求哀，也必杀之。

（五）杀人者死，故而人们在遇到报复时，一般也能自觉接受报仇及其带来的结果

然而我们不得不说，与崇尚侠义的汉代人相比，这毕竟显得有些不"大方"，缺乏某种绅士风度。因为在汉代，我们可以看到复仇的另一规则：人们在遇到报复时，一般也能自觉接受报仇及其带来的结果。

比如，东汉许荆的侄子许世报仇杀人，仇家寻到门上，许荆为亡兄乞怜，声称其兄已死，只有这一个独苗，愿以身当之。仇家看其诚恳，也就作罢。②清代已不见复仇者的这种侠义。当然，被报复者也是没有侠义可言的。王恩荣欲报复的小吏竟然跪下求饶。而在更早的古代，这种情形是不多见的。比如，子路的儿子仲子崔欲报杀父之仇，对方竟拿蒲

①《清史稿·孝义二》。
②《后汉书·许荆传》，《太平御览》卷512引谢承《后汉书》。

弓、木戟来决斗——明显是来送死的。[①]

张国风谓："民间的复仇行为既反映了社会的不平，也反映了民众对法律的失望。"[②]这是有一定道理的。社会既没能惩罚犯罪而使受害者得到平慰，故引发了复仇；司法腐败及官场黑暗又促使了复仇行为的发生。民众的失望和不满情绪也是客观存在的。尽管在复仇案件的记述中，我们看不到这种失望情绪的流露。因为记述者只宣传复仇情绪，不去或不便揭露司法对凶犯的放纵。这不能解释为因侦讯技术不足导致凶犯漏网，苦主既然知道凶犯是谁，官府就不应不知。对逍遥法外的凶犯进行复仇，一方面是对黑暗的反抗，另一方面是失望情绪的宣泄。但无论怎样都是报复刑观念的委曲表达形式。

二、复仇者的年龄与性别结构分析

正常人尤其是成年人的复仇，似乎无甚奇怪之处，可以略而不论。同样，男子复仇，由于性别带来的性格、胆量、体力等的差异，也不会引起人们多大的诧异，也可以存而不论。从原始复仇习俗及春秋以来的复仇事例看，复仇是成年男子的独占权利或独有的义务。然而，通过对秦汉以来的复仇者的考察，我们注意到两个比较特殊的群体——儿童、少年群体与妇女群体，这与一般人的感觉存在着出入。

（一）儿童、少年复仇的比例

复仇风习下，复仇者的年龄降低，少年儿童为父母复仇占一定比例。

按道理，属于成年人世界的事情，应当由成年人自己解决。十二三

---

①《太平御览》卷482引师觉授《孝子传》。
②张国风：《公案小说漫话》，江苏古籍出版社1992年版，第29页。

岁以下的儿童、十五六岁至二十岁的少年①介入此事，是时代的悲哀。问题也正在这里。

家长的希冀、劝诱、敦促是一个重要原因。成年人受父母的鼓动而复仇，固然也偶有之，②但我们更多见到的是儿童、少年受父母鼓动的情形：宋朝刘斌父被杀，其母诫其二子说："尔等长，必复父仇。"③刘斌兄弟后来果然复仇，与此教诲不无关系。明代张震之父被人陷害而死。临死前，父亲咬伤年幼儿子的手指，说："某，吾仇也，汝勿忘。"张震长大后，指头有伤痕，母亲告诉他原委，遂使他"长誓必报"。④后来他找朋友帮助杀死仇人，并走告父墓，只是在完成父亲的遗愿。尤为奇特的是东汉遗腹子为父报仇的事，⑤这当然不是胎教，而是人们不断灌输复仇观念的结果。因此中国人对于复仇者，往往不是劝其不要复仇，而是问其复仇之后是否还有其他遗憾。清王恩荣欲复父仇，其舅说："汝志固宜耳，然杀人者死，汝父母其馁矣。"⑥考虑的是复仇者被法办后其家断了香火，从而使先祖成了无人祭祀的"馁而之鬼"。

儿童、少年世界被过早地成人化，从而使他们成了主要的复仇主体。比如，新莽赵熹堂兄被杀，年十五的他，"常思欲报之"；⑦东汉夏侯惇14岁为师报受辱之仇；⑧晋王谈父被杀，10岁"阴有复仇志"，至18

---

①王维《老将行》诗："少年十五二十时，步行夺得胡马骑。"则20岁以下也是少年。盖古代以男子年二十行冠礼，表示其成年。故本书不按现代生理学划分儿童、少年与青年时期，只取其成年与否之大概。
②《周书·孝义传》记载，北周杜叔毗兄杜君锡被诬谋叛遇害，其母促复仇，云"汝兄横罹祸酷"，故叔毗"志在复仇"；又《清史稿·孝义传》记载，清代王恩荣父王永泰被县小吏殴死，祖母告官不得直，仅得些小埋葬费，气愤而自缢；母亲泣血30年，垂死时拿出这些钱，告诫恩荣："三丧易此，汝志不可忘。"
③《宋史·孝义传》。
④《明史·孝义二》。
⑤《太平御览》卷465引谢承《后汉书》。
⑥《清史稿·孝义二》。
⑦《太平御览》卷481引《东观汉记》。
⑧《太平御览》卷438引《魏志》。

　　　　复仇　报复刑　报应说

岁报仇，[1]桓温16岁手刃仇人；[2]梁荀瑓年十五复父仇，[3]闻人夐年十七结刺客报父仇，[4]姚牛十余岁手刃父仇，[5]沈林子年十八断仇人首；[6]北魏孙益德"童幼"复母仇，[7]淳于诞年十二结刺客报父仇；[8]唐杜并13岁刃刺父仇，[9]而11岁和13岁的张琇、张瑝兄弟俩共杀父仇；[10]宋甄婆儿十余岁斧杀母仇；[11]清颜中和年十六斧杀父仇，[12]颜鼇18岁以刃刺仇，[13]任骑马年十九刃刺父仇。[14]

按我的统计，20岁以下的儿童、少年复仇案，占全部案件的18.8%。而许多复仇案，史料仅标明是"长"而复仇，实际年龄未必大。如北魏吴悉达，隋王舜姐妹，唐卫无忌、赵师举等。[15]同时，多数复仇者是在十一二岁甚至八九岁时就"志在复仇"的，如北周的柳雄亮、南梁的李庆绪等。[16]如果再加上这些儿时就立志报仇者，则其比率会更高。

（二）妇女报仇的比例

妇女复仇有汉缑玉、赵娥、吕母，东吴徐氏，晋王广女，北魏孙男玉，隋王舜姐妹，唐卫无忌、贾孝女、谢小娥，共10例。包括为父、为夫、为子复仇几种，情形各不相同。为子复仇者有吕母，单独为夫复仇者有徐氏、孙男玉，为父夫共复仇者有谢小娥，其余皆为为父复仇者。

---

① 《晋书·孝友传》，《太平御览》卷482引檀道鸾《续晋阳春秋》。
② 《太平御览》卷481引王隐《晋书》。
③ 《梁书·孝行传》《南史·孝义下》。
④ 《南史·孝义上》。
⑤ 《太平御览》卷479、482引刘义庆《幽明录》。
⑥ 《太平御览》卷481引沈约《宋书》。
⑦ 《魏书·孝感传》，《北史·孝行传》。
⑧ 《太平御览》卷481引《后魏书》。
⑨ 《太平御览》卷481引《新语》。
⑩ 《旧唐书·孝友传》。
⑪ 《宋史·孝义传》。
⑫ 《清史稿·孝义二》。
⑬ 《清史稿·孝义二》。
⑭ 《清史稿·孝义二》。
⑮ 《魏书·孝感传》，《隋书·列女传》，《新唐书·孝友传》。
⑯ 《周书·孝义传》，《南史·孝义传》。

妇女多因身为长女或无兄弟，担当起复仇的责任。赵娥父为仇人所杀，因三个兄弟皆病亡，遂自己单独手刃仇人。①卫无忌无兄弟，故自复父仇。贾孝女教弟贾强仁杀仇，并遣其自首。

因体力等原因，妇女当然可以求人帮助复仇。东吴孙翊被妫览杀害，妻子徐氏召集孙的旧部属，设计杀死妫览，持其首祭夫墓。②吕母欲报复在职的县令，聚集数百少年攻打县城杀县令。但这只是特例，大多妇女并不如此。而且即使请人帮忙，也只是助威，复仇得由她们亲自动手。如孙男玉报杀夫之仇，即不用弟动手。至于单独行动如谢小娥者，皆亲手杀仇人。

一些少女也加入复仇行列。晋王广之女，父被梅芳所杀，15岁的女孩竟也欲杀仇人。后因被发觉而自杀。③而大多妇女是在儿童期就确立复仇志向，且多数无兄弟。比如，隋孝女王舜，父王子春被从兄王长忻杀死时，她仅有7岁，两个妹妹分别为5岁和2岁，而"阴有复仇之心"。长大后，王舜乃与二妹共杀仇人。④

三、复仇者的身份分析

春秋战国时期为己报仇的现象，在汉以后少见了。能够看到的只有一例。新莽时，原涉杀死王游公父子，原因是他们奏报说他自己"有刺客如云"。⑤因而，汉以后的复仇都是为他人进行的。复仇主体主要有两种身份，一是近亲，二是朋友。为近亲复仇占绝大多数。

---

①《后汉书·列女传》，《太平御览》卷415、卷440、卷481。另《太平御览》卷439引鱼豢《魏略》，作"二兄弟弱，不能报"。
②《太平御览》卷481引《吴志》。
③《太平御览》卷440引和苞《汉赵记》、卷519引《华阳国志》。
④《隋书·列女传》，《北史·列女传》，《太平御览》卷439引，《温公家礼》卷6。
⑤《太平御览》卷481引《汉书》。

（一）为近亲复仇

承袭经学以来复仇范围缩小的历史进步，后世的复仇义务主要属于近亲属。近亲属之中，包括父母、夫妻、兄弟、子女4个方面（但为妻、为女儿复仇之事皆不见有），古时也兼及伯叔甚至祖父母，则最多不过6个方面。父母之仇、兄弟之仇在理论上是被特别看重的，一个是"戴天之痛"，一个是"同气之悲"，[①]报复是必然的。为叔父复仇、为堂兄复仇，是因叔父、堂兄无子，舍其之外再无人承担报复之义务；[②]女子复仇，也是因无兄弟，[③]或兄弟已死，[④]或兄弟幼弱，为父母报仇的义务必须由她来完成。因而，复仇是被看成一种责任的。

1.复父母仇

在复仇案中，为父复仇最多。尽管儒家经书如《礼记·檀弓上》讲"居父母之仇……弗与共天下"，《大戴礼记·曾子制言上》也讲"父母之仇不与共生"之类的话，但正如其他经书如《礼记·曲礼上》《周礼·地官·调人》及《春秋公羊传》等往往单讲"父之仇"一样，杀父之仇被强调得更多，似乎具有更重要的位置。这样一种情况的出现，自然离不开父家长制的背景。在古代社会，父亲活动的范围及因此带来的可能结怨的机会，要比母亲大得多。因之，复父仇案比例大，应当是由父亲在社会上和家庭中的实际地位和象征地位决定的——母亲不如父。

这个情况也能在个案的统计中反映出来。在我收集到的85案中，单独为母复仇者仅有6例，如果加上同时为父母复仇者2例，也不过8例，而有52案是单独为父复仇的。如果加上同时为祖父复仇2例，同时为母复仇

---

①《周书·孝义传》。
②如东汉赵熹堂兄无子、陈公思叔父无子。
③如隋王舜姐妹无兄弟，见《隋书·列女传》。唐卫孝女无忌也"无兄弟"，见《新唐书·列女传》。
④如赵娥兄弟三人相继病亡。

者2例，同时为叔父复仇者2例，同时为丈夫复仇者1例，同时为兄弟复仇者2例，总数可达61例。

2.复兄弟仇

为兄弟（包括从兄弟）、寡嫂复仇者共5例。如王莽末赵熹为无子的堂兄杀仇人，[①]魏朗杀兄仇，[②]北周杜叔毗杀死陷害其兄的曹策；[③]隋朝郎双贵殴死折伤从兄的船人，[④]南燕有冷平兄弟杀强奸其寡嫂的和尚。[⑤]此外，报父兄被杀之仇者有清党国虎，报父兄被陷害之仇的有曹魏韩暨，因兄之事全族被杀而报仇者有南梁的赵拔扈。自然，兄与弟比较起来，为兄复仇的数量显然高过了为弟复仇（为寡嫂复仇可以视同为兄复仇）。

与经学热衷于提倡"兄弟之仇，不反兵"[⑥]、"仕弗与共国"[⑦]及"和难"[⑧]的情况相比照，历史上出现上述区区几例为兄弟复仇案，似乎与社会的主流意识有些距离。原因是人们更多地责难子孙而不是责难兄弟复仇，从而关注的焦点从原来的两个——"戴天之痛"与"同气之悲"，转移到一个——"戴天之痛"，使手足情分变得没那么显眼了。

3.为其他亲属复仇

实际上，亲属之中，祖父已算不得近亲。案例中，单独欲复祖仇者仅一例。东汉太尉崔烈被董卓害死，其孙崔元平欲为祖父报仇，"常思有报复之心，会病卒"而未果。[⑨]实际中有为父、祖共同报仇者，如清郭

①《后汉书·赵熹传》，《太平御览》卷481引《东观汉记》。
②《太平御览》卷482引东晋虞预《会稽典录》。
③《周书·孝义传》。
④《隋书·孝义传》。
⑤《太平御览》卷416引《南燕录》。
⑥《礼记·曲礼上》。
⑦《礼记·檀弓上》。
⑧《周礼·地官·调人》。
⑨《太平御览》卷482引梁祚《魏国统》。

复仇　报复刑　报应说

景汾为父、祖复仇，①也可以理解为由父而兼及祖。但也不多见，仅有两例。为祖父母复仇案例极少的原因是，复祖父母之仇已由父叔们完成，一般情况下轮不着孙子辈的人去进行。这意味着子孙中"子"的复仇义务是特别重大而必要的。

近亲之中，单独为叔父复仇者一例，即东汉陈公思为无子的叔父陈斌复仇。②妻单独为夫复仇两例，一是东吴徐氏为夫孙翊复仇，③一是北魏孙男玉为夫杀仇。④另有唐谢小娥为父、夫复仇一事。⑤母为子复仇仅一例，即汉代吕母仇杀县令之事。⑥

这一类复仇，数量较少。它们是在为父母复仇的大气氛中被催生出来的，也只能算是伴随物。社会原本没有赋予他们复仇的义务，其也各有自己的具体缘由，因而不是主流。

（二）为友复仇

儒家经学鼓励为友复仇。前述"交游之仇，不同国""朋友之仇不与聚乡""朋友相卫而不相迿""主友之仇视从父兄弟"等皆是。为朋友复仇，是为君主、父母、兄弟复仇之外的又一热点。这是因朋友处于"君臣、父子、兄弟、夫妻、朋友"五伦或五常之列。

为友复仇，在数量上相对较少，仅有五例。与社会意识形态所乐道者，有较大反差。且这类复仇，在时代上比较集中，主要在汉魏六朝，后世即不复见。大略汉魏间事，也只是春秋战国的流风余韵。

为友复仇，大多有股侠气。既有拔剑而起的行侠仗义，又有自首归罪之勇敢。东汉董子张的父亲被仇人所害，在子张重病将死之时，朋友

①《清史稿·孝义三》。
②《太平御览》卷482引应劭《风俗通》。
③《太平御览》卷481引《吴志》。
④《魏书·列女传》。
⑤《新唐书·列女传》。
⑥《太平御览》卷481引《东观汉记》。

郅恽在床前守候。子张凝视郅恽，欷歔不能言。郅恽说："吾知子不悲天命，痛仇不复也。"起而率领刺客寻仇人，取其头以示子张，子张见而气绝。郅恽随即到县署自首。①

为友复仇也肯"忍"。曹魏尹牙在太守终宠手下做事。终宠整日闷闷不乐，尹牙问终宠为何如此"愧戚"。答云："父为豪周张所害，重仇未报，并与戴天，非孝子；虽官尊禄重，而坐耻未判，是以长愧而无止也。"尹牙遂辞官到周张家当马夫，接近周张，出入三年，终于找机会手刃了周张。②

为友复仇也讲究礼学规则。陈纲为少时的学友张宗报被杀之仇，杀死了安众刘元后自首。但事之执行却是在母亲丧事终了之后。③颇符合《礼记》的"父母在，不许友以死"的精神。④郅恽欲为友复仇，但仍然感觉"子在，吾忧而不手；子亡，吾手而不忧"，意思很明显，是不愿连累重病中的朋友。但看到朋友那遗憾的样子，他终于还是立即奋起杀仇。⑤

为友复仇常常与侠客密不可分。西汉郭解"少时，以躯借友报仇"；⑥朱云"少时通轻侠，借客报仇"；⑦曹魏典韦"好豪侠"，为刘氏杀县长李礼及其妻，刘氏可能是其雇主；⑧徐福"好任侠"，"尝为人报仇，为吏所得，问其姓字，闭口不言"。⑨这正表现了这类人"轻死重气"或"轻命重气"的义节。⑩

---

① 《后汉书·郅恽传》，《太平御览》卷512引《东观汉记》。
② 《太平御览》卷482引陆胤《广州先贤传》，卷421所引略同。
③ 《太平御览》卷482引常璩《华阳国志》。
④ 《太平御览》卷406引。
⑤ 《后汉书·郅恽传》。
⑥ 《太平御览》卷473引《汉书》。
⑦ 《太平御览》卷434引《汉书》。
⑧ 《太平御览》卷481引《魏志》。
⑨ 《太平御览》卷473引鱼豢《典略》。
⑩ 《太平御览》卷473引张衡《西京赋》、刘邵《赵都赋》。

此外，案例中有为师复仇者一例，是曹魏的夏侯惇杀死侮辱其师之人。[①]《周礼·地官·调人》有"师长之仇视兄弟"的说法，当是这类行为的意识之缘起。古代师友并称，故为师复仇，也大体可以附入此类。

四、复仇者的命运与复仇案的结局分析

笔者收集到的案例中，有85例是报仇既遂的（实施了报仇行为，不包括"欲杀"者），即都杀死了仇人（有一案是剖棺焚烧尸体，可视同复仇既遂）。但这85案的结局不同，复仇者的命运不同（其中一案的复仇者当场被杀，不存在追究问题）。如果再排除了复仇杀人后逃亡或避仇的3例（亡命者：东汉魏朗、晋朱朗；避仇者：北魏吴悉达），其余81案应当说是比较方便于追究的（正如后文所述，其中大部分属于自首案件）。但自汉以来，社会舆论、司法官员乃至于皇帝，多对复仇者抱一种同情的态度，复仇者受追究的比率（死刑）很低，而不受追究免罚的比率很高，减降其刑不予处死的比率也很高。这与法律立场的反差是非常大的。尽管我们也可以考虑这样一个因素——法律上对复仇有纵有禁，并不一味地禁止，但从总体上看，历来对该类案件的处理，却一直是以宽为主的。因而，仅从立法角度看复仇，很可能会使我们走入误区。对于复仇案，历来的司法导向是明显的——宽纵是其基本特征。

（一）复仇者受追究（共15案）

1.受完全追究而处死刑者：（1）县令发令：东汉孝子；（2）皇帝发令：唐周智爽、徐元庆、张琇张瑝兄弟、余长安。共5案。

2.受不完全追究而减死后流戍：（1）减死后流戍：第一，遣戍：东汉防广、猴玉；明张震、孙文（后遇赦释放）；清杨献恒；第二，刺

①《太平御览》卷438引《魏志》。

配、编管：宋刘玉、王赟；第三，流：唐梁悦。（2）遇赦减死遣戍：清郭景汾。（3）遇赦减死：清李复新（可能也是遣戍）。共10案。

（二）复仇者不受追究（共46案）

1.完全不受追究而释放免究者：（1）县令发令：东汉郅恽；（2）郡、州、监司发令：东汉刘鲤、陈公思、赵娥；晋王谈；刘宋宋越、姚牛；南梁李庆绪；唐孟元方、谢小娥（隐匿不报）；宋甄婆儿；清陆起鲲、颜中和、颜鼇、王恩荣；（3）皇帝发令：西汉丁兰；刘宋钱延庆；南齐朱谦之、闻人敻；南梁张景仁、成景僎；北魏孙益德、孙男玉；北周柳雄亮、杜叔毗；隋王颁、郎双贵、王舜姐妹；唐王君操、卫无忌、赵师举、贾孝女姐弟；宋李璘、刘斌兄弟。共40案。

2.逢赦不受追究：东汉苏不韦、陈纲；晋张兑、董黯；清黄洪元、任骑马，共6案。

（三）记载不明但明显未受到追究者（共22案）

新莽赵熹、原涉；东汉许世、某遗腹子、吕母；曹魏夏侯惇、杨阿若、韩暨、典韦、尹牙；东吴徐氏；晋赵胤、桓温、沈劲、魏汤；南燕冷平、冷安国兄弟；刘宋沈林子、赵拔扈；南梁荀瓊；北魏淳于诞；明傅櫆；清虞尔忘、虞尔雪。

（四）其他结果（共4案）

1.死于狱：清李巨勋、严廷瓒；

2.自杀：明王世名、清党国虎。

其中，完全受追究的唐代数案，是出于政策性的考虑，在历史上不多见，属于特例；东汉一案，县令擅自作主杀了复仇者，引得齐国相桥玄大怒，竟将该县令抓来笞杀之，以"谢孝子冤魂"。不完全追究中的直接减死遣戍，多出于皇帝或朝臣的意见。至于完全不受追究方面，地方官与皇帝都表现出了对复仇者的明显宽容，被赦免的数量很大。值得注意的是那些因记载不明我们无法得知其结果者。但从已有迹象来看，复仇者肯定未受到追究。这些人中，像曹魏的韩暨、东晋的桓温，竟因复仇而"由是显名"或"名重当时"，可见当时民间或官府都是清楚这些事的，而百姓将他们当作英雄，官府也无人去追究。

复仇者一般都有较好的归宿，复仇案一般也都有一个好结局。就复仇者一方来看，复仇者的受宽容，造成了复仇不必抵命的印象。因为不论是自首还是被捕，结局大都不必死；即使是死，也未尝不可理解为一种赌博。同样，即使受到了薄惩，复仇者也因此而得到了美名，利还是大于弊。这对复仇者无疑是一种鼓励。复仇案之多，是与此有绝大关系的。

从统治者一面来看，汉魏六朝以来，"明时""盛朝"会哀矜复仇之人而不予处死，一直是当然的观念。东汉缑玉杀父仇，县令断死，县学生申屠蟠说："玉之节义"，"不遭明时，尚当表旌庐墓；况在清听，而不加哀矜？"[1]南齐朱谦之复母仇，孔稚珪云：孝子不应杀，若"今仍杀之，则成当世罪人；宥而活之，即为盛朝孝子"。[2]"明时"和"盛朝"表示一个国家政治清明、法治状态良好。同时，也只有"明时"和"盛朝"才会有更多的复仇案——至少在原理上是这样，因为这表明一个国家政治教化之明，人们知伦理、通人情，社会上不存在"忍辱之子""无耻之孙"，凡有仇皆能报。而大多数统治者又愿意看到、听到自己的朝代是"明时""盛朝"这类谀词，愿意对复仇者做出嘉尚的表示——尽管他的朝代根本不是什么"明时""盛朝"。这种惯性的力量一直在推动着人们向前走。

同时，统治者宁愿树立道德样板而不愿毁掉它。东汉缑玉案，申屠

①《后汉书·申屠蟠传》，《太平御览》卷441引杜预《女记》。
②《南齐书·孝友传》。

蟠云："玉之节义，足以感无耻之孙，激忍辱之子"，可见复仇者的道德性往往为人所看重。

五、复仇泛滥的情况分析

西方哲人们曾经分析过仇恨与人类其他情感的不同。亚里士多德曾比较了愤怒和仇恨，以为愤怒不过是"想让冒犯者为其所为而受苦"，而仇恨"则是要他们不再生存"。[①]斯宾诺莎比较了爱与恨，以为爱是一种使所爱之"物能在他的面前，并努力保持那物"的感情，而恨是一种"努力设法去排斥那物，消灭那物"的情感。[②]而这种复仇心，正如罗素所说："社会只要认可复仇心，就等于允许人在自己的讼案中自当法官……而且复仇心通常又是一种过火的动机；它追求越出适当分寸施加惩罚。"[③]因而在实际当中，复仇已不止是简单地"消灭"对方或使对方"不再生存"，而更多的是"越出适当分寸施加惩罚"。

（一）复仇注注突破公认的经学或礼学标准，其"合法性"经常成问题

因犯罪而伏法就不得复仇，本来是经学的一大规则。《公羊传·定公四年》："父不受诛，子复仇可也；父受诛，子复仇，推刃之道也。"可见，官府依法杀人是不得报仇的，但这一点往往得不到遵守。

晋朝朱朗父亲做道士四处云游，淫祀不法，被乌伤县长陈颧所杀。朱朗却阴图报仇，县长病亡后，竟刺杀了县长之子。[④]

同理，犯法受刑也是不应当复仇的，而这一点同样得不到遵守。南

---

①（古希腊）亚里斯多德：《修辞学》。转引自《西方思想宝库》，吉林人民出版社1988年版，第288页。
②（荷）斯宾诺莎：《伦理学》。转引自《西方思想宝库》，吉林人民出版社1988年版，第292页。
③（英）罗素：《西方哲学史》下卷，商务印书馆1976年版，第104—105页。
④《太平御览》卷482引虞预《会稽典录》。

　　　　　　　　复仇　报复刑　报应说

朝薛安都从弟被县令庾淑之施以鞭刑，薛安都就欲刺杀县令。幸好被柳元景谏回而未果。①

这样，只要发生了死亡甚至伤害结果，就有人会去复仇。这无疑是复仇的泛滥化。

对此类情况，君主可以要求其不得复仇。东吴凌操被甘宁所杀，凌操之子凌统于宴会上欲杀甘宁。吕蒙在宴会席上以身体分隔之，演出了一场"新鸿门宴"。孙权则命凌统不得仇之。②这是符合"父受诛则不得仇"的精神的。

同时，一些罪是可以通过官府解决的。但复仇之风压抑了正当程序的适用机会。南燕冷平、冷安国的寡嫂被一和尚强奸，兄弟俩却杀了该和尚，郡县当然只能以杀人论其罪。③

（二）复仇的原因有些竟然不是血仇

在血仇情形下，复仇杀人似才顺理成章，这表明加害者该当死罪。但原始时代受辱复仇的习俗，在后世也有遗留。

东汉有所谓"轻侮法"。某人因父亲受人侮辱而将侮辱者杀死，汉章帝免其死罪，因此而形成"轻侮法"。当时虽受到了反对，到和帝时被废止，④但后世仍有仿此者。曹魏夏侯惇师被人侮辱，14岁的夏侯惇起而杀之。⑤刘宋韩卓父亲被一吏侮辱，韩就"执兵伏道"欲杀之。⑥晋朝董黯母亲被邻人的不孝子所苦，大略是侮辱加欺凌一类的行为吧，董黯牢记在心，终于在母死安葬后杀死了邻人子，并置于母亲坟墓前祭祀。⑦

---

①《太平御览》卷649引《齐书》。
②《太平御览》卷481引韦昭《吴书》。
③《太平御览》卷416引《南燕录》。
④《后汉书·张敏传》。
⑤《太平御览》卷438引《魏志》。
⑥《太平御览》卷482引《陈留志》。
⑦《太平御览》卷482引虞预《会稽典录》。

宋朝相州一个姓张的人，其姻亲欠债常受诉辱，遂杀死债主全家以报仇。其中一人逃掉了，竟然使他感到是莫大的遗憾。①

与此相类似的，被殴打及伤害也引起了复仇。魏汤父亲被一少年"殴挝"，最多不过打伤吧。魏汤在父亲在世时向该少年拜谢请罪，父死后终于杀了这少年。②

最可悲的是，复仇变成一种象征——对父母行孝的象征，无论是否值得去做。在这个意义上，一旦破坏了人的信仰，就必然引起复仇行为。西汉丁兰，常侍奉死去了的母亲的木刻神主。邻居因事对丁兰不满，遂偷偷将这木头人砍斫了，却不承想这木头人竟也流了血（这自然是附会）。丁兰回家后知道了情况，将木人殡殓后，竟向邻居报仇。不消说，是将他杀了。③

（三）复仇行为常超出加害程度

报亲友被杀之仇，一般应以杀死加害者为限。但因复仇者常带着愤恨情绪，故其行为常超出人们所认同的"同害"范畴。

1.复仇者常以子顶父罪、祖账孙还、弟过兄抵为由，或杀死仇人的儿子，或报及其孙辈，或杀其兄，甚或同时杀仇人的子孙或其他人，严重者竟然灭其全宗族，在复仇对象的范围上超出限度。

晋朝时，朱朗报父仇，欲向县长陈颎报仇而不遂，即刺杀陈颎的儿子。④ 龚壮之父、叔被李特所害，遂要求率军攻打李特之孙李期，以军败之。⑤更始皇帝的儿子刘鲤，因其父被刘盆子所害，遂用刘辅交结刺

---

①《续资治通鉴长编》卷22。
②《太平御览》卷482引《孝子传》、卷352引萧广济《孝子传》。
③《太平御览》卷482引《搜神记》。但"二十四孝"中所传说的故事与此不同。其中说，木母神主不是被盗砍，而只是被针刺；针刺者也不是邻居，而是丁兰的妻子。丁兰因此将妻子休逐出门。见陈正宏：《漫话二十四孝》，上海文化出版社1992年版，第70页；另见（清）张之洞：《百孝图说·像事》。
④《太平御览》卷482引虞预《会稽典录》。
⑤《太平御览》卷481引王隐《晋书》。

客杀死刘盆子的哥哥刘恭；①沈充被吴儒所杀，沈充子沈劲族灭吴氏；②南朝刘宋时，沈林子、沈田子报父、祖之仇，除杀死仇人沈预外，"男女无少长悉屠"；③清杨献恒报父仇，不仅杀了仇人杨开泰，也杀了开泰之子杨承恩；④虞尔忘、虞尔雪杀仇人，同时也杀死了仇人的随行者二人。⑤

只有极个别的复仇者是有节制的。清朝任骑马报父仇杀死仇人，仇人妻、子到了现场，任骑马说："吾杀父仇，于汝母子何与？"没有加害仇人的妻、子。⑥

2.复仇者常有残毁尸体、吃内脏的行为，在复仇结果上超出了限度。

晋朝赵胤斩杀父仇杜曾，并"食其肝肺"；⑦北周杜叔毗手刃兄仇曹策，"断首刳腹，解其肢体"；⑧隋王颁发掘陈武帝陈霸先冢，"焚骨投水"；⑨唐王君操刺杀仇人，竟"刳腹，食心肝"；⑩贾孝女、贾强仁杀仇，"取其心肝，祭父墓"；⑪清陆起鲲、陆起鹏报父仇，将参与杀父的四人皆"剖心祭父⑫；虞尔忘、虞尔雪兄弟杀死仇人杜息后，"尔忘取息舌，尔雪探心肝，且祭且啖，持息头悬罕卿（父名）墓⑬；杨献恒杀死仇人后，"抉其睛啖之⑭；郭景汾报父祖仇，杀仇后"断其首祭父、

---

①《太平御览》卷481引范晔《后汉书》。刘辅因此坐系诏狱，三日得释。
②《太平御览》卷481引王隐《晋书》。
③《太平御览》卷481引沈约《宋书》。
④《清史稿·孝义二》。
⑤《清史稿·孝义二》。
⑥《清史稿·孝义二》。
⑦《太平御览》卷481引王隐《晋书》。
⑧《周书·孝义传》。
⑨《隋书·孝义传》，《北史·孝行传》。
⑩两唐书《孝友传》，《太平御览》卷482引《广德神异录》。
⑪《新唐书·列女传》。
⑫《清史稿·孝义二》。
⑬《清史稿·孝义二》。
⑭《清史稿·孝义二》。

祖"。^①而对于这种过当的行为,人们也常予以容忍。

3.复仇的手段有时是有违常规的,即使是复仇的常规。

大量的复仇是个人行为,但有些复仇行为却是大规模的准军事行动。王莽时吕母,其子做县吏,因小罪被县令所杀。这位母亲聚集了数百少年进攻海曲县城,杀了县令,祭于其子的冢墓。^②

英国培根在分析复仇的目的和心理机制时说:"有些人在报仇底时节要对方知道这报复是从那里来的。这是比较地大量;因为报仇底痛快处似乎不在使对方受苦而在使对方悔罪也。"^③很显然,培根在这里是天真了。复仇的痛快处不在于使对方悔罪而在于使对方受苦。这从中国的大量复仇案例中可以得到证明。尤其是经过长期辛苦的准备,仇恨在心中发芽生长之后。孙男玉杀夫仇,"以杖殴杀之";郎双贵报从兄仇,是"殴击致死",复仇手段明显是使对方受苦,使对方悔罪的情节难以看到。

舆论对复仇者的这种过激行为,并未表现出厌恶,而是赞赏并崇敬有加。

曹魏的韩暨结死士擒杀父、兄之仇陈茂,割下其首级祭父墓,并不影响韩暨"由是显名"。^④清任骑马父亲被杀时,身遭28创。任骑马杀仇时,也刺对方28刀,但这并不妨碍知县设法为他开脱罪责。^⑤

六、复仇者的观念分析

复仇者的观念,是多种价值观念的综合体。这个综合体包含了伦理

---

①《清史稿·孝义三》。
②《太平御览》卷481引《东观汉记》。
③(英)弗兰西斯·培根著、水天同译:《培根论说文集》,商务印书馆1983年版,第17页。
④《太平御览》卷481引《魏志》。
⑤《清史稿·孝义二》。

观、法理观、死亡观（生命价值观）、人情观等等。其中，法理观和伦理观两种价值观是主导和核心，死亡观、人情观则是他们的人生观的主要部分。伦理观鼓动、支持他们的复仇行动，也就是"申私礼"；法理观引导他们在复仇之后自首，也就是"明公法"，①两种矛盾观念同时存在于复仇者心中。同时，死亡观、人情观又支配他们勇于面对死亡和再报复等等。舆论对于复仇的肯定，可以是专对其伦理性的单独评价，也可以是对其伦理性和法理观的共同评价（也可能兼及其生命价值观）。复仇者的观念，是当时占主导地位的意识形态的个别化。因而，我们在讨论复仇者的观念时，也将揭示整个社会意识这个大背景。

（一）复仇者的伦理观

整个社会舆论的导向一直是：不复仇是一种耻辱。一旦不能复仇，子就是所谓"忍辱之子"，孙就是所谓"无耻之孙"。②因而为子、为孙者只有复仇，方能为社会所容。国家有时对"不雪父冤"而与仇家"和解"者处以死刑，③尤其对接受了仇家财物而和解、有贪利之心者，更以处死刑待之。④因而，被害者的子孙，基本上是生活在这样一种压力之中的：不报仇就是"坐耻未判"，会使他们"长愧无止"。⑤一旦将仇人在肉体上消灭了，就可以使他们"仇耻已雪"或"怨耻已雪"。⑥

社会舆论或占主流的意识形态，把为君、亲复仇理解为至善的德行，一再宣扬"君弑，臣不讨贼，非臣也。子不复仇，非子也"⑦，不能报仇就丧失了做臣、子的资格。因而被害者的子孙们，凡"重仇未

---

① 《南齐书·孝义传》载孔稚珪语。
② 《后汉书·申屠蟠传》载申屠蟠语。
③ 《旧五代史·唐书·明宗本纪》。
④ 《新唐书·裴漼传》。
⑤ 《太平御览》卷482引陆胤《广州先贤传》终宠语。
⑥ 《隋书·孝义传》载王颁部下语。
⑦ 《公羊传·隐公十一年》。

报"，则自己感到自己也"非孝子"；①而手刃仇人可以使他们"申孝心"。②

相应地，能复仇则能被社会所嘉尚。复仇被认为是孝，是义，是仁，是勇，是节，是被整个社会意识所崇尚的诸项伦理价值的表现。

复仇是孝。《清史稿·孝义传·序》谈及孝的种类和范围，有一项就是"为亲复仇"。复仇首先是对死去的尊亲尽孝。杀仇自然是其中最基本的尽孝行为——从肉体上消灭对方，甚至再加上践踏、分裂尸体，就是实现了"孝"。连带的，是另一尽孝过程的象征性行动——以仇祭墓。宋王赟杀仇祭父，明张震杀仇后"走告父墓"，清陆起鲲、陆起鹏杀仇后"剖（其）心祭父"，虞尔忘、虞尔雪切仇首级悬于父墓。此所谓告慰亡灵者是也。其次，复仇时间的选择，一方面，在长时段上，复仇者必须为死去双亲灵魂的饱暖负责，即得保证自己有后代。故一些复仇者在无子时是不去报复的，娶妻生子后才去实施报复行动。如明朝的王世名，生子数月后才去报仇，说："吾已有后，可以死矣。"③清朝的王恩荣也在舅舅的劝说下，娶妻生子后才去报仇。④另一方面，复仇时间的选择，还要考虑对活着的尊亲尽孝。因而有许多人是在父或母死后甚至殡殓后才进行复仇，目的显然是不拖累活着的尊亲。前者如东汉陈纲、魏汤、清严廷瓒，后者如东晋董黯、清黄洪元、任骑马等。

复仇是一种义。这个"义"是广义的，其中既包括为父祖复仇，也包括为夫复仇和为友复仇。尽管中国人习惯于将"义"解释为"义者，宜也"，是行为得其宜，但我们宁可将它理解为中国式的正义概念。在复仇案的处理过程中，复仇者们被释放或减刑的基本情节之一，就是当

① 《太平御览》卷482引陆胤《广州先贤传》终宠语。
② 《隋书·孝义传》载王颁部下语。
③ 《明史·孝义二》。
④ 《清史稿·孝义二》。

政者（县令、郡守、皇帝）"义之"，如东汉郅恽、赵娥，晋王谈，梁成景儁、李庆绪，北魏孙男玉，宋刘玉，清黄洪元、郭景汾等案。这里的"义"是一种评价，实际上复仇行为本身就是一种"义"。孙男玉复夫仇，显祖诏曰：男玉是"以义犯法"，即其行为本来就是"义"，是道德的，因而才有了"缘情定罪，理在可原，其特恕之"的处理。[1]用清朝某县一个老吏的话说："复仇者，千古之义"[2]，本是超越时间和空间具体性的真理和人类之通义。因而，复仇之"义"，被理解为一种正义的宣泄，是以一种扭曲的形式而实现的正义。而复仇故事，也总给人以正义的感觉——因为复仇总是在无可奈何、受尽欺凌、对方是恶势力的情况下实行的，是对恶的反抗——"以其人之道，还治其人之身"。人们提不出相反的看法，因为这违反常情。由于复仇的这种正义性，所以不仅自首，而且即使避罪逃遁也似乎瑕不掩瑜。东汉魏朗为兄报仇后逃亡，也免不了"京师长者李膺之徒争从之"。[3]

复仇也是一种勇。孙男玉复夫仇，显祖诏曰："男玉重节轻身"。"轻身"即敢于死亡，就是一种勇。《周书·孝义传》评价两个复仇者曰："（柳）雄亮衔戴天之痛，（杜）叔毗切同气之悲，援白刃而不顾，雪家冤于莘毂。观其志节，处死固为易也。"在这里，身处"死"道即奋不顾身而敢于"死亡"是一种勇气、勇敢。因而不敢死亡就是"耻"，就是无勇气、不勇敢。冯梦龙说："一夫含痛，不报不休，死生非所急也。"[4]就是这种勇。

复仇也能体现一种智慧、毅力和节制。复仇者有时不得不付出秘密侦察的艰辛，晋桓温15岁时父亲被人所害，桓温"枕戈泣血，密欲报

① 《魏书·列女传》。
② 《清史稿·孝义二》。
③ 《太平御览》卷482引虞预《会稽典录》。
④ （明）冯梦龙：《智囊补》卷11苏不韦誓报父仇。

仇，经年方知"，手刃仇人。①唐谢小娥为侦察杀死父夫的仇人，历尽艰辛找人破译梦境，也"物色岁余"。明俞孜为侦伺仇人的行踪，竟"纵迹数十郡"，后终于发现其藏匿之所。②东汉赵娥为复父仇，"潜备刀兵，常帷车以候仇家。十余年不能得"③，后终杀之，可谓有毅力矣。复仇者有时又不得不表现出节制。在暂时无力复仇或条件不成熟时，要与仇人伪装和好、向仇人示懦、佯装躲避仇人，即要能"忍"。明孙文欲报父仇，因自己"力不敌"而"伪与（仇）和好"；王世名也与仇"佯和"；④清李复新父被杀，复新向仇"谬懦示无复仇志"，后终杀仇；严廷瓒复父仇，母在时佯避之，母死后则斧裂仇人。⑤

复仇也可以是诸项伦理的综合反映。汉陈公思杀叔父之仇，太守胡广认为他"追念叔父，仁勇奋发"，既仁且勇；⑥晋王谈杀父仇，太守"义其孝勇"；⑦朱朗杀父仇，被认为"孝勇"，是既孝又勇；⑧刘宋姚牛杀父仇，官长"矜其孝节"。⑨所有复仇都在伦理上被视为"志节""志气"而得到舆论的好评，并因此而受到处理上的轻减。

对复仇这种孝行，历来或旌表门闾，如汉赵娥⑩、隋郎双贵⑪、明王世名⑫、清李复新⑬、任骑马⑭；或立祠祭之，如清党国虎⑮；或举为

①《太平御览》卷481引王隐《晋书》。
②《明史·孝义传》。
③《后汉书·列女传》。
④《明史·孝义传》。
⑤《清史稿·孝义二》。
⑥《太平御览》卷482引应劭《风俗通》。
⑦《晋书·孝友传》。
⑧《太平御览》卷482引虞预《会稽典录》。
⑨《太平御览》卷482引刘义庆《幽明录》。
⑩《太平御览》卷481引《东观汉记》。
⑪《隋书·孝义传》。
⑫《明史·孝义二》。
⑬《清史稿·孝义二》。
⑭《清史稿·孝义二》。
⑮陕西富平，唐代有梁悦复父仇，清朝又有党国虎复父仇，傅芳为之立孝义祠，以梁悦为首，而以党国虎配之。见《清史稿·孝义传》。

　　　　　　　　　复仇　报复刑　报应说

孝廉，如晋王谈①；或免其家租税，如梁张景仁②；或赐给田宅，操办嫁妆，如唐卫无忌③；甚至有以加官进爵赏之者，如汉丁兰④。国家和社会常以物质的或精神的鼓励去嘉尚他们。一些大吏也乐于就此拨弄风雅，唐苏颋为杜并撰墓志，刘允济撰祭文；⑤清曾国藩为任骑马旌庐"孝义刚烈"。⑥舆论上认为，复仇杀人而免死，只是应当享有的、最基本的待遇。《智囊补》卷26谢氏报杀父、夫仇，言及"太守嘉其孝节，免死"，冯梦龙边批却云："还当旌异，岂特免死！"

西方伦理学中所讨论的人类四大高尚的品德——智慧、勇敢、节制、正义，在中国的复仇者身上都有所体现，有时甚至集于一人之身。冯梦龙《智囊补》卷26就谢氏报杀父、夫仇事，评曰："其智勇或有之，其坚忍处，万万难及！"意谓：像谢小娥这样的智慧和勇敢，其他女子或许也可能是具备的，但她所表现出来的坚毅、忍耐品格，则是他人万万没有的。

中国的主流文化一直在宣扬报复、复仇，视复仇为孝义、仁勇、节烈，是生活的一部分，生存的目的之一、价值之一、意义之一。其实，这种鼓励本身可能就是残酷的。复仇案的一再发生，以及复仇的泛滥化，就是明证。

在这方面，英国的历史颇与之类似。冯象曾指出："血亲复仇作为不可推卸的责任，直到1066年诺曼人征服英国以后才被法律废除。虽然教会鼓励接受赎金，但人们不觉得仇杀跟基督教伦理有抵触之处。801年阿耳昆曾向查理大帝推荐北盎布里国贵族青年托希特蒙（Torhtmund），

①《晋书·孝友传》。
②《南史·孝义传》。
③《新唐书·列女传》。
④《太平御览》卷482引《搜神记》。
⑤《太平御览》卷482引《唐新语》。
⑥《清史稿·孝义二》。

称赞他'勇敢地为他的郡主报还血仇'。所以贝奥武甫的名言'与其哀悼，勿宁复仇'其实就是听众的道德标准，这种宗教、伦理界限不清的状况可能跟教会对异教传统所持的容忍态度有关。"① 可见复仇也是被看作一种伦理责任的。而复仇本身又是一种德行，受人推崇。

（二）复仇者的法理观

复仇者的法理观经常是矛盾的，会出现许多悖论。比如，一方面他们无视国家禁止擅杀的法律而私下复仇，而复仇后却又自觉地去自首。同时，自首后又能勇于接受惩罚，既不接受减刑的恩惠而宁愿伏法就刑，更不接受官府放纵的好心而宁愿等待审判的结果（这结果一般是死刑），甚至有以自杀回报官署的关照者。另一方面，他们宁可自己枉法杀人，却不愿看到他们所敬重的官吏因枉法轻纵他们而受到牵连。其中，报复刑观念实际上在他们的法理观中居于核心位置，占据着极其重要的地位，是制约甚至决定其他法理观的基础观念。复仇如此，主动自首如此，不愿接受减刑也是如此，不愿逃跑也是如此，甚至自杀也是如此，一切都围绕杀人偿命的规矩行事。

1.倾向于私人复仇而普遍地排拒"公的解决"

一个人的法理观，首先是他对待法律、对待"公决"的态度，这往往是与"私"的解决相对立的。

如果让中国人做选择的话，私下复仇将会是他们的第一选择，报官求助于"公的解决"不过是他们的第二选择。这倒不是说，先告官，报官不遂，再付诸私己复仇的现象，在历史上不存在。现实中也有一些例证。② 但这在当时不占主要地位。有时倒是先复仇，复仇不遂，才去报官。比如，宋朝刘斌对杀父的刘志元的处理，就是先刃刺之，不死，才

---

①冯象：《木腿正义——关于法律与文学》，中山大学出版社1999年版，第114页。
②见前述北周杜叔毗、清朝严廷瓒、杨献恒、李巨勋、李复新、陆起鲲事。

告官自陈。①清代王恩荣复父仇，先后两次以斧砍斫仇人，均未果，这才去诉官。②这表明，中国人的"公决"观念或法律观念是比较淡薄的，私的解决意识却是顽强而浓厚的。

　　导致这个倾向的原因，是中国人一直受着来自儒家经学的复仇鼓励。在这方面，复仇者的法理观与他们的价值观有密切的联系。儒家经学将复仇看成近亲属的私己义务、责任，是一种"私情"，与"公"的社会秩序关联不大；而且这种私己的义务、责任，在本质上被看成一种道德义务和责任，与代表"公"的法律（公法）关联不大。复仇者本人是非常明显地意识到复仇是"本心徇私，非是为国"的。③复仇者耳边能听到的声音，大多也是私己复仇的鼓动。王颂无法报父亲被陈武帝（因陈武帝已死）所杀之仇，不能"手刃之"，部下就劝他发陈武帝坟墓，剖棺焚骨，以取得与亲手杀仇相当的效果。④父母们对子女一定要复仇的告诫，也都是以私己复仇为前提的——因为他们没有及时告官，也不打算通过告官程序解决。舆论和官府也一再以这种"公义"与"私情"的分割和对立作为评价的标准。⑤这种思想因素在根本上排斥着"公的解决"——法律的解决方式，因而复仇者都倾向于"遂私情"，不求助于官府。与此相联系的是，即使他们求助于友人、侠客，在本质上也是一种"私"的解决。⑥

　　这样，通过求助于官府捉拿仇人并由法律对其进行惩罚而进行的复仇，就属鲜见的事了。案例中显示，只有明朝的俞孜报父俞华被毒杀之

---

　　①《宋史·孝义传》。
　　②《清史稿·孝义二》。
　　③《隋书·孝义传》载王颂语。
　　④《隋书·孝义传》。
　　⑤南齐孔稚珪写信给豫章王曰："礼开报仇之典，以申孝义之情；法断相杀之条，以表权时之制。"见《南齐书·孝义传》。
　　⑥何况这种求助于侠客的情形，也只有数例。如梁成景隽为报杀父之仇，先出资请人刺杀仇人，又请人鸩杀其子弟，自己没有动手。见《南史·孝义下》。

仇，告官府乞助，从而将犯人抓获，依法惩治。①其他案件绝少求助于官府的迹象。

复仇者不求助于官府，主要是宁愿自己动手解决问题。这从复仇者即使在有人帮助的情况下，也不愿意假手他人中可见。北魏孙男玉丈夫被人所杀，姐弟俩追捉仇人，男玉欲亲手杀仇，弟弟拦阻，不听，曰："女人出适，以夫为天，当亲自复雪，云何假人之手！"遂以杖殴杀之。②在他们看来，重要的是自己尽义务、尽责任，去取得亲自执行的效果——体会手刃仇人之痛快。

2.勇于自首而不逃刑

自首的比例与被捕、逃亡的比例相比较，明显是高的。在笔者所看到的85个复仇案中，除记载不明者外，自首的共36例，受官府追究而被捕者5例，逃走的3例。自首的占将近一半。

自首的比例，是考察复仇者法律观念的一个重要参数。当然这里的法律观念并不是完整而全面的现代型的法治观念，而是带有传统社会的浓厚特征的那一种。即只接受"杀人偿命"的当然法律后果，却不遵守不去复仇杀人的法律约束。

晋王谈杀父仇，"归罪有司"；③东晋董黯、南齐朱谦之为母复仇，皆"诣狱自系"；④刘宋钱延庆杀父仇，"自系县狱"；⑤南梁张景仁斩父仇，"诣郡自缚"；⑥李庆绪杀父仇，"自缚归罪"；⑦隋王颁复父仇，"自缚请罪"。⑧

---

①《明史·孝义二》。
②《魏书·列女传》。
③《晋书·孝友传》。
④《太平御览》卷482引虞预《会稽典录》，《南齐书·孝义传》。
⑤《宋书·孝义传》。
⑥《南史·孝义下》。
⑦《南史·孝义下》。
⑧《隋书·孝义传》。

自首大略是其绅士风度的一个方面。自首而"不逃罪",是复仇者获得免刑的一个重要原因。东汉陈公思杀叔父之仇,"还府归死",太守胡广以其"自归司败",便"原遣之";①北魏孙益德童幼为母复仇后自首,高祖、文明太后"以其孝而幼决,又不逃罪",特予免刑;②唐梁悦、宋王赟等都是因自首而得到减刑的。③

3.勇于接受惩罚

所谓"自缚归罪",实际就是请死。复仇者的勇于接受惩罚,就是勇于接受死亡:东汉陈公思复叔父仇,"还府归死";④北周杜叔毗杀兄仇,"面缚请戮";⑤赵娥杀父仇,自首于县,云:"父仇已报,请就刑戮";⑥唐代卫无忌(即卫孝女)报杀父仇人卫长则,自首云:"父仇既报,请就刑戮。"⑦

中国的司法官吏对复仇者往往给予同情,想方设法为他们制造逃避惩罚的机会。东汉郅恽为友杀仇后到官府自首,报告完情节就自动走向监狱。县令赤脚追赶不及,到监狱看到郅恽,竟拔剑以自杀来表明他纵放郅恽的心志,云:"子不安从我出,敢死以明心。"⑧赵娥杀仇,禄福县令尹喜在法律既不能放纵杀人犯而自己又不情愿处死一个为父复仇的孝女的矛盾中,竟解下印绶,愿与赵娥一起逃亡。⑨南朝刘宋的姚牛手刃父仇,官长矜其节,竟"推迁其事",迟迟不做处理,终于逢赦而得免

---

①《太平御览》卷482引应劭《风俗通》。
②《魏书·孝感传》,《北史·孝行传》。
③《新唐书·孝友传》,《宋史·刑法志》。
④《太平御览》卷482引应劭《风俗通》。
⑤《周书·孝义传》。
⑥《后汉书·列女传》,又见《太平御览》卷481引《东观汉记》。
⑦《新唐书·列女传》,又见《太平御览》卷440、卷481。
⑧《后汉书·郅恽传》。
⑨《太平御览》卷481引《东观汉记》。另参见《太平御览》卷439引鱼豢《魏略》、卷440引《汉魏春秋》、卷415引《列女后传》。

其罪。①东晋的张兑为父报仇杀人，官署竟"停其狱"，一年多后还让其带妻子入狱陪侍，终于逢赦免罪。②清郭景汾杀父、祖之仇，知县义之，竟然将案卷写成对方谋反，郭景汾率领众人击杀犯人。③一旦为之开脱罪责不成，官员们甚至迁怒于人。东汉桥玄做齐国相，部内临淄县发生一个孝子报父仇而杀死仇人的案件。案犯关押在临淄县狱，桥玄欲上报朝廷减刑处理，临淄县令却杀了此人。桥玄大怒，发令逮捕县令，笞杀之，谢孝子冤魂。④

对于这种关照，复仇者们虽感激，但宁愿自杀而不愿接受者，竟也不乏其人。明王世名杀仇，知县悯其孝，准备为其开脱，世名却说："此非法也。非法无君，何以生为？"遂不食而死。⑤复仇者的法律观念不能说不强。"非法无君"，他的法律观与忠君观密切联系着，他宁愿去死，也不愿亏法。清党国虎复父兄被杀之仇，知县将贷其死，国虎竟自经而死。⑥

同样，不接受官府放纵的好心，而宁愿等待审判结果者，也所在多有。东汉郅恽对未立即做出处理他的决定的县令说："为友报仇，吏之私也。奉法不阿，君之义也。亏君以生，非臣节也。"遂主动走向监狱。⑦赵娥面对逃亡的生机，回答却是一个"不"，她说："怨塞身死，妾之明分；结罪治狱，君之常理。何敢苟生，以枉公法！"⑧她的法理观，是不能以自己的苟活枉曲了国家公法。观其"何敢苟生，以枉公法"之语，可以很清楚地看到这一点。清代任骑马之父被马某戕杀，19

①《太平御览》卷479、卷482引刘义庆《幽明录》。
②《太平御览》卷643引《晋书》。
③《清史稿·孝义三》。
④《太平御览》卷481引谢承《后汉书》。
⑤《明通鉴》纪六十七《神宗万历九年》。
⑥《清史稿·孝义二》。
⑦《后汉书·郅恽传》。
⑧《后汉书·列女传》，《太平御览》卷481引《东观汉记》。

岁的任骑马刃刺仇人，知县欲使骑马免死，引导说："彼杀汝，汝夺刀杀之耶？"骑马却说："民痛父十余年，乃今得报之。若幸脱死，谓彼非吾仇，民不愿也。"①宋朝一个姓张的人为姻家杀了有"仇"的邻居全家，自首到官，云："私仇已报，愿就公法。"知州欲报上免其死，对曰："杀人一家而苟活，且先王以杀止杀，若杀人不诛，是杀人终无已。岂愿以一身乱天下法哉，速死为幸。"②报复者已做好了死的准备，他以为他应受到报复刑的惩罚。只有这样，他觉得才符合先王"以杀止杀"的报应刑原则。他有与立法者同样的考虑，"杀人不诛，是杀人终无已"，陷入恶性循环。他的高尚，一是不愿杀人而苟活，二是不愿以身乱天下法。报复者没有说出"公平""公正""正义"之类的话，但思想的基础却是它们。

英国培根曾经不无好心地告诫人们，血仇的报复必须考虑代价与所得是否成比例："复仇中最可原谅的一种就是为了报没有法律纠正的那一种仇的。可是在这种情形里，那报仇的人应当留神，他那报复的行为要没有法律惩罚才好；否则他底仇人仍然要占先的，因为二人之间吃亏底比例乃是二比一也。"③但实际情况表明，中国的复仇者们很少这样想，④复仇后想方设法逃避法律惩罚的比率极低。相反，他们很少去做吃亏占便宜的精确计算，不去考虑仇人是否占了先，是否是"二比一"乃至三比一甚至更多，有的只是不惜代价地一味复仇。

（三）复仇者的死亡观

然而，使复仇者愉快地接受死的结果的，不仅是中国人的法理观，还有他们的死亡观。

---

①《清史稿·孝义二》。
②《续资治通鉴长编》卷22。
③（英）弗兰西斯·培根著、水天同译：《培根论说文集》，商务印书馆1983年版，第17页。
④学者中间，这种计算是存在的。见前述南宋理学家胡寅语。

哲学家说："死的问题不单纯是人生观问题，而且是自然观、历史观问题。对人生问题的体悟有赖于对宇宙、历史、人生的综合理解。"①实际上，死亡观问题，或者说生命价值观问题，也是一种宗教观念或宗教信念。因为对于一个准备因复仇而死的人，他对死的认识的境界，对死的意义的理解，对死的价值的体认，是一个避不开的宗教观问题。

中国人生命价值观的重要界限，是看他是否有仇未报。东汉郅恽看望奄奄一息的朋友，从唏嘘感叹中看出了朋友的心理："吾知子不悲天命，痛仇不复也。"②自己死不足惜，关键是死得有无遗憾。死得早晚只是"天命"，而血仇不报却是生之大痛、死也难瞑目的事情。魏南阳太守终宠父亲被豪强所害，终日悲伤愧疚。部下问他缘由，答云："父为豪周张所害，重仇未报，并与戴天，非孝子；虽官尊禄重，而坐耻未判，是以长愧而无止也。"③不报仇，则虽有荣华富贵，也无心享受。魏王舜与她的两个妹妹商量报杀父之仇，说："我无兄弟，致使父仇不复。吾辈虽女子，何用生为？我欲共汝报复，何如？"二妹皆垂涕曰："惟姊所命。"④不报仇就不必活在世上。宋朝甄婆儿，一个十几岁的孩子，竟然说出"大仇不报，何用生为"⑤的话来，着实让人惊异。明朝傅概杀死了参与谋害父亲的家奴，但另一参与的家奴一直逃亡未获，致使他拒绝过正常人的生活，云："父仇尚在，何以为人？"将其视为自己的道德罪过。有人劝其归家抚养孩子，以尽为父之责，他竟然说："我不能为子，敢为父乎？"竟因此"自废、自罚"了35年。⑥这对于个人当然是悲剧。失却生活信心的自废，折磨自己的自罚，不过是因为复

---

① 陈先达：《漫步遐思：哲学随想录》，中国青年出版社1997年版，第58—59页。
② 《后汉书·郅恽传》，《太平御览》卷481、卷512引《东观汉记》。
③ 《太平御览》卷482、卷421引陆胤《广州先贤传》。
④ 《隋书·列女传》，《北史·列女传》，《温公家范》卷6。
⑤ 《宋史·孝义传》。
⑥ 《明史·孝义二》。

仇义务没有完成。

因而，复仇者的死亡观，说到底是一种文化观。中国人的死亡文化观，在复仇之事上体现得最充分。

1.复仇者以为死亡是其"分"，自首求死并自觉地等待死刑的判决与执行，就最能表明这一点。赵娥为父报仇后自首，云："父仇已报，请就刑戮"，并以为"怨塞身死"，是她"之明分"，因此而不敢"苟生"。①在她看来，"怨塞"之后就可以"身死"，可见她是以"怨""冤"的释放和申理为原则的。这里没有一命抵二命的精确计算，只是一种"分"——一种死亡的"分"，释放了"怨"气、"冤"气，一切问题就解决了。

因而，复仇者不仅不惧怕死亡，甚至以一种追求的心理走向死亡。

中国人对死亡有一种坦然的态度。灵魂不灭的信仰，使他们消除了对死亡的恐惧感。死亡不仅不可怕，竟成了与祖先见面、服侍祖先（当然，首先是父母）的好机会。生之痛只在于离开父母，死之痛也只在于离开父母。只要灵魂能够在死后服侍父母，就足以了。王世名说："身者，父之遗也。以父之遗为父死，虽离母，得从父矣，何憾！"正是这样一种文化观。生物的贪生怕死的本能被文明化的结果，就是文化。这里不仅是死的文化，也是生的文化，是对死的价值的追求，也是对生的意义的理解。

这使我们想起清朝卫昌绩的奏章。雍正七年，广西学政卫昌绩奏："粤西民情，大抵嗜利而无耻，寻仇而轻生，健讼而喜妄作。"②此处的"寻仇而轻生"的"轻生"，就包含这种文化的理解。看轻"活着"这

---

①《太平御览》卷481引《东观汉记》，另参见《太平御览》卷439引鱼豢《魏略》、卷440引《汉魏春秋》、卷415引《列女后传》。

②（清）蒋良骐：《东华录》卷30雍正七年六月乙未条。

种生命，是他们以为真正的生命并没有结束，而是生命从"活着"到另一种生命的延续。这当然不只是粤西一地，整个中国皆如此。

复仇者的不惧怕死亡，还在于复仇是一种英雄情结。一般人是怕死的。复仇要冒被仇人杀死的风险，同时也要冒被法律制裁的危险（一般来说是死刑）。这里有双重的死亡威胁。视死如归并不是一般人可以随意做到的。然而，对于已经准备好了去死或愿意去死的人，死亡是并不可怕的。因为这里的死，是忠勇义烈的死，它包含一种英勇义烈的正气。复仇是英雄崇拜的产物和表现，是英雄价值起作用的结果。它追求的是死的价值，死的意义；它不是不重视死，而是要死得悲惨壮烈。人们很难说它是轻生枉死，因为这是一种牺牲。

这与儒家当然有联系。孟子说："生亦我所欲也，义亦我所欲也；二者不可得兼，舍生而取义者也。生亦我所欲；所欲有甚于生者，故不为苟得也。死亦我所恶；所恶有甚于死者，故患有所不辟也。"将它移植到复仇中来，不报仇就是"耻"，就是"辱"——孟子所谓"恶（wù）"，它带给人的不利自然更甚于死亡，故而仇必报，不再去计较"患"——死亡的后果了。

2.复仇与死亡观的联系，还在于它能帮助解脱。第一，它是一种偿还的平等；第二，它是一种使灵魂安静的拯救。巴金在《死》一文中，写他读日本古田大次郎的《死之忏悔》："古田大次郎为爱而杀人，而被杀，以自己的血偿还别人的血，以自己的痛苦报偿别人的痛苦。他以一颗清纯的心毫不犹豫地攀登了绞刑台。死赔偿了一切。死拯救了一切。"尽管为爱而杀人与为恨而杀人有着质的差别，但复仇者"以自己的血偿还别人的血"，无论遭受死刑还是自杀，都正是这样一种情操——偿还的平等与使灵魂安静的拯救。

　　　　　　　复仇　报复刑　报应说

（四）复仇者的人情观

视复仇为当然，自己可以复仇，同样仇人的子孙也可以向自己复仇。这就是当时人的人情观。清代任骑马复父仇，在狱关押的十余年中，官吏允许其出外祭父母墓，骑马却推辞，说："仇亦有子，假使效我而斫我，我死，分也，奈何以累公？"[①]这人情观实际就是一种平等观，一种复仇的平等。

人情观的另一重要方面，是复仇者的绅士风度。这里是包含了他们的"公平观"的。新莽末年，赵熹的堂兄被杀。赵熹赴仇家报仇，见到仇家一家皆病，因而想："因疾报杀，非仁者心。"遂正告仇家曰："尔曹若健，远相避也。"自然这是希望遵循古来避仇的习俗。但仇家没有正视这番忠告，没有搬家。病愈后，都自缚见赵熹，赵熹不与相见。后遂杀之。[②]

这里的平等，在复仇方式上表现得也比较明显。除了儿童或少年因体力原因而不得不偷袭外，多数复仇者都采取了公开的、正面的进攻。汉赵娥白日于都亭前刺杀父仇，[③]魏朗白日于县中刃杀兄仇，[④]宋姚牛手刃仇人于县署前，[⑤]梁李庆绪"于部伍白日手刃仇"，[⑥]北周杜叔毗白日手刃仇人于京城，[⑦]可见大白天于大庭广众下杀仇是普遍的形式。公开、正面的进攻所表现的是一种确信，确信邪不压正，要证明的当然只是暴力的水准高低。这或许就是事情之可悲处。

中国人的人情观，实际是与其独特的法理观密切联系着的。这就是

---

① 《清史稿·孝义二》。
② 《后汉书·赵熹传》，《太平御览》卷481引《东观汉记》。
③ 《太平御览》卷481引《东观汉记》。
④ 《太平御览》卷481引虞预《会稽典录》。
⑤ 《太平御览》卷482引刘义庆《幽明录》。
⑥ 《南史·孝义下》。
⑦ 《周书·孝义传》。

那个潜隐在深层的观念因素：人们不能容忍冤枉之事，讲究不能"枉"死。因为有"枉"死，就有冤魂，就得申冤；有冤则有怨，就得发泄。而复仇是申冤、发泄怨气，从而也是矫正枉死现象的常用手段。东汉吕母之子犯小罪而被县令所杀，吕母以"县宰枉杀吾子，欲为报怨耳"而复仇。[①]唐梁悦杀父仇，朝廷以为该项复仇系申冤性质，作为减轻处罚的理由之一。[②]汉赵娥以为杀死了仇人，就是"怨塞"，自己可以引颈就戮了。[③]思想家们也将"地下无枉死之鬼"作为目标。[④]

枉之与否，就看其是否有辜。有辜而死，就不存在"枉"；反之，就值得理论了。这就又涉及事实概念。清初的李复新父被土寇贾成伦劫杀，虽贾成伦逢赦免罪，复新仍报仇，县署接受了他的自首，愍其孝，不但不罪之，反而请示府官旌表其门。府官驳县议，要求按杀人罪处理。县署的老吏再书公牍请示府署，云：

> 《礼》言"父母之仇，不共戴天"，又言"报仇者，书于士，杀之无罪"。赦罪者，一时之仁；复仇者，千古之义。成伦之罪，可赦于朝廷；复新之仇，难宽于人子。成伦且欲厚贷，复新不免极刑，平允之论，似不如是。复新父子何辜，并遭大戮？凡有人心，谁不哀矜！宜赏以无罪，仍旌其孝。

最后，府官同意了县署的意见，做了无罪处理，并表其门为"孝烈"。[⑤]这里的公平观：原来的杀人犯既然可以减死，复仇者就不应处死。"平允"，也就是中国人的公平概念。因而，原初的罪过之有无，是着眼点——"复新父子何辜，并遭大戮"？无罪者之不该死，就是出发点。

---

① 《太平御览》卷481引《东观汉记》。
② 《新唐书·孝友传》。
③ 《太平御览》卷481引《东观汉记》。
④ 《大学衍义补》卷110。
⑤ 《清史稿·孝义二》。

第三节　复仇与相关的法律规制

复仇现象对法律的影响是巨大而深远的。

吕思勉先生曾谓："古有以谋叛而族诛者，此乃虑其复仇，非欲治其罪也，故出奔则可以免，如成虎是也。见《左氏》昭公十二年。"[①]如果此推断正确的话，则复仇现象真真确确影响了中国的刑罚制度，所谓斩草除根者是也。吕先生又谓："古于刑人，畏恶特甚"，君主、大夫、士皆不近刑人，"其畏恶之至于如是，知其初必与异族相杂，虑其蓄怨而报复也。"[②]这个推断如果正确的话，那复仇又大大地影响了中国古代的行刑制度及对受刑人的处遇制度。

一些制度受复仇的影响而因应它、迁就它，是中国法律受复仇现象影响的另一更重要的方面。由于强大的报复心理的存在及其作用，中国法律对于相杀罪的区处总是慎之又慎，设想颇多。因而出现了一系列与其说是防止复仇，毋宁说是迁就复仇的制度。

一、"义绝"离婚制——防止复仇与建造道德环境的双重考虑

古代法律中有"义绝"制度。《唐令》规定：

> 诸殴妻之祖父母、父母，及杀妻外祖父母、伯叔父母、兄弟、姑、姊妹，若夫妻祖父母、父母、外祖父母、伯叔父母、兄弟、姑、姊妹自相杀，及妻殴、詈夫之祖父母、父母，杀伤

---

①《吕思勉读史札记》，上海古籍出版社1982年版，第364页。
②《吕思勉读史札记》，上海古籍出版社1982年版，第338页。其余畏恶刑人的说法，也见于该书。

夫外祖父母、伯叔父母、兄弟、姑、姊妹，及与夫之缌麻以上亲若妻母奸，及欲害夫者，虽会赦，皆为义绝。妻虽未入门，亦从此令。[①]

上条三项杀人罪（其余的侵害不必讨论），皆为夫妻不应共同生活的原因。其立法考虑，根据《唐律疏议·户婚》"义绝离之"条，首先是为防止复仇杀人，故律不考虑夫妻双方一时表现出的"肯离"与"不肯离"的愿望和行动：一方"不肯离"，则徒一年；双方皆"不肯离"，则"以造意为首，随从者为从"。因为这种夫妻任何一方或双方表露出来的"不肯离"都可能是一种伪装，为防止可能发生的复仇杀人行为，法律一开始就剥夺了原夫妻继续共同生活的机会。当然，不仅仅是夫妻之间，同时也剥夺了他们与对方的族人（曾经是侵犯者）同居共财（对妻而言）以及其他正常接触的机会。

其次是为夫或妻设定可以生存的道德环境。犯"义绝"除了"妻欲害夫"，多是夫或妻对对方家族主要亲属的杀伤或双方家族的主要亲属之间的互相杀伤行为。对夫或妻的特定一方来说，继续共同生活下去，等于"事仇"，这是伦理所不容的；因而造成亲痛仇快的结果，更是伦理所不容的。法律的道德指导性即在于此。所以，即使夫妻双方尚有感情，也不允许继续其婚姻。

当然这造成了许多悲剧。《太平御览》卷416载：

> 郃阳友娣者，郃阳邑任延寿之妻也，字季儿。有三子。季儿兄季宗与延寿争（葬父之）事，延寿与其友田建阴杀季宗，建独坐死。延寿会赦，乃以告季儿，季儿曰："嘻！杀夫不义，事兄之仇亦不义，何面目以生！"季儿乃告大女曰：

① （日）仁井田陞著、栗劲等编译：《唐令拾遗》，长春出版社1989年版，第164—165页。

"汝父杀吾兄，义不可以留，又终不嫁矣。吾去而死，善视汝

弟。"遂自经死。

以死亡来结束难堪的境遇，是经常处于矛盾境地的女人们的无奈的

选择。但即使是温和的选择，她们也必须断绝婚姻。《隋书·列女传》

载：

> 南阳公主者，炀帝长女也。……年十四，嫁于许国公宇文
>
> 述子士及……及宇文化及弑逆……（士及）请复为夫妻。主拒
>
> 之曰："我与君仇家。今恨不能手刃君者，但谋逆之日察君不
>
> 预知耳。"因与告绝，诃令速去。

以结束婚姻关系来体现其应有的态度，毕竟代价高了些。这倒不是

说，女人们遇到这些情况时所表现的都是虚假的，而是说她们应该也必

须如此做，否则她们会遇到更难堪的情况。《齐东野语》卷八载：

> 莆田有杨氏，讼其子与妇不孝。官为逮问，则妇之翁为人
>
> 殴死，杨亦预焉。坐狱未竟，而值覃霈，得不坐。然妇仍在杨
>
> 氏家。有司以大辟既已该宥，不复问其余，小民无知，亦安之
>
> 不以为怪也。其后，父又讼其子及妇。军判官姚瑢以为：虽有
>
> 仇隙，既仍为妇，则当尽妇礼。欲并科罪。陈伯玉振孙，时以
>
> 倅摄郡，独谓："父子天合，夫妇人合；人合者，恩义有亏则
>
> 已矣。在法：合离皆许还合，而独于义绝不许者，盖谓此类。
>
> 况两下相杀，又义绝之尤大者乎！初间，杨罪既脱，合勒其妇
>
> 休离，有司既失之矣。若杨妇尽礼于舅姑，则为反亲事仇；稍
>
> 有不至，则舅姑反得以不孝罪之矣。当离不离，则是违法。在
>
> 律：违律为婚，既不成婚，即有相犯，并同凡人。今其妇合比
>
> 附此条，不合收坐。"时皆服其得立法之意焉。

陈振声竭力为该女子开脱，被认为合乎法意，其实也更合乎人情。

值得注意的是，陈振声的"夫妇人合；人合者恩义有亏则已矣"，并不是指夫妻之间感情不存在，而是指两个家族恩义已绝。如此，做人儿媳的，继续留在夫家"反亲事仇"不可，一旦被责难"不孝"的时候就更不利了。

二、杀人移乡避仇制——防止复仇的措施

因杀人或交恶于人而避仇的实例，战国以来即有记载。《战国策》有侠客聂政"避仇，隐于屠者之间"，《史记·项羽本纪》有"项梁杀人，与项籍避仇吴中"，东汉赵熹令仇人"远相避也"，北魏吴悉达报父母被杀之仇，"避地永安"。①可见，避仇有两种情形，一是杀人后为防止报复而远避，二是报仇后为避免仇家的再报复而远避。不管怎样，远相躲避以免引起血案的再发生，是其目的。而且这里的避仇，主要当是私人主动避匿，与法律规定要求的避仇有联系，也有差别。

官府出面要求当事人避仇的习俗，如前所述，源于《周礼·地官·调人》的"和难"制度。

汉代多仿周制立制，故国家也有仿《周礼》"和难"制度而要求避仇的律令。前述《周礼》郑司农注云："今二千石以令解仇怨，后复相报，移徙之。"这里的"令"即法令，说明国家为防止流血报仇而启用了移徙避仇制度。至于这类规定的进一步发展，《宋书·傅隆传》说："旧令云：杀人父母，徙之二千里外。"研究者认为，此"旧令"指的是晋令，而晋令沿袭了魏律，曹魏时曾经有过依据古义而制律的举动，渊源较明确。②这实际与汉代的前述规定也有制度上的联系。

---

①《太平御览》卷437、481、411引。
②张全民：《〈周礼〉中所见法制研究（刑法）》，吉林大学博士学位论文，1997年，第121—122页。

唐代法律保存较完整，使我们得以看到有关这方面的制度的全貌。《唐律疏议·贼盗》"杀人移乡"条：

> 诸杀人应死会赦免者，移乡千里外。其工、乐、杂户及官户、奴，并太常音声人，虽移乡，各从本色（部曲及奴，出卖及转配事千里外人）。疏议曰：杀人应死，会赦免罪，而死家有期以上亲者，移乡千里外为户。其有特赦免死者，亦依会赦例移乡。工、乐及官户、奴……杂户、太常音声人……此等杀人，会赦虽合移乡……谓移乡避仇，并从本色驱使。注云："部曲及奴，出卖"，谓私奴出卖，部曲将转事人，各于千里之外。①

从上引条文中可以看出：法律规定所默许的复仇权利主体（同时也应该理解为义务主体）是近亲属，即"期亲以上"的近亲属。"期亲"是指伯叔父母、姑、侄、兄、弟、姊、妹；"期亲以上"就理所当然包括祖父母、父母了。古代伦理，权利义务与亲等（亲属关系的远近）直接相关。在观念上，亲属关系越近，越有义务去复仇，这是法律给予默许的原因。这个默许的范围，实际基本上采用了《周礼》《礼记》所肯认的范围，即"父母之仇""兄弟之仇"的范围，这两个正属于期亲或期亲以上的范畴。故有之则避，无之则不避。至于"从父兄弟之仇"等，属于大功以下亲，故不在此限。法律不限定尊亲属与卑亲属，只笼统地以"期以上亲"为范围，实践中以卑亲属为尊亲属复仇者居多，尊亲属为卑亲属复仇者只是特例。但法律历来的原则是曲为之防，不完全依照现实中发生侵犯的可能性来设计法条。规定总是大于现实。

此条适用于犯杀人罪应被处死适逢大赦而免于处死者，并扩及杀人应

---

①《唐律疏议》，中华书局1983年版，第341—342页。

死而逢特赦免死者。据律意，是指被免全罪者，即任何处罚都不承担。

贱民（不论官贱还是私贱）适用良人的这一法例，也得移乡千里外，只是其贱民的身份不能变。

《唐律疏议·贼盗》同条又规定：

> 若群党共杀，止移下手者及头首之人。若死家无期以上亲，或先相去千里外，即习天文业已成，若妇人有犯及杀他人部曲、奴婢，并不在移限（部曲、奴婢自相杀者，亦同）。违者徒……疏议曰："群党共杀"，谓谋杀，造意合斩，从而加功者绞；同谋共斗，各以下手重者为重罪，亦合处绞。……谓虽不下手，发意元谋，或以威力使人杀者，并合移乡。虽有从而加功，准律合死，既不下手共杀者，即不移乡。若死家无期以上亲，或先相去千里外……"若妇人有犯"，谓无常居，随夫所在……此等并不在移乡避仇之限。注云："部曲、奴婢自相杀者，亦同"，谓亦不在移乡之例。此以上应移而不移，不应移而移，违者各徒二年。[①]

由此来看，下列诸点是应注意的：

1.共犯杀人仅移首犯，从犯不移。这主要是法律规定程式化、级差性的要求，即法律必须是有等差的，未必是出于复仇者不杀从犯的考虑。复仇者在难遂其愿的情况下，也可能去杀从犯。

2.死者无期以上亲则不移乡，即上述提到的：有则移，无则不移。这是基本条件。

3.期亲在千里外，实际已形成了移乡效果，自然不必再移。可见，移乡要造成的局面是距离较远，报仇不便；至少是形不成对受害者一方的压力——仇人不在面前，有报仇义务的人，可以不必承受情感上的压

---

①《唐律疏议》，中华书局1983年版，第342页。

　　　　　　　　复仇　报复刑　报应说

力；同时，仇人不在面前，受害者一方可以保全面子，不受舆论的压力，去做他或他们名分上必须做的事情。

这里的特殊规定是：妇人有犯不移乡，主要是为与"妇人不独流"的惩罚例相一致；习天文业已成，主要考虑的是培养该专门人才不易；在体现等级性的方面，凡人或良人杀他人部曲、奴婢，不移乡，这是考虑了他们是私贱而非官贱。官贱在大多数场合是要移乡的。其次，法律保护的是良人或凡人（即自由人），故"部曲、奴婢自相杀"，不在移乡之例。

三、禁止杀人私和——法律指出的方向及其所留下的空间

在古代，复仇的对立面可能是私和，即私下和解。

人们对于亲属被杀，可以有两类三种解决办法：第一，私下的解决方式，又可以分为：私下复仇；私下和解，包括接受仇人的道歉、许愿或经济补偿，甚至不排除加害者使用威胁办法而获得表面上的"和解"的情形等。第二，公的解决方式，告发到官府，经由官府的公断（定罪判刑）获得解决。

法律的态度是禁止私和，即禁止受害之家与加害者（或其家属）私自达成协议而不付诸官究的任何行为。私和行为可能会导致某些罪行无法被发现，从而得不到追究。但这似乎不是当时考虑的主要问题。

同时，私和是受害之家与加害者（或其家属）直接见面达成协议，既不包括国家或官府出面的调停和解，也不涉及所谓"会任之家"的中间调停。尽管中国历史上曾经存在过国家调停和私人调解两种情形，比如东汉就有过所谓"会任之家"主持谐和杀人之事。在这种场合下，自然有个私和的问题，因为它毕竟与国家出面组织的调停是两回事。出现于非正常情况下的这种现象，自然不能得到国家的允许。所以，在国家

力量强大到足以控御社会时，这种现象就不再有了。①

据《唐律疏议·贼盗》"亲属为人杀私和"条：

> 诸祖父母、父母及夫为人所杀，私和者，流二千里；期
> 亲，徒二年半；大功以下，递减一等。受财重者，各准盗论。
> 虽不私和，知杀期以上亲，经三十日不告者，各减二等。

从范围来看，私和罪涉及的亲属比移乡所要求的更广，不仅有期以上亲，更有大功以下亲（包括大功）。大功亲属之间（以及以下）复仇的案例还未曾见到，表明这并不是一种实践的要求，而是维护伦理的统一要求以及法律程式化、级差性的一般要求。

为什么不可私和？私和之"私"表明的又是什么？《唐律疏议》解释说：

> 祖父母、父母及夫为人所杀，在法不可同天。其有忘大痛之
> 心，舍枕戈之义，或有窥求财利，便即私和者，流二千里。②

很明显，《疏议》在这里是在公开表现复仇情绪，这在唐律中是不多见的，甚至是与其他方面的规定的精神不相符合的。而且，准确地说，"在法不可同天"应该是"在礼不可同天"，《礼记·曲礼上》就有"父之仇，弗与共戴天"之说法，因而它是纯粹的礼的语言；同时，唐律的其他条文中并没有鼓励复仇的规定。"忘大痛之心"，"舍枕戈之义"，恰好是礼的语言。因此，我怀疑：为《永徽律》作"义疏"的人，是故意在这里表明他倾向复仇的态度呢，还是不留神将传播得既深

---

① 清人惠士奇依据王符《潜夫论》论及汉末情形云："东汉之际，洛阳有主谐和杀人者，谓之会任之家，遂假托调人之法因而为奸利，受人十万，谢客数千，由是法禁益弛，京师劫质白昼群行而汉亡矣。"（见惠氏：《礼说·调人·和难》，《清经解》，第2册，第49页。 转引自张全民《〈周礼〉中所见法制研究（刑法）》，第121页。）通过收取杀人之家十万钱，从中拿出数千给受害之家，因而获得高额利润。对于被杀之家而言，即使有这个"会任之家"的中间环节，不报仇也就是"私和"了。

② 《唐律疏议》，中华书局1983年版，第333页。

且广的观念流露出来了呢？大约前者的可能性较大。这本身当然是一种矛盾态度，反映的正是唐朝人的那种矛盾心理。一方面，秩序、安定是社会生活的起码要求，需要满足，没完没了的复仇的互相杀伐显然不能满足这种要求；另一方面，伦理价值又必须得到反映和体现，所以在他认为合适的地方，就见缝插针地讨论起了为人子孙及为人妻的本分——必须记仇，并且把它落实在行动上。然而，记住了仇怨干什么呢？告官，还是自己作主？从后面的规定看，是要求告官。告官是一种非经济的处理方式。禁止了经济方式的"私和"，法律又没有提供同样是经济方式的"公和"，只剩下了法律处罚。而所谓的"不可同天""枕戈"的含义是必须靠自己的力量，用自己的手将对方消灭，才能为自己争得一块有意义的蓝天，这是它们的本来含义。在本质上这是私己的复仇行为，本来与告官求助无涉。

私和往往与受财有关系，即往往是伴随着接受仇家财物的情节。在这里，儒家的义利观直接发生了价值评价作用。故下文直接提到了"受财重者"云云，而一般情况是"受财较轻"。同时，私和一般也与不告官府有相当的联系，所以法律设定了"经三十日不告者"即给予相应的处罚的惩罚例。

在同样的逻辑下，其他亲属被杀而私和也要受处罚，尽管这里不再使用礼的语言来说明了。同上《疏议》规定，期亲被杀而私和者，徒二年半；大功被杀私和者，徒二年；小功被杀私和者，徒一年半；缌麻被杀私和者，徒一年。这等于说：五服内的亲属都有拒绝与仇家私下和解的法律义务，也就是他们必须通过"公"的方式去解决问题，而"公"的方式就是告官请求给予其法律制裁。法律不是没有指出适当的方向，问题在于私和是一种经济账，私和总是与接受仇家一定量的经济补偿相伴随的，而"公"的解决方式却不是经济方式。

为此，又有私和过程中接受仇家经济补偿数额较大的问题。《疏议》解释说：

> "受财重者，各准盗论"，谓受仇家之财，重于私和之罪，假如缌麻私和，合徒一年；受财十四，准盗徒一年半之类。

"准盗论"表明对私和行为处罚的加重，并不意味着该行为就是盗窃行为，因而是一种处罚例的援引。

《疏议》又曰：

> 虽不私和，知杀期以上亲，经三十日不告所在官司者，各减前"私和"之罪二等。

之所以重惩期以上亲被杀不告之罪，是因为期亲不仅在伦理上，在实践中也是复仇义务主体。至于知道杀祖父母、父母者未移配而不告官，则按"不告"或"私和"罪科之：

> 若杀祖父母、父母应偿死者，虽会赦，仍移乡避仇，以其与子孙为仇，故令移配。若子孙知而不告，从"私和"及"不告"之法科之。

至于监临官的亲属为部下所杀，因而受财私和，唐律以为"一违律条，二乖亲义"，按"受财枉法"或"私和"科罪。主人被杀，部曲、奴婢私和受财，或知杀不告，则比附子孙论刑。

案例中所能见到的私和，主要是父母被杀而私和，尚未发现其他亲属被杀而私和。从唐五代两例父母被杀私和案的处理情况来看，原则性地提出问题的性质而不去讲究法律的具体规定，是一个倾向性的问题。

《旧唐书·裴潾传》：

> （唐）穆宗即位……（潾）迁刑部郎中。有前率府仓曹参军曲元衡者，杖杀百姓柏公成母。法官以公成母死在辜外，元衡父任军使，使以父荫征铜；柏公成私受元衡资货，母死不

闻公府，法寺以经恩免罪。瀿议曰："典刑者，公柄也。在官者得施于部属之内。若非在官，又非所部，虽有私罪，必告于官，官为之理，以明不得擅行鞭捶于齐人也。且元衡身非在官，公成母非部属，而擅凭威力，横此残虐，岂合拘于常典？柏公成取货于仇，利母之死，悖逆天性，犯则必诛。"奏下，元衡杖六十配流，公成以法论至死。公议称之。

又，《旧五代史·唐书·明宗本纪》：

> （后唐）天成三年……襄邑县民闻戚，父为人所杀，不雪父冤，有状和解，特敕处死。

这两个案件，即使都按"私和"罪处罚，依律不过是流刑二千里，不至于处死刑。之所以要处死刑，完全是抛开了法律而从礼学即道德的角度去评价的结果。所谓"取货于仇，利母之死，悖逆天性"，以及"不雪父冤"，使用的都是道德概念。这种将事情一股脑提升到原则立场的做法，是中国人习惯的思维方式。中国人以为：如果这样就是伤风败俗，就是从父母之死中取"利"，就是违背了天性——似乎人的天性（原始本性）就是对"恶"的报复和激烈的反应，而决不是任何温和的或缓和的方法；而且要求申冤、雪冤——将不受冤屈、冤枉的要求也加了上来，引入了另一个观念系统（下文我们将重点论述）。实际上，对"恶"的激烈反应并不是人的第一天性，它是文化、文明的结果。

到大清律，对私和的处罚虽然部分地减轻了，但处罚的范围却加宽了。《大清律例》卷二十六《刑律》"尊长为人杀私和"条：

> 凡祖父母、父母及夫若家长为人所杀，而子孙、妻妾、奴婢、雇工人私和者，杖一百，徒三年。期亲尊长被杀，而卑幼私和者，杖八十，徒二年。大功以下，各递减一等。其卑幼被杀，而尊长私和者，各（依服制）减卑幼一等。若妻妾、子孙及子孙之妇、奴婢、雇

工人被杀，而祖父母、父母、夫、家长私和者，杖八十。受财者，计赃，准窃盗论，从重科断（私和，就各该抵命者言，赃追入官）。常人（为他人）私和人命者，杖六十。（受财准枉法论。）

很明显，清律和唐律相比，已经有了很大的变化。唐律的重心是禁止子孙卑幼等私和，清律则同时禁止各类尊长私和；唐律重在亲戚关系，清律同时注重主仆名分；唐律涉及告发问题，而清律不曾涉及；唐律对期亲被杀，不限定尊长，而清律限定尊长，不包括卑幼；至于刑罚，清律较唐律部分地减轻了。但在清例中，刑罚却加重了：

凡尸亲人等私和人命，除未经得财者仍照律议拟外，如有受财者，俱计赃准枉法论，从重定罪。若祖父母、父母被杀，子孙受贿私和者，无论赃数多寡，俱拟杖一百、流三千里。①

可见，祖父母、父母被杀私和，处罚较唐律加重了；原来的受财"准盗论"变成了"准枉法论"，也是加重了。

---

①（清）吴坛撰，马建石、杨育棠等校注：《〈大清律例通考〉校注》，中国政法大学出版社1992年版，第814页。

复仇　报复刑　报应说

中篇 报复刑

第四章　报复刑的原始蛮性表现——族刑与缘坐 / 124

第五章　报复刑的普遍而有影响的形态——同害刑 / 134

第六章　报复刑的发展——非同害的象征性刑罚与等值报偿 / 180

第七章　报复刑观念对有关制度的执行的影响 / 197

第四章　报复刑的原始蛮性表现——族刑与缘坐

人们一般将"杀人者死，伤人者刑"看作古代中国报复刑主义比较简洁和准确的表达，这有其道理。但问题在于，这个原则是报复刑发展了以后的成果——强调其"同害"的同时，还含有罪责自负的意义。同时，人们也将"以眼还眼，以牙还牙"看作西方古代报复刑主义的形象说法，这也有它的道理。问题同样在于：古代西方的这个原则在讲述报复刑的"同害"意义之外，也包含了一定的惩罚对象的限定性意识（与中国的罪责自负意识相对应）。这样，它们都还远未涉及惩罚对象超出加害者的不"同害"的报复方面。以古代中国的报复刑而言，在同害刑原则的形成过程中或更早，不顾其是否为加害者而在更大的范围施加刑罚——族刑和缘坐，曾经是报复刑的主要表现形式。局限于加害者本人的同害讲究，是其次的事情。所以，谈论报复刑，须得从族刑、缘坐讲起。

第一节　族刑、缘坐——蛮性复仇在刑罚制度上的印记

族刑、缘坐的出现，是血族复仇的古老习惯对古代刑罚产生的重要影响之一。缘坐是族刑的和缓形态，初与族刑并行，后世发展中逐渐取

代族刑而成为基本的惩罚形式。

族刑的起始，与血族之间的大规模的互相灭杀有很大的关联。这在早期，又与氏族部落战争相关。栗劲先生说，族刑"是从原始社会部落战争中胜利一方屠杀战败一方全体族类的习惯发展而来的"。[1]

用斩草除根或斩尽杀绝的族刑方式对待、惩罚有过犯者，是国家公权力的施用。它是与私人以同样的方式施加的复仇相伴随的。前述春秋时"奚骊之人欲尽杀贾氏"以报受辱之仇，[2]就表明当时的人们习惯于这样去想、这样去做。尤其在中国古代"家"与"国"难以区分的情况下，血族复仇在有权力使用刑罚手段的一方，就主要地表现为国家公权的刑罚权，而其中夹杂着的私人复仇的成分被掩盖和掩饰起来。这类事，只要看一看汉高祖刘邦报田横之仇，就不难理解。

泄愤是一面，预为备御又是一面。吕思勉先生说："夫族诛之酷，不过虑报复耳。"[3]政治斗争中的仇家，占优势的一方必然以将对方族灭而免去后患为极则。对此，吕先生曾提到春秋时一件事，云："古有以谋叛而族诛者，此乃虑其复仇，非欲治其罪也，故出奔则可以免，如成虎是也。"[4]这里的"非欲治其罪"的成分尚难像吕先生所云，但"虑其复仇"应当是确实的。

灭杀宗族的复仇与报复刑之族诛相辅而行，它们都遵循同一个原理——迁怒。复仇是迁怒，《左传·文公六年》"敌惠敌怨"注："敌，犹对也。若及子孙，则为非对；非对则为迁怒。"《荀子·君子》云："刑罚怒罪"以至于"以族论罪"，"故一人有罪而三族皆夷"，也迁怒也。而其根源在于氏族社会以来的亲属一体或亲族一体的

①栗劲：《秦律通论》，山东人民出版社1985年版，第17页。
②《左传·文公六年》。
③《吕思勉读史札记》，上海古籍出版社1982年版，第883页。
④《吕思勉读史札记》，上海古籍出版社1982年版，第364页。

事实与观念。

族刑的出现，是野蛮复仇规则刑罚化的结果。

蔡枢衡先生曾指出："《大戴礼·本命》：'逆天地者，罪及五世。'所谓逆天地，就是谋反，谋大逆。父死子继为世。五世即五代，也就是一宗。在以五代为亲属范围时，一网打尽了犯人所有的血亲，成了三代罪责制度最突出的例外，实际是原始社会血族复仇的变种。""从此，犯罪的处罚出现了政治犯的亲属集体责任和常事犯的个人责任间的尖锐对立。"[①]

蔡枢衡先生注意到了"罪及五世"与血族复仇的联系，称"罪及五世"是"原始社会血族复仇的变种"，这是正确的。前面我们提到，"古《周礼》说"称"复仇之义，不过五世"，可见，复仇是与刑罚同步发展的。野蛮与文明的差别在当时是很细微的。

不过，蔡先生说"罪及五世"是"三代（夏商周）罪责制度最突出的例外"，言下之意是：三代实行的基本罪责制度，是罪责自负制度，这就未免将三代太过理想化了。三代的基本罪责制度，应是罪及父子兄弟等的族刑和缘坐制度；不连及家族及宗族，才是例外。

三代本是一个矛盾的时代。一方面是罪及同族，《尚书·泰誓》："罪人以族。"另一方面又有限制惩罚及于子孙的说法，《尚书·大禹谟》："罚弗及嗣，赏延于世。"《孟子·梁惠王下》说周文王"罪人不孥"。《左传·昭公二十年》苑何忌引《尚书·康诰》曰："父子兄弟，罪不相及。"《尚书·汤誓》注："古之用刑，父子兄弟，罪不相及。"《周书》（孔融引）："父子兄弟，罪不相及。"[②]《春秋》之

---

①蔡枢衡：《中国刑法史》，广西人民出版社1983年版，第152页。
②《三国志·魏书·崔琰传》注引《续汉书》，《太平御览》卷429引《孔融别传》孔融之语。

义，"恶恶止其身"。

《尚书·大禹谟》所说的"罚弗及嗣，赏延于世"，本是皋陶称颂虞舜之语。蔡枢衡谓："世、嗣同义，都指儿子"，是说不以父罪惩罚儿子，但可以以父功赏赐其子，赏罚异制，"利相及而害不相及"，都以有利于当事者为原则。[①]显然这是后起的观念，在传说中的虞舜时代尚难以产生和存在。

这是因为《尚书·大禹谟》所描述的中国法律文化在初起时的宽宏，难以让人理解为信史。全文为：

> 皋陶曰："帝德罔怨，临下以简，御众以宽。罚弗及嗣，赏延于世。宥过无大，刑故无小，罪疑惟轻，功疑惟重。与其杀不辜，宁失不经，好生之德，洽于民心……"

虞舜似乎创造了后世刑法中经常引用的几项原则性的东西：区别了故意与过失，对对过失犯罪（即使后果很严重）给予宽宥，对故意犯罪（即使很轻微）施加刑罚；对疑事的处理，以有利于当事者为原则，罪疑从轻，功疑从重；对惩罚的范围与赏赐的范围，采取同样有利于当事者的立场，刑罚时不波及后嗣，赏赐时则惠及后人；对刑杀抱一种极其谨慎的态度，宁可放纵罪人，也不去滥杀无辜。而它们大抵都与"临下以简，御众以宽"的总的施政方针有关联，同时又都可以归为帝舜的"德"行，作为"君德"。

这太过理想了。富于儒者精神的作者们，把一切美德都加诸虞舜，然而却忽略了历史发展进程，以及这个进程中的一些基本事实。周文王之所以要"罪人不孥"，以及后来的周公要求康叔罚罪时须"父子兄弟，罪不相及"，实际就是针对夏商的坐及子弟的刑罚原则的，是为了

[①]蔡枢衡：《中国刑法史》，广西人民出版社1983年版，第23、25页。

反对前者。对立的概念、思想是以对立的事实为基础而存在并发生作用的。而且，一种或一类事实越是大量存在、难以消除，强调或主张其对立面的观念和思想就越是要充分表现自己，其出现频率也就越高。周代有关不罪及犯罪者儿子的说法，已经表露出这一点。这同样不是说周文王德行高尚，只是历史在发展。

《尚书·泰誓》"罪人以族"，本是周武王伐纣时对商纣王的批评，全文为：

> 今商王受，弗敬上天，降灾下民，沉湎酒色，敢行暴虐，罪人以族，官人以世。

纣王名"受"，又称帝辛。"沉湎酒色"指其酒池肉林，宠幸妲己；"罪人以族，官人以世"也是商纣王的罪名，是周人的口实。周人靠反对这一点争得了民心，夺取了政权。

孔融说"《周书》'父子兄弟，罪不相及'"，可能即是苑何忌所引的《尚书·周书·康诰》，二者同出一源。吕思勉先生谓："今《康诰》无其文。盖《传》辞也。"即不是经文，而只是传文。吕思勉先生以为"连坐之罪，古者无之"。就连《甘誓》《汤誓》的"予则孥戮女（汝）"，他也认为只是军刑。而且根据郑玄引《周礼》的解释——"其奴，男子入于罪隶，女子入于舂藁"，"则亦止于奴之而已，非杀其身也"。并以为即使是军刑，在当时也未必一定罪及父兄子弟，"止及其身"者也存在，引《牧誓》曰："勖哉夫子，尔所弗勖，其于尔躬有戮。"结论是古者"以愆咎而戮及亲族，军刑之外未之前闻，况于刑杀之乎"？[①]这似乎仍有些美化远古的味道。

孔安国为《尚书》作传，未说清时代，当然不是指商汤之前已有此

---

① 《吕思勉读史札记》，上海古籍出版社1982年版，第364页。

制，不过是在说一种理想。它更只是文明再度获得进化的结果。比孔安国早的荀况也曾对扑朔迷离的古史资料进行过符合他的观念的解释。不用说，那也只是一种理想。

《荀子·君子》云：

> 古者刑不过罪，爵不逾德。故杀其父而臣其子，杀其兄而臣其弟。刑罚不怒罪，爵赏不逾德，分然各以其诚通。是以为善者劝，为不善者沮。刑罚綦省，而威行如流。乱世则不然。刑罚怒罪，爵赏逾德；以族论罪，以世举贤。故一人有罪而三族皆夷。德虽如舜，不免刑均，是以族论罪也；先祖当贤，后子孙必显，行虽如桀纣，列从必尊，此以世举贤也。虽欲无乱，得乎哉！

荀况对他身处的战国时期所普遍推行的三族罪法律，颇有微词。他以为这超出了传统。但传统应当是两方面的：一方面是源于氏族复仇的灭杀其宗族的"罪人以族"，另一方面是发展中的文明对这种原始野性的限制，力图去"罚弗及嗣""罪人不孥"。后者是文明大道。如果荀子说我们应当选取好传统，去掉坏传统，那还容易接受。但仅仅说远古是清一色的好，那就难让人信服了。正是在这点上，荀况表现出了他的儒家推美远古时代的立场和风习。当然，荀子所说的也并非绝对没有事实，"杀其父而臣其子"之类的事情是存在过的，比如，舜杀鲧而用禹治水，就是显例。然而，"刑不过罪"的罪责自负原则，是人类经过长时间的杀死犯人家族、杀死其父子兄弟的过程，才得以缓慢地建立起来的。这一代表刑法文明的重大原则的确立，是对人类原始野性的长时间的肆虐的否定和超越。它也是在与这种原始野性长时间的斗争和冲突之后，才慢慢地树立起来的。而且，即使在它获得普遍认同以后，来自人类野性的冲击和干扰也一直不断，有时竟然能不断地压倒这一代表文明方向的规则，而使野性不断地得以发泄。看一看春秋战国以来族刑被使用的历史，就能对此有个明晰的结论。

事情的巧合也恰在这里。起源于血族大规模复仇的族刑，竟然有时候成了制止单个复仇的法律手段。历史在这里兜了个大圈子。《三国志·魏书·文帝纪》：

> （黄初）四年春正月，诏曰："丧乱以来，兵革未戢，天下之人，互相残杀。今海内初定，敢有私复仇者，皆族之。"

历史就是这样与人们开着玩笑。喜剧乎？悲剧乎？

第二节　夷三族刑的正式立法及其历史进化意义

那么，中国的族刑立法始于何时？

沈家本考察族刑始源，认为：《左传·襄公二十三年》传文所谓"晋人克栾盈于曲沃，尽杀栾氏之族党"，其中的"族党"，未必不及三族，可能不止于栾氏。原因在当时的晋国，诸侯无力，诸大夫自相吞并，力强者诛夷其他大夫的族属同党。而在法律上，却并不存在族诛之法。另如《昭公二十八年》所载的晋灭祁氏、羊舌氏，正与此情形相同。还有，《宣公四年》所记楚灭若敖氏及《昭公十四年》的楚灭养氏族，都是灭其一族。沈家本总结说："大约春秋之时，中国尚未有三族之法，故《史记》于秦文公特著之。"[①]

栗劲先生以为，春秋时期晋、楚、齐、宋都有族刑。晋始终有族刑，《史记·晋世家》载：晋惠公十四年，晋太子立为怀公，"乃令国中诸从重耳者与期，期尽不到者，尽灭其家"。又晋景公四年，"先縠

---

① 沈家本：《历代刑法考》，中华书局1985年版，第1册，第79页。

以首计而败晋军河上，恐诛，乃奔翟，与翟谋伐晋。晋觉，乃族縠。縠，先轸子也。"又，晋景公十七年，"诛赵同、赵括，族灭之"。又，晋平公八年，"晋栾逞有罪……曲沃攻逞，逞死，遂灭栾氏宗"。晋顷公十二年，"晋之宗家祁侯孙、叔向子，相恶于君。六卿欲弱公室，乃遂以法尽灭其族"。春秋时楚国也有族刑。《楚世家》记云：楚庄王九年，"相若敖氏，人或谗之王，恐诛，反击王，王击灭若敖氏之族"。又，楚灵王三年，"楚以诸侯兵伐吴，围朱方。八月克之，囚庆封，灭其族"。宋也有族刑。《宋微子世家》载：文公二年，"昭公子因公母弟须与武、缪、戴、庄、恒之族为乱，文公尽诛之，出武、缪之族。"齐也有族刑，《仲尼弟子列传》云："宰我为临淄大夫，与田常作乱，以夷其族，孔子耻之。"栗先生认为："盛行于晋、楚、齐、宋的族刑，是一种无限制的族刑。'夷三族'就是对这种无限制的族刑的一重限制。"[1]

按，《史记·秦本纪》："文公二十年，法初有三族之罪。"又，"武公三年，诛三父等而夷三族，以其杀出子也。"[2]文公二十年为周平王二十五年，武公三年为周庄王二年，皆在东周之初。这里的时间很重要。秦文公二十年为公元前746年，秦武公二年为公元前695年；而《左传》所记晋人灭栾氏之族事的鲁襄公二十三年为公元前550年，晋人灭祁氏、羊舌氏的鲁昭公二十八年为公元前514年，子常灭费无极与鄢将师之族的鲁昭公二十七年为公元前515年，楚灭若敖氏的鲁宣公四年为公元前605年，楚灭养氏族的鲁昭公十四年为公元前528年。秦在春秋之初即立

---

①栗劲：《秦律通论》，山东人民出版社1985年版，第17—18页。
②栗劲先生说，秦的族刑较早用于针对庶民（从原始社会氏族公社成员中分化出来）的领袖。《史记·秦本纪》载："宁公十二年，大庶长弗忌、威垒、三父废太子而立出子为君。出子六年，三父等复共令人贼杀出子。出子生五岁立，立六年卒。三父等乃复立故太子武公。"武公稳定统治后，即对三父等进行报复。

族诛之法，而晋、楚等国直至春秋中晚期尚未有族诛之法，仍处于习俗的调整中。习俗调整意味着：由于种种原因的灭族是无限制的，不仅大夫之间的互相争斗是这样，而且出于诸侯之令的具有一定法律味道的灭族惩罚，也是如此。楚国灭族就是由诸侯下令进行的。而法律调整意味着：国家对灭族（在三族范围）的承认，同时也是对漫无限制的出于私人乃至国家意图的灭族行为的约束，数量上的限制本身就是一种进步；这种态度无疑会影响当时复仇行为的限度，成为公认的"国家标准"。切莫以为秦国首定"三族之法"是残酷、野蛮、落后——这只是近现代人的观点，在当时这却是一个巨大的历史进步。就此点而言，偏居一隅的落后的秦国，在对复仇或报复的限制上，远远先进于山东诸国。法律的发展并不总与经济发展同步，有时会呈现出不同步发展的情形。①

　　自然，晋、楚的灭族，是色彩浓厚的政治斗争行为，但原始的氏族相争的互相灭杀，未必就不与此类似。食物、地盘、水资源，以及其他关乎生存和发展机会与可能的自然条件，皆可以成为互相灭杀的原因。蔡枢衡先生以为氏族社会早期异族间存在食人现象，并对此一再强调。②而因食人而引起的复仇的互相杀食，也可能是当时普遍的现象。而以灭杀对方为目标，无论原因大小，都可以叫作"仇"。甚至非生存条件的精神因素，也可能成为报复的引火线。比如，殷之弃灰而可能引起的三族相残。

　　那么，族刑既如此，死刑以及肉刑又如何呢？它们可能与非大规模

---

①这是就某一方面而言，不表明一切方面都如此。比如，秦在武公、穆公时还存在"人殉"制度。武公死时，"从死者六十六人"；穆公死时，"从死者百七十七人"。参见栗劲《秦律通论》，山东人民出版社1985年版，第18—19页。就此而言，夷三族刑绝不是重视人类生命价值的举动，而只是出于不希望因报复而死人过多。

②蔡枢衡：《中国刑法史》，广西人民出版社1983年版，第15、27、46、57、117页。

的复仇有关。"杀人者死",这一规则的渊源,与血族复仇的最一般结果——死亡,关联甚紧。尽管它表达的是一种比较纯粹的同害刑观念。蔡枢衡先生说:

> 死刑体系的出现和存在,本来是以原始社会氏族对外复仇
> 为历史条件和社会条件的。氏族内部为禁止复仇而开始采用死
> 刑,已经是化消极为积极。[1]

他以为,死刑的出现是一种进步,这很有道理。对于外氏族之人必欲置之死地,这谈不上进步与落后,而一旦对本氏族之人适用死刑,则表明规则往前走了一步,人类文明往前走了一步。死刑如此,肉刑也如此。

---

[1]蔡枢衡:《中国刑法史》,广西人民出版社1983年版,序,第3页。

第五章 报复刑的普遍而有影响的形态——同害刑

人类历史上的同害刑，可以认为是报复刑的第一种形态，或者说是报复刑发展的第一阶段。因为族刑之类，尚难作为一个独立的报复刑形式或作为报复刑发展的一个独立阶段来看待。虽然其在历史发展方面的意义难以抹煞。

同害刑直接源于原始社会的同态复仇习俗。在复仇习惯被作为规则适用的时候，"刑"的问题自然还没有产生。随着国家的产生，习惯被上升为法律，复仇习惯变质而为"刑"。复仇的"同态"与刑罚的"同害"，虽然在形式上没有发生变化，但本质却变化了。

人类早期社会都曾经经历过血族复仇的阶段，从而同态复仇也大抵是各民族的共同经历。这在发展中，一方面演化为同害刑，即以同态复仇为样本或参照的报复刑；另一方面，如果遇到适当情形，会激发一定范围的复仇行为（也以"同态报复"为基本特征）不断发生。

看待一个法律是否属于或者是否摆脱了同害刑主义，比较好的角度是看它对待杀人罪和伤人罪的态度。因为只有在这方面，问题才是最直接、直观的。对其他罪行的处罚，都经过了估计和折算，不容易一下子看清实质。并且这些刑罚都是非同害刑。

由于历史的、文化的原因，各民族的发展历程不同。在对同害刑的态度上，也有不同。既有全面肯定它的价值从而使同害成为法律的绝

　　　　　　　　　复仇　报复刑　报应说

对原则的民族和国家，又有在某些方面肯定它的价值从而使法律在个别方面显现出同害特征的民族和国家。与同害刑相对应的概念，可以叫作非同害刑。但这似乎还不够，仍有必要引进"绝对同害刑"和"相对同害刑"的概念。我们可以把将同害作为绝对原则的法律称为"绝对同害刑"，而把相对的一面称为"相对同害刑"。

第一节　西方古代的绝对同害刑

世界上留存下来的古法典大多都有同害刑的痕迹，只是程度不同。比较全面地反映往昔的同态复仇习惯从而比较充分地表现同害刑的报复规则的古法典，首推《汉穆拉比法典》，此外还有古罗马的《十二铜表法》。后者正如孟德斯鸠所说，是比较和缓的。

公元前18世纪巴比伦王朝第六王汉穆拉比（约前1792-前1750年）时期制定的《汉穆拉比法典》，因其时的古巴比伦正处于奴隶社会，在刑罚的同害方面，明显地袭用了原始社会以来血族之间同态复仇的传统。

所谓"同害"，在《汉穆拉比法典》中主要表现为死、伤两方面的同态报复刑。一方面，损坏他人的眼、齿、骨等身体器官和肢体的，要给予加害人相同的损害。这可以叫作"伤之偿"。如果仅仅是殴打（尤其是面部）而不造成器官和肢体损害的，不在此列；同样，因殴打而受伤（按其前后文，应指非上述毁损的。堕胎似乎也可以理解为"伤"的一种）也不属于此列。另一方面，因一定原因造成他人死亡结果的，要偿命。这可以叫做"死之偿"。

一、关于"伤之偿"

第196条："倘自由民损毁任何自由民之子之眼，则应毁其眼。"

第197条："倘彼折断自由民（之子）之骨，则应折其骨。"

第200条："倘自由民击落与之同等之自由民之齿，则应击落其齿。"

这是法定的在自由民阶层中实行的最基本的同态复仇规则，并奉行着由加害者承负其同害责任的原则。殴打（而无毁伤）是例外，如第203条："倘自由民之子打与之同等的自由民之子，则应赔银一明那。"这实行的是以经济赔偿为原则的补充解决方法。另外，第202条："倘自由民打地位较高者之颊，则应于集会中以牛皮鞭之六十下。"即在自由民内部实行未必同等（"鞭"与"打"可能不同等）的公惩刑。而不同的阶层之间，比如自由民侵犯低贱阶层（有时甚至包括致死），就采取赔偿办法，而不采用同害的报复刑。

第198条："倘彼（指自由民）损毁穆什钦努或折断穆什钦努之骨，则应赔银一明那。"

第199条："倘彼损毁自由民之奴隶之眼，或折断自由民之奴隶之骨，则应赔偿其买价之一半。"

第201条："倘自由民击落穆什钦努之齿，则应赔偿银三分之一明那。"

第208条："倘（死者）为穆什钦努之子（指自由民殴打之，使其死亡），则彼应赔银三分之一明那。"

与之相比，在巴比伦的边陲地带——埃什嫩那城地区，法律对伤害罪一律用赔偿方法处理。《埃什嫩那国王俾拉拉马的法典》中是这样规定的：

第四十二条："倘自由民咬破自由民之鼻，应赔银一明那；伤其一眼，应赔银一明那；一齿，二分之一明那；一耳，二分之一明那；捆人之颊，银十舍客勒。"

第四十三条："倘自由民砍断自由民之一指，则彼应赔银三分之二明那。"

第四十四条："倘自由民推倒自由民于……而挫伤其手，则彼应赔银二分之一明那。"

第四十五条："倘彼挫伤其足，则应赔银二分之一明那。"

第四十六条："倘自由民殴打自由民而挫伤其……则应赔银三分之二明那。"

第四十七条："倘自由民推撞自由民之……则彼应赔银十舍客勒。"

第四十八条："关于……从三分之二明那至一明那，应当给他解决诉讼案件。"

可见，在古巴比伦，不同的地区，自由民之间伤害之赔偿的绝对性不同。

二、关于"死之偿"

第229条："倘建筑师为自由民建屋而工程不固，结果其所建房屋倒毁，房主因而致死，则此建筑师应处死。"

第230条："倘房主之子因而致死，则应杀此建筑师之子。"

第231条："倘房主之奴隶因而致死，则他应对房主以奴还奴。"

第115、116条："倘自由民对另一自由民有谷或银之债权，并拘留其人质……""倘人质因遭殴打或虐待，死于取之为质者之人……倘（被取为质者）为自由民之子，则应杀其子，倘为自由民之奴隶，则彼应赔偿银三分之一明那，并丧失其全部（贷款）。"

很明显，前两条和后两条都是绝对的偿死，一是责任者本人承担（这尚有可说，不论其刑是轻是重），二是由其无过错因而也无责任的儿子承当。可见，在"死之偿"方面，《汉穆拉比法典》的报复对象或者说责任的承担者的指定，与"伤之偿"中以加害者为承当者的立场不同，而是采取对象主义，即看死亡者是谁，然后再确定相应的责任承担者。杀死建筑师的儿子和债权人的儿子，显然不是奉行罪责自负原则，因而所谓"同害刑"就表现为"同"为损失儿子。中间一条和最后一条的不偿命是因为身份的缘故。奴隶是资产，自己的奴隶死了，等于损失了财产；若同样杀死对方的奴隶，等于财产没有得到补偿。故不用偿命法，而用还奴隶或赔偿方法代替。

如果说建筑物的倒塌尚不能理解为"加害"，那么，第115条和116条就是道地的加害了。第210条也是如此。第210条规定的处理方式同样奉行对象主义："倘（自由民打自由民之女，以致此女堕胎，又使）此妇死亡，则应杀其女。"这与第230条的精神相同，同样是偏离罪责自负精神的，但恰好也反映了所谓同态复仇之"同态"的底里，即"同"在都是损失女儿的生命。

自由民阶层之外，比如穆什钦努，根据第204条："倘穆什钦努打穆什钦努之颊，则应赔银十舍客勒。"低贱阶层大体也参照适用了自由民

复仇　报复刑　报应说

阶层在殴而不伤情形下的赔偿规则。而按第205条："倘自由民之奴隶打自由民之子之颊，则应割其一耳。"以"割耳"报"殴打"，在自由民之间及穆什钦努之间皆无，这无疑是对奴隶犯上的重惩。

《汉穆拉比法典》的同害刑有三个特点：一是有血族复仇的色彩，对等报复的原则比较严苛，在许多方面尚未进化到区分责任者和无辜者的阶段。如第230条的父（建筑师）罪由其子承当，第210条的父罪由其女承受，就带有旧日的血亲承受报复的痕迹。这种对等报应，虽在中国法律中见不到痕迹，但这种心理是中国人与西方人共有的。在现代的中国，经常能听到这样的故事：妻子与人通奸或被人强奸，丈夫迁怒于对方，反过来去强暴通奸者或强奸者的妻子，似乎这样就能扯平。在西方，莎士比亚的《奥瑟罗》（II，i，295）中的伊阿古，"疑心凯西奥跟我的妻子也是有些暧昧的"，"疑心这好色的摩尔人已经跳上了我的坐骑"，他想到的报复办法之一就是"除非老婆对老婆，在他身上发泄这一口怨气"，"叫这摩尔人心里长起根深蒂固的嫉妒来"。[①]可见同害的报复情愫一直是人们第一个出现的、视为当然的心理倾向。

需要指出，《汉穆拉比法典》反映血族复仇的条文较少。再从其采取同态报应与经济赔偿并行一面看，其血族复仇习俗多少受到些限制。能够采取经济方式处理此类事的民族或国家，或者能够容忍这类经济处理方式的民族和国家，都是相对发展了的，至少是在一定程度上摆脱了某些传统的羁绊。中国虽有赎刑，但适用范围限于过失等情形，与此不同。

二是该法典较少涉及死亡结果的同害报应刑问题。第208条、第210条、第229条、第230条、第231条是仅有的五项，其中第208条与第231条，限于身份差异，仅要求赔偿。唯有第210条与第230条是绝对的同害

---

① （美）莫蒂默·艾德勒·查尔斯·范多伦编，姚鹏等译：《西方思想宝库》，吉林人民出版社1988年版，第291页。

刑（对象同害），第229条大体也算对象同害。但第229条和第230条不能算是对典型的杀人案件的报复刑。这就是说，类似中国的"杀人者死"的报应刑规则，在《汉穆拉比法典》那里是不怎么发达的；发达的部分是"伤人者刑"的报应刑规则（也与中国有别）。其中缘由值得探讨。

三是阶级社会的特征表现得突出，这当不是其原初的面目。等级之讲究，是阶级社会借以表现其阶级存在和阶级压迫的一种必然的方式。同害刑规则受制于等级制度，是这一习惯被改造的结果。自由民与穆什钦努（以及奴隶被侵害时）在应获得同害刑还是应赔偿上的不同，就是如此。

至于致人死亡者，在巴比伦的边陲地带——埃什嫩那城地区，《埃什嫩那国王俾拉拉马的法典》第四十八条规定："至于有关生命问题，则仅能由国王解决之。"实际很可能是要偿命的。又其第二十四条规定："倘自由民并无他人所负任何之债，而拘留穆什钦努之妻以为质，并扣留此质于其家直至于死，则此为生命攸关之法律问题，取人为质者应处死。"同样第五十八条规定："倘墙有崩塌危险，邻人以此告墙之主人，但主人未加固其墙，墙崩，致自由民之子于死，则此为有关人命问题，应由国外裁决之。"很可能也是处死。[①]

古罗马的《十二铜表法》——被孟德斯鸠认为是由于国家政体的原因而在刑罚上不采取严格报复刑的古代法律，在其第八表《伤害法》第二条规定：

> 如果故意伤人肢体，而又未与（受害者）和解者，则他本身亦应遭受同样的伤害。[②]

---

①以上所引《汉穆拉比王法典》及《埃什嫩那国王俾拉拉马的法典》均引自日知译：《古代埃及与古代两河流域》。转引自《外国法制史资料选编》上册，北京大学出版社1982年版，第9—10、31、40—43页。
②（法）孟德斯鸠著、张雁深译：《论法的精神》，商务印书馆1995年版，上册，第94页。

可见，当时法律是主张和鼓励和解的；对不和解者，才予以同态的报应刑。当事之人无论加害者还是被害方，都有对两种解决办法中二者取其一的选择权。是否愿意求得和解与是否愿意接受和解，是双方决定私和还是公断的决定性的一步（所谓"他本身亦应遭受同样的伤害"，应理解为由国家公断之，而不是由当事人双方私下施加）。法律赋予双方当事之人以私和权，这与中国法律碍于人伦而禁止私和、必得公断的立场截然不同。同时，该条规定也表明它在原则上是实行以加害者承担责任的报复规则的。这被孟德斯鸠看作《十二铜表法》采用的两种和缓办法之一，即"除非没有办法抚慰被害人，绝不判处报复刑"。而他所谓政治宽和的国家不采用严格报应刑的第二个表现是："在定罪之后，罪犯可以支付损害赔偿金，这样，肉刑就变做罚金了。"①

这第二种和缓办法，当是指《十二铜表法》的第三条，该条规定明显鼓励以经济惩罚解决人身伤害问题：

> 如用手或棒子打断自由人的骨头，则应缴纳罚金三百阿司；如为奴隶，则为一百五十阿司。

这两点，被孟德斯鸠认为是政治宽和的结果，恰好与专制政体相反。他说：

> 专制的国家，喜爱简单的法律，所以大量使用报复刑的法律。

> 政治宽和的国家有时使用报复刑的法律。但是有不同的地方：前者是严格地执行，后者则时常加上一些和缓的办法。②

孟德斯鸠所谓政体形式对报复刑使用的影响，其思想是这样一个逻辑：报复刑具备简单性，主要是指在设计上和操作上不用费力，而专制

---

① （法）孟德斯鸠著、张雁深译：《论法的精神》，商务印书馆1995年版，上册，第94页。
② （法）孟德斯鸠著、张雁深译：《论法的精神》，商务印书馆1995年版，上册，第94页。

政体正喜欢这种简单性。

《十二铜表法》的上述规定，有一个难解之处。按照逻辑，故意伤害他人肢体而后却取得和解，即表明不必再受同害刑；而打断他人骨头则似乎不论和解与否，只予罚金。我们尚搞不清这里的"肢体"与"骨头"是何联系，也不清楚这里的打断骨头是否系专对过失所做的规定抑或是与前条相同，唯指故意，甚或是故意和过失兼而有之。

与《汉穆拉比法典》相比，《十二铜表法》的不同之处是，这里只有伤害罪的同害刑，而缺乏杀人罪的同害刑；等级制度也影响了它的解决规则，但不如前者大。同害刑与经济赔偿并行的办法，表明它较大地摆脱了旧习惯的羁绊，较为文明、发达，对研究原始的同态复仇与同害刑的关系来说，不是最好的材料。

不用说，孟德斯鸠以报复刑与专制国家相对应，只能说揭示的是一种表面现象。古罗马实行的是民主制不假，政治固然宽和，问题是古代国家在脱离原始社会后，大多是专制的奴隶制国家。这种数量的联系，就好像我们说"古代国家是落后的"一样，并没有实际意义。另一方面，政治宽和的国家，如雅典，它的德拉古法"对任何罪行的惩罚只有一种——死刑"[1]，其惩罚的报复性又远远超过了同害刑的程度。

这里的"报复刑"，译者张雁深先生解释为"同态复仇，例如：'以目还目，以牙还牙'"，这是准确的。因为《十二铜表法》的报复刑，不包括杀人偿命的以死相偿。

孟德斯鸠所谓专制国家大量使用的报复刑，张雁深先生以为是《古兰经》所创立的，即同害刑最早是由宗教教义所创立的。查阿拉伯《古兰经》5：45云：

---

[1] 弗洛伊德：《目前对战争与死亡的看法》。引自（美）莫蒂默·艾德勒、查尔斯·范多伦编，姚鹏等译：《西方思想宝库》，吉林人民出版社1988年版，第295页。

我在《讨拉特》中对他们制定以命偿命，以眼偿眼，以鼻偿鼻，以耳偿耳，以牙偿牙；一切创伤，都要抵偿。自愿不纠的人，得以抵偿权自赎其罪愆。凡不依真主所降示的经典而判决的人，都是不义的。

这是说，"杀人者死，伤人者刑"的绝对同态复仇的抵偿规则，是不可动摇的，而且这本身是真主的经典，依此执行就是执行真主的判决，否则就是不义。例外的情形是受害的一方不纠，但加害者仍要自赎，只是在这里加害人有个权利叫作抵偿权（同时也是义务）。《古兰经》25：68—70"他们不违背真主的禁令而杀人，除非由于偿命"，同样表达的是杀人偿命的报复观念。

宗教教义中的同害相抵，比我们前述的任何一个法律都更彻底和绝对，不仅有"死之偿"，而且有部位对应的"伤之偿"。其实，不唯伊斯兰文化如此，《圣经》中所反映的希伯来文化，也是如此。《古兰经》比《圣经》在时间上要晚许多年，不知何故张先生将创始之事归于伊斯兰文化。

《旧约全书·利未记》24：

打死人的，必被治死。打死牲畜的，必赔上牲畜，以命偿命。人若使他邻舍的身体有残疾，他怎样行，也要照样向他行。以伤还伤，以眼还眼，以牙还牙，他怎样叫人的身体有残疾，也要照样向他行。打死牲畜的，必赔上牲畜，打死人的，必被治死。不管是寄居的，是本地人，同归一例。

可见，杀人者死、伤人者刑的规则是绝对要执行的。[1]用《旧约全书·出埃及记》[2]的话说，就是"以命偿命，以眼还眼，以牙还牙，以手还手，以脚还脚，以烙还烙，以打还打"。

这类规则在终极上说，是上帝的意旨。比如杀人偿命的规则，《旧约全书·创世记》9：6解释说：

> 凡杀人者，终将为人所杀；因为上帝是按自己的形象来造人的。

无疑地，《圣经》的规则更为宽泛。因为它不仅有结果的报还——"以命偿命，以眼还眼，以牙还牙，以手还手，以脚还脚"，以及"以伤还伤"，而且有手段的还报——"以烙还烙，以打还打"；"以命偿命"不仅包括人之偿命，也包含牲畜的偿命。[2]

西方古代的同害刑的特殊之处在于它的绝对的"同害"。不仅对象在好多情形下是"同"的，伤害部位是"同"的，伤害程度也是"同"的。这与中国古代的报应刑，既有同，又有不同。

自然，由于发展阶段的不同，西方古代的情形也不同。《罗斯真理》对杀人罪公开允许复仇，对某些伤害罪〔限于"被打出血或有伤痕"及"（被打而）脚虽完整但已致瘸"两种情形。前者允许被害人自己复仇，后者允许被害人的儿子复仇〕也允许复仇。但对另一些伤害罪，则一律根据伤害部位实行经济赔偿办法。比如：

---

[1]这类规则的绝对性，是有对象讲究的，非自由的奴婢不包括在内。胡大展云："'杀人者死'不适用于奴婢。奴主打死自己的奴婢，当场毙命者仅受罚，一、二天后毙命者，连罚也不受，'因为他们是用钱买来的'。打伤奴婢的眼、牙，应解放他们。"胡大展：《〈圣经〉中的摩西法律》，载外国法制史研究会编《外国法制史汇刊》第1集，武汉大学出版社1984年版，第80页。

[2]胡大展云："同态复仇的规范还适用于动物（牛），法律规定牛若触人致死，必须打死牛。素来触人的牛，牛主放任其触死人，牛主也要治死；但牛主可遵罚赎命。若牛触死奴婢，也要打死牛，但牛主仅以银三十舍客勒赔偿给奴婢的主人，并不偿命。"胡大展：《〈圣经〉中的摩西法律》，载外国法制史研究会编《外国法制史汇刊》第1集，武汉大学出版社1984年版，第80页。

用木杆、棍棒、手掌、酒碗、角质容器、剑背打人，应偿付十二个格里夫那；即使没有触及，也应偿付，案件就此了结。

用没有出鞘的剑或剑柄打人，应偿付十二个格里夫那。

这是根据伤害手段而确定的刑罚。在这方面，虽然是"抽出剑而没有伤人"，也"应偿付一个格里夫那"。同时，《罗斯真理》也依据伤害结果确定不等的赔偿数额：

打他人的手，致使手断落或枯萎，应偿付四十个格里夫那。

砍断他人的手指，应偿付三个格里夫那。

拔掉他人的胡须，应偿付十二个格里夫那；扯断他人的胡须，应偿付十二个格里夫那。[①]

需要指出，同害刑只是部分范围内的事。有些罪，当时并不以同害处罚之。比如，《旧约全书·出埃及记》21：17云："咒骂父母的，必要把他治死。"是不能以反骂来对待的。

---

①张寿民译：《罗斯真理》第3—8条。载《外国法制史汇刊》第1集，武汉大学出版社1984年版，第202页。

第二节　中国古代的相对同害刑

蔡枢衡先生说，"西方刑法历史资料表明：古老的摩西法典厉行'以牙还牙'的同态报复（《旧约全书》）"，"中国历史上不存在摩西法那样'以牙还牙'的同态报复"，"中国刑法史上不存在同态报复阶段"。他认为，即使"杀人者死，伤人者刑"，也"绝不等同于同态报复"。①这里有正确的一面，也有值得探讨的一面。

问题自然在对于"同态"的范围的理解或限定上。西方古代的"同态报复"不仅表现在伤害罪方面，而且也表现在杀人罪方面。将"杀人者死"排除在"同态报复"的范围之外，是不合适的。

而所谓中国古代同害刑的相对性，也正是它在杀人罪方面实行同害，而在伤人罪上则否。这与西方古代在杀与伤方面都实行同害的报复刑是不同的。

有一些资料非常容易让人误解，以为中国古代实行的是绝对同害刑，即不仅在杀人罪方面而且在伤害罪方面也一律实行同害相报。一是春秋时晋国的李离说过："理（官）有法：'失刑则刑，失死则死。'"②二是战国时荀况曾说过一句被后人反复引用的"杀人者死，伤人者刑"的话。③

李离的话，非常容易让人理解为在古代的中国，曾经在法官中实行过根据判案过错程度而给予相应同害刑的制度，即由于误判而杀人的判

---

①蔡枢衡：《中国刑法史》，广西人民出版社1983年版，第200—201页。
②《史记·循吏列传》："李离者，晋文公之理也。过听杀人，自拘当死。文公曰：'官有贵贱，罚有轻重。下吏有过，非子之罪也。'李离曰：'臣居官为长，不与吏让位；受禄为多，不与下分利。今过听杀人，傅其罪下吏，非所闻也。'辞不受令。文公曰：'子则自以为有罪，寡人亦有罪邪？'李离曰：'理有法：失刑则刑，失死则死。公以臣能听微决疑，故使为理。今过听杀人，罪当死。'遂不受令，伏剑而死。"
③《荀子·正论》，又见《汉书·刑法志》。

案法官也坐死，误判肉刑的法官也承受相应的肉刑。李离诚然是高风亮节，但考之同时期或后代的法律，他之所为，只是一种信仰，当时并无这样的制度。一个国家不会以这样高昂的代价去促进其法治秩序。道理很简单，因为如果如此去做，多少法官也是不够用的。

问题不止于此。荀况的话"杀人者死，伤人者刑"，更容易让人产生这样一个误解，即既对杀人者处以死刑，又对伤害人者处以肉刑。这是因为荀况说话的语境的缘故。他是在谈到远古是否存在过象刑以及象刑是否能代替肉刑发挥惩治犯罪作用的问题时，说这番话的。

《荀子·正论》：

> 世俗之为说者曰："治古无肉刑，而有象刑……治古如
> 是。"是不然。以为治邪？则人固莫触罪，非独不用肉刑，亦
> 不用象刑矣。以为人或触罪矣，而直轻其刑，然则是杀人者不
> 死、伤人者不刑也。罪至重而刑至轻，庸人不知恶矣，乱莫大
> 焉。凡刑人之本，禁暴恶恶，且惩其未也。杀人者不死，而伤
> 人者不刑，是谓惠暴而宽贼也，非恶恶也。故象刑殆非生于治
> 古，并起于乱今也。

荀子这里用的"刑"字是狭义的，即指的是肉刑。他的意见是，远古以来一直就对杀人者处以死刑、对伤人者处以肉刑。杀与死相抵，伤与刑相顶。但荀况所言只是一种原理上的推测，不足以推翻历来儒者关于远古存在过象刑的描述。这里的是非暂且不论。那么，荀子的"杀人者死，伤人者刑"与后来汉高祖刘邦的"约法三章"存在什么样的联系呢？

刘邦初入关，宣布三章之法："与父老约法三章耳：杀人者死，伤人及盗抵罪。"①受荀子说法的影响，我过去一直以为这里的"抵罪"

---

① 《汉书·刑法志》。又《南史·何承天传》云："案《律》，过误伤人三岁刑"，是用徒刑惩治伤人罪，也非同态报复，可为"抵罪"之解。

是施加肉刑。但仔细研究了刘邦所针对的秦律及后来充分发展了的唐律后，才清楚它不是专用肉刑的。中国古代的报复刑的同害特征，主要是在"杀人者死"方面；而在"伤人者刑"方面，中国人比较早地摆脱了西方古代存续了相当长时间的"以眼还眼，以牙还牙"之类的同害刑。因而刑罚文明化的时间和程度，远比西方同时期为早、为高。

这一结论，是从对古代中国的刑制体系的考察和分析中得出的。中国古代的刑罚手段，以死刑而言，处死方法很多，有磬、腰斩、焚、弃市、定杀等等。以创伤性的刑罚而言，有劓（割鼻子）、刖或剕（断足，秦律称斩左右趾）、宫（男子去势，女子幽闭），另有黥或墨（在脸上刺字），有时也有刵刑（割耳朵），种类和数量都有限。①关于死刑的法定刑，远古书缺有间，很难说得清楚。以秦以来的可靠信史看，大体上是有限的几种。处死方式不是任意的。就一般而言，死刑的执行方式很难与加害方法同一，只能追求"死"的结果的相同。因而，只要是被处死了，就可以认为是同态报复，可以认为中国古代在"杀人者死"方面实行的是绝对同害刑。

但创伤性刑罚就不同。它有个部位问题。类似西方早期的那种必须是相应部位的报复刑，在中国并不存在。法典中找不到挖眼球、断牙齿、截手腕一类的惩罚方式。这样，像西方那种随伤害部位而施加的同害刑就没有了，至少在法律上是受到限制的。因而，中国人从一开始就在制度上杜绝了这一方面的绝对同害刑。从比较的角度看，这当然是一种进步，而不是落后。这类创伤性刑罚，当时人们定义为"斩人肢体，凿其肌肤"②，或"断肢体，刻肌肤"③。肢体指足、鼻（古代肢体的范

---

①蔡枢衡先生指出"伤人者刑"不等于同态报复的理由之一是"肉刑种类有限"，这是有见地的。见蔡枢衡：《中国刑法史》，广西人民出版社1983年版，第201页。

②《慎子》佚文，《太平御览》卷645引。

③《汉书·刑法志》文帝语。

围很宽）、生殖器；肌肤特指面额部。这一切，当时被称为"肉刑"。因而，研究中国的同害刑问题，就必须紧扣这些当时存在的刑罚手段。否则，事情不会得到确切的理解。下面，我们就秦律、唐律中的相关问题做些分析，以见其具体情形。

一、秦律中的杀人之同害刑与伤人之非同害刑

《睡虎地秦墓竹简》中所能见到的杀伤罪，只是秦律条文的一部分，而不是全部。因而，有关凡人相杀的通例性处刑规定，是看不到的。但透过特例，我们仍能看到通例规定的基本内容。

（一）关于"杀人者死"

秦律中的"杀人者死"，显然来自商鞅制定秦律时所依据的李悝《法经》。李悝《法经》云："杀人者诛"，这大概正是后来汉高祖刘邦的"约法三章"中的那句话的原出处。只是秦律一般不再连及家族。①

"杀人者死"是秦律处理杀人罪的基本规则：

擅杀过继子，弃市。②

盗犯拒捕杀死追捕官吏，法庭成例以故意杀人论处。③

教唆未成年人（强）盗杀人，处磔刑。④

这三条规定应当说都是特例。从下面引述的条文看，擅自杀死自己的亲生子，不过是处以肉刑和徒刑。这里之所以要处以"弃市"的死刑，是因为杀的是过继的弟弟之子，责其情重，故处以死刑。遇到罪犯

①《法经》佚文云："杀人者诛，籍其家及其妻氏；杀二人者及其母氏。"
②《秦简·法律答问》："士五（伍）甲毋（无）子，其弟子以为后，与同居，而擅杀之，当弃市。"
③《秦简·法律答问》："求盗追捕罪人，罪人挌（格）杀求盗，问杀人者为贼杀人，且斩（斗）杀？斩（斗）杀人，延行事为贼。"
④《秦简·法律答问》："甲谋遣乙盗杀人，受分十钱，问乙高未盈六尺，甲可（何）论？当磔。"

拒捕，一般要发生格斗，从形式上看是斗杀，法律也承认是斗杀；但考虑到捕盗官吏的特殊身份，也为惩罚拒捕行为，故判案成例以故意杀人论处。教唆犯的处刑本来较一般犯罪为重，教唆未成年人犯盗杀人，处刑更重，所以法定刑罚是最重的死刑——磔。而不论每一具体情形考虑了怎样的个别性，最终都未脱离"杀人者死"这一规则。就是说，正是由于有"杀人者死"这一个一般的、通用的规则，才分别有了个别的、特殊的移用总规则的情形。

至于杀人者不死，在秦律中也是作为特例出现的。其中都有一种特定的身份关系存在，是其不必死的共同决定因素。

父母擅杀子，黥为城旦舂。①

私人奴隶擅杀子，按城旦徒犯处以黥刑，还给主人。②

私人奴婢笞打子，以致病死，黥额头和颧部，还给主人。③

父母擅杀自己的亲生子，虽然杀人之事重，而其情轻，所以不处以死刑。如果没有这层身份关系，是应当处死刑的。在秦律中，死刑之下的刑罚，最重的是黥劓以为城旦，黥城旦略次之，但大体属于一个等级。从这里也可看出该条规定从"杀人者死"的一般规则量情减轻的痕迹。至于私人奴婢擅杀或笞打自己的孩子致死，因为他或她本身尚是主人的财产，不能因此而使主人有所损失，故要还给主人；而对其罪的惩罚，就只能以不损害其劳动能力为界限，一是按处罚城旦徒刑犯附加黥刑的方式予以黥刑，一是黥其额头和颧部，二者的不同只是故杀与殴打致死的差别。

---

①《秦简·法律答问》："'擅杀子，黥为城旦舂。其子新生而有怪物其身及不全而杀之，勿罪。'今生子，子身全殹（也），毋（无）怪物，直以多子故，不欲其生，即弗举而杀之，可（何）论？为杀。"

②《秦简·法律答问》："人奴擅杀子，城旦黥之，畀主。"

③《秦简·法律答问》："人奴妾治（笞）子，子以殟死，黥颜颡，畀主。"

关于杀人者不死，还有一个特例，类似当今的不追诉。杀人者已死并且已经埋葬，不受理告发，不处罚其杀人罪，也不没收其家属。[①] 毫无疑问，杀人者不被追究，是因为追诉的必要性已经失去。

秦简中看不到因斗相殴而杀人的处罚例。而后世斗殴杀人也须偿命。[②]

（二）关于"伤人者刑"

"伤人者刑"在秦律中是一定予以惩罚之意，并不是一律处以肉刑。所以，这里的"刑"用的是广义，而不是狭义的肉刑。尤其重要的是，秦简在这方面为我们提供了凡人（不具有特定身份关系人）的处刑标准。

> 用针、铢、锥相斗，罚二甲；
>
> 用针、铢、锥伤人，黥为城旦。[③]

这里强调的是手段，并以使用手段造成的一般结果结刑。

> 斗伤（捆绑而拔光对方胡须、眉毛），完城旦；[④]
>
> 斗伤（用剑砍断对方发结），完城旦；[⑤]
>
> 斗伤（撕裂对方耳朵），耐刑；[⑥]
>
> 斗伤（咬断对方鼻子，或耳朵，或手指，或嘴唇），皆耐

---

①《秦简·法律答问》："甲杀人，不觉，今甲病死已葬，人乃后告甲，甲杀人审，问甲当论及收不当？告不听。"

②如南梁某县民有因斗相殴而致死者，死家诉郡，郡录其仇人，"法当偿死"。见《梁书·傅歧传》。

③《秦简·法律答问》："斗以箴（针）、铢、锥，若箴（针）、铢、锥伤人，各可（何）论？斗，当赀二甲；贼，当黥为城旦。"

④《秦简·法律答问》："或与人斗，缚而尽拔其须麋（眉），论可（何）殹（也）？当完城旦。"

⑤《秦简·法律答问》："士五（伍）甲斗，拔剑伐，斩人发结，可（何）论？当完为城旦。"

⑥《秦简·法律答问》："律曰：'斗夬（决）人耳，耐。'今夬（决）耳故不穿，所夬（决）非珥所入殹（也），可（何）论？律所谓，非必珥所入乃为夬（决），夬（决）裂男若女耳，皆当耐。"

刑。①

这里强调的又是危害结果，而且完全是依照结果来结刑的。从撕裂与咬断耳朵同处耐刑看，大体相当的手段是不被区分得很清的，即手段是不被过分看重的。

特殊身份关系人的伤害是另定刑罚的。有时以伤，有时不以伤，主要以身份的远近确定。

> 殴打祖父母、曾祖父母，黥为城旦舂；②

> 夫殴悍妻撕裂耳朵，或折断四肢、手指，或造成脱臼，耐刑。③

例外的是外国人在秦国境内与秦人相斗而造成伤害，基本上不是用刑，而是用罚金或罚款的方式解决。外国人与秦人相斗，用兵刃、棍棒、拳头伤秦人，罚布。④这明显是一种优待。严格法治主义要求有罪必究，当同时也讲究内外有别。故既不判徒，也不判耐，更不判肉刑。

从以上对伤害罪的处刑规定来看，则所谓"伤人者刑"基本上不是肉刑。"黥为城旦舂"是唯一使用了肉刑的，但又有个是附加刑还是主刑的问题，因为同时他们还是"城旦（男犯）"或"舂（女犯）"的刑徒。"完城旦"的情况相同。按照国内学术界对"完"的理解，是指"完其发"而去其须鬓，则又明显不是肉刑，是较肉刑稍轻的身体刑。至于"耐"，是指去掉须鬓，也不是肉刑。汉以来的习惯，"耐"与二年以上徒刑共用，故有"二岁以上刑曰耐"的说法。

---

①《秦简·法律答问》："或斗，啮断人鼻若耳若指若唇，论各可（何）殴（也）？议皆当耐。"
②《秦简·法律答问》："'殴大父母，黥为城旦舂。'今殴高大父母，可（何）论？比大父母。"
③《秦简·法律答问》："妻悍，夫殴治之，夬（决）其耳，若折支（肢）指、肢体，问夫可（何）论？当耐。"
④《秦简·法律答问》："'邦客与主人斗，以兵刃、投（殳）梃、拳指伤人，殴以布。'可（何）谓'殴'？ 殴布入公，如赇布，入齎钱如律。"

这样，"伤人者刑"之"刑"，在秦律中不是肉刑，却是徒刑。至少是以徒刑为主的。古代刑制，死刑为最重，其次是肉刑，城旦舂等徒刑（或刑徒）只居第三位。但在实际执行上，徒刑时间长，劳役重，致有压倒肉刑之势。内中原因，也是徒刑更适合封建的生产方式。肉刑是与奴隶制的生产方式相适应的，而徒刑是与封建制的生产方式相适应的。就像王夫之所说的井田、肉刑是夏商周三代的支柱一样，[①]徒刑也是战国以来封建制的基础制度，故使用最多。

就制裁伤人罪而论，商鞅变法时就规定："民有私斗，各以轻重被刑。"缘在古代社会民风彪悍，斗殴之事屡屡发生。孔子、孟子都曾指责过这种风习。孔子评论私斗之人："一朝之忿，忘其身以及其亲，非惑与？"[②]孟子则说他们"好勇斗狠，以危父母"。[③]故无论思想家还是实践家，都在设法解决该问题。而实践家的便利条件是能将想法付诸实施。

中国在封建初期，在伤人罪问题上，较大地摆脱了同害刑的羁绊，而采取了非同害刑。这在法律的发展史上是先进的。

二、唐律中的杀人之同害刑与伤人之非同害刑

戴炎辉论及《唐律疏议》中的同害刑主义，将之归纳为"反坐的同害刑"与"共犯的同害刑"两种形态。[④]

关于"反坐的同害刑"，他罗列了"诬告反坐"和"故入人罪"两种。按照他的说法，唐律中"诬告人者，各反坐"的"诬告反坐"，是与西方古代如《汉穆拉比法典》、其他西部亚细亚诸民族古法及罗马

---

①（清）王夫之《读通鉴论》："封建、井田、肉刑，三代久安长治，用此三者，然而小人无能窃也。何也？三者皆因天因人，以趣时而立本者也。"中华书局1975年版，上册，第117页。
②《论语·颜渊》。
③《孟子·离娄下》。
④秦律中已有此两种形态的同害刑。为免繁复，我们只分析唐律中的这两种同害刑。

《十二铜表法》的"以命偿命""以牙还牙""以眼还眼"的同害刑（Talio）相类之制。因为这里的"所谓同害，系被诬告犯罪行为之经法律评价之刑；非以行为（诬告）本身，报之于诬告人"。而"Talio之同害，乃以被害人所受害恶（即加害人之加害），反报于加害人；以其所受害恶为加害人应得刑之内容"。在这样的分析基础上，戴氏又发掘了"拷讯之反坐的同害刑"、拷囚超过法定杖数反坐所剩的同害刑。至于"故入人罪"方面，他列举了反坐的几种形态：故入人于罪者，以所入之刑（或全刑或剩刑）处罚之；证人不言情、译人诈伪致使人入罪者，证人减二等，译人与同罪；以赦前事相告言者，以其罪罪之；不存在徒以上罪而妄诉之者，即以其罪罪之。

关于"共犯的同害刑"，戴氏列举了：故出人罪者，以所出之刑（全刑或剩刑）处罚之；剩将人出入宫殿门，主司故纵因亡，各以罪人之罪罪之；官司于有人犯罪而故纵、知而听行或知情不禁，凡人之共犯、教令犯，证人不言情及译人诈伪，致使出人罪等，原则上也与罪人同罪。[①]

不消说，戴炎辉的分析已到了唐律有关同害刑（尽管是相类似之制）的细微处，这是他的一大贡献。但恰恰对唐律中的"以被害人所受之害恶，反报以相同害恶之制"的同害刑规则，却没有任何说明。这是一个很大的缺憾。今就唐律中的杀人、伤人罪及其同害刑问题，分别讨论于下。

（一）杀人罪及死刑

沈家本的研究中有《唐死罪总类》一项，分门别类地将唐律中应斩、应绞的两种死刑所处的篇、卷、条位置以及所属罪类做了统计，[②]

---

①戴炎辉：《唐律通论》，正中书局1963年版，第26—28页。
②沈家本：《历代刑法考》，中华书局1985年版，第3册，第1253—1270页。

给我们的研究带来了极大方便，省去了许多检索之劳。今依其开列诸项，一一对照唐律原文，按照我们的思路重新编排，以见唐律对杀人者处死这一规则的贯彻程度。

唐律杀人者死，一般以死亡结果的出现为必备要件；至于杀人未死却造成伤害而规定处以次一等的死刑者，可以理解为责其情重而提高了刑罚幅度。

先看谋杀罪的规定。

> 谋杀已杀、已伤：
>
> 谋杀人，已杀者，斩；已伤者，绞；
>
> 从而加功，已杀者，绞；
>
> 谋杀制使、刺史、县令，谋杀本部五品以上官长，已杀者，皆斩；已伤者，绞；
>
> 谋杀缌麻以上尊长，已杀者，皆斩；已伤者，绞；
>
> 期亲尊长谋杀卑幼，已杀者，依故杀法；
>
> 谋杀故夫之祖父母、父母，已杀者，皆斩；已伤者，绞；
>
> 谋杀旧主，已杀者，皆斩；已伤者，绞。

可以看出，"杀人者死"的规则在谋杀人的情形，一般是不折不扣执行的。通例是"谋杀人，已杀者，斩"。至于"谋杀人，已伤者，绞"，出现了"伤人者死"的规则，当是以为谋杀事重，不得免死。在这两个基本规则适用于具有特定身份关系的人身上时，通例并没有改变：死亡结果和创伤结果是加害人被判死刑的基本依据。

自然，在谋杀罪方面还有不必有死亡结果而对谋杀犯处以死刑的情形，似乎与通例不一致。但不必有死亡结果的所谓"变例"的出现，并不是规则发生了例外，而是等级制度（或曰身份关系）发生作用的结果。比如，不以死亡结果为要件，降低至具备"伤"的结果者：

部曲、奴婢谋杀主之期亲及外祖父母，已伤者，斩。

进一步，不以创伤结果为要件，降低至具备"谋"的情节者（只要共谋或有预谋即可）：

谋杀期亲尊长，外祖父母，夫，夫之祖父母、父母者，斩；

部曲、奴婢谋杀主者，斩；

部曲、奴婢谋杀主之期亲及外祖父母者，绞。

如果说这尚难反映最基本的规矩，因为它所确定的死刑要件不仅包括出现了死亡结果，也包括产生了创伤结果，甚至还包括有共谋或预谋之情节，难以体现"杀人者死"这个规则的一致性，因为按照上引条文，我们同样可以概括出"伤人者死"甚或"预谋者死"。那么，看一下唐律的其他条文，就可以得知：上述条文仍然是特例，而不是通例。在这之外的有关"杀"或"死"的规定中，"杀人者死"的一致性是显现得比较充分的。尤以殴人致死的规定为典型，其中又以大体对应的尊卑双方互相殴死的情况为明显：

殴死：

斗殴杀人者，绞；

夫殴妻，妻殴杀妾，死者，绞；

妻殴夫，死者，斩；

缌麻以上尊长殴卑幼，死者，绞；

殴缌麻以上兄姊及尊属，死者，斩；

旧舅姑殴子孙旧妻妾，死者，绞；

妻妾殴故夫之祖父母、父母，死者，斩；

殴伤妻前夫之子（继子），死者，绞；

殴伤继父，死者，斩；

妻殴伤夫家卑属，死者，绞；

尊长殴伤卑幼之妇，死者，绞；

殴制使、本属府主、刺史、县令等，死者，斩；

殴官长，死者，斩；

殴皇家袒免以上亲，死者，斩；

奴婢殴良人，死者，斩；

部曲、奴婢殴主人的缌麻、小功、大功亲，死者，斩。

在这里，尊卑的差别只剩下了斩与绞的区分，而于死刑的结果却没有区别。卑殴死尊，则斩；尊殴死卑，则绞。无论尊卑，死亡结果是相同的。它们都不过是"斗殴杀人者，绞"的体现。就实而论，凡人斗殴致死，其刑用绞，则尊殴卑也用绞，可以理解为未加重处罚；卑殴尊致死而处以斩刑，可以理解为由于身份关系而加了刑。而所谓"斗殴杀人者，绞"，也不过是"杀人者死"的个别体现。因为不论谋杀、斗杀，终归是杀；杀人就得偿命，又是通理。

还可以举出的是对其余的杀人罪的区处，甚至包括职务或职业的非正常或非正当因素致人死亡，在处理上也仍然是"杀人者死"。比如：

诈陷人致死，绞；

以物置人耳鼻中，及故摈去人服用饮食之物，杀人者，
绞；

恐迫人使畏惧致死者（故相恐迫），斩；（因斗）绞；

被囚禁拒捍官司而走，杀人者斩；从者绞；

罪人拒殴捕者，杀人者，斩；

罪人持杖拒捍，已就拘执而杀，或不拒捍而杀，用刃杀
者，斩；其余者，绞；

另如，职务方面因素致人于死，包括：

减窃囚食致死者，绞；

官司入人罪，从徒流入死罪，绞；

监临官对不合捶拷之人，用刃捶拷，至死者，斩。

职业方面因素致人于死，包括：

医合药故不如本方，卖药故不如本方，杀人者，斩；或绞
（卑幼贱）；

脯肉有毒故与人食，并出卖以故致死者，绞。

此外，与谋杀相对的非预谋杀人问题，在法律中是这样规定的：

强盗杀人，斩；持杖伤人，绞；

以他故殴人夺物，故杀人，斩；因斗致死，绞；

盗缌麻、小功财物，杀尊长，斩；

卑幼带人盗己家财物，而他人杀人，斩；

劫囚杀人者，斩；

窃囚而亡，杀人者，斩；

故决堤防，杀人者，斩；

故烧官私廨舍，杀人者，斩。

无论出于何种原因，死亡结果都是要件。这就像"杀人者，以故杀论"的规定一样，比如，《卫禁》"向宫殿射"条"箭入御在所"，因而杀人者，以故杀论。最终的落点在"杀人者死"。

"杀人者死"，重的是结果，即基本上是结果犯。这是唐律规定的基本精神，从以上各条的规定可以看出。此外，能够反映这一精神的还有一些通例性的规定。比如，关于保辜的规定，就集中贯彻了这一原则："（保辜）限内死者，各依杀人法（本罪合斩或合绞）。"说穿了，就是同害报复。这一同害报复原则在其他方面的表现，甚至在字面

上也是明明白白、毫不隐晦的：

> "诬告反坐"条，"诸诬告人者，各反坐"，诬告人死罪，自然得处死；
>
> "私度关"条注，"妄诉死罪，还得死罪"；
>
> "窃囚而亡"条注，"窃死囚，还得死罪"。

一切由"所因"而定，"所因"是死罪，则还得死罪。

自然，唐律并不是一切都是同害报复。同害本身（以杀人者死而言）有它的局限性，不可能对所有犯罪都予以同害的处罚，这是其一；其二，中国法律发展至唐律，在一些非基本的方面早已摆脱了绝对同害的影响。就以死刑而言，唐律中规定的应当处死的其他情形，有：主守受囚财导令翻异及通传言语，使有所增减者，达到30匹，绞。这主要是根据情节确定的，即依据是否受财及受财数量而逐级增加至死刑。这样的死刑，是法律发展的结果，采用的是非同害刑。另如：

> 征名已定及从军征讨而亡达十五日者，绞；临对寇贼而亡者，斩；主司故纵，与同罪。

此罪根据逃亡日数定刑，依据的是因逃亡而给军队造成的危险程度。就是说，唐律在杀人罪方面坚持了"杀人者死"的传统原则，但唐律中的死刑并不都是适用于杀人罪的。这种根据犯罪的性质、情节及可能造成的危害等处以死刑的规定，可以举出很多。如弃毁御宝，考虑的是其政治影响；奸缌麻以上亲及其妻折伤者，考虑的是伦常及其伤害情况；伪写宫殿门符、发兵符、传符，考虑的是其可能造成的损害；等等。法律不可能对所有罪行都实行同害报复，也没有必要对所有罪行实行同害报复，尽管它在一些基本方面是以报复为主的。

（二）伤人罪与刑罚

唐律规定：

以手足殴人，笞四十；

手足殴人伤者（见血为伤），及以他物殴人不伤，杖六十；

他物殴人伤，及拔发方寸以上，杖八十；[①]

折齿、毁缺耳鼻、眇一目及折手足指、破骨、汤火伤人，徒一年；折二齿、二指以上及髡发者，徒一年半；[②]

兵刃斫射人，杖一百；伤者、折人肋、眇两目、堕人胎，徒二年；[③]

斗殴折跌人肢体、瞎一目，徒三年；致折肢、瞎目二事以上，及因旧患至笃疾，断舌、毁败阴阳者，流三千里。[④]

其中，有些是手段犯，有些是结果犯，有些是手段与结果的综合考虑。但不论怎样，刑罚是从笞、杖至徒、流，肉刑的废除使得象征性同害失去了可能。

对于唐代以后法律中有关杀伤罪的同害刑规定，我们不打算列举太多。蔡枢衡先生指出过清律中的杀人罪在"各罪基本罪责之间贯串了罪刑等价原则"，自"采生折割人者，凌迟处死"，到"故杀者，斩"，再到"凡无故向城市及有人居住宅舍放弹、射箭、投掷瓦石，因而致死

[①]《唐律疏议·斗讼》："诸斗殴人者，笞四十（谓以手足击人者）；伤及以他物殴人者，杖六十（见血为伤。非手足者，其余皆为他物，即兵不用刃亦是）；伤及拔发方寸以上，杖八十。若血从耳目出及内损吐血者，各加二等。"中华书局1983年版，第383—384页。

[②]《唐律疏议·斗讼》："诸斗殴人，折齿，毁缺耳鼻，眇一目及折手足指（眇，谓亏损其明而犹见物），若破骨及汤火伤人，徒一年；折二齿、二指以上及髡发者，徒一年半。"中华书局1983年版，第384页。

[③]《唐律疏议·斗讼》："诸斗以兵刃斫射人，不著者，杖一百（兵刃，谓弓、箭、矟、矛、𥎊之属。即殴罪重者，从殴法）。若刃伤（刃谓金铁，无大小之限，堪以杀人者），及折人肋，眇其两目，堕人胎，徒二年（堕胎者，谓辜内子死，乃坐。若辜外死者，从本殴伤论）。"中华书局1983年版，第385页。

[④]《唐律疏议·斗讼》："诸斗殴折跌人支体及瞎其一目者，徒三年（折支者，折骨；跌体者，骨差跌，失其常处）；辜内平复者，各减二等（余条折跌平复，准此）。即损二事以上，及因旧患令至笃疾，若断舌及毁败人阴阳者，流三千里。"中华书局1983年版，第386—387页。

者，杖一百，流三千里"，蔡先生指出："都是杀人，而罪责则从凌迟处死到杖一百徒三年，皆与犯人身分无关，完全是罪刑等价原则的具体表现。可见罪刑等价原则已经当作因身分而异其刑的原则的对立面，存在于旧律中，显示了旧律罪责评价标准的发展方向是从刑与身分等价进为刑与犯罪事实等价。"[①]这个评价是正确的。西方人如布迪、莫里斯在《中华帝国的法律》中，也曾就某些案例评价过清律例中所反映的"以命抵命"的古老观念。[②]不管怎样，法典规定的罪和刑的对应性，是一部法典体现报复刑的程度的标识。

法律规定和执行是如此，即在人们的理想中，也在憧憬着杀人者死之类的报复刑规则得到圆满执行。清官之所以能够得到青睐，就是因为在形象设计中，其能够切实地执行报复刑规则。

包龙图是能够落实报复刑原则的化身。《生金阁》中庞衙内说他自己："打死人不偿命。若打死一个人，如同捏杀个苍蝇相似。"因而仗势杀死两人。包拯却设法赚出其口供，将其斩首。[③]元杂剧《陈州粜米》中，包公更安排受害人之子——小撒古用紫金锤打死杀父仇人小刘衙内，而不是由刑官去行刑。强调"手报亲仇"，[④]正是屈就中国人手刃仇

---

　　①蔡枢衡：《中国刑法史》，广西人民出版社1983年版，第202页。
　　②就《妻妾殴夫》条的云大小扎伤致死改嫁之妻一案，布迪、莫里斯评论说："撇开因云士安（云大小之父）主婚别嫁，导致云大小与李氏原婚姻关系消灭这一点不考虑，云大小殴死李氏所得处罚——绞监候——与大夫殴死妻子应得处罚完全一样。这一判决很值得注意，因为同一条法律还规定，如果大夫只是严重地伤害而不是杀死其妻，他要受到的处罚就不是死刑，而是减二等的刑罚，而上面两种情况罪犯都要被判死刑（哪怕加上'监候'二字），恐怕是'以命抵命'这一古老观念的具体体现。"对第72条"父祖被殴"一案，布迪、莫里斯评论说："《大清律例·刑律·父祖被殴》律规定：祖父母、父母被别人殴打，子孙上前救护而图打行凶之人，若因此而将行凶之人打伤，按普通'斗殴'律减三等处理；若因此而将行凶之人打死，按普通'斗殴，致死人'律处理，即绞监候。在这种明显具有减轻情节的情况下，对案犯仍按常律处理，定为死刑。这从另一方面反映了中国古代社会占有重要地位的'以命抵命'的观念。"（美）布迪、莫里斯著，朱勇译：《中华帝国的法律》，江苏人民出版社1995年版，第316页、第323页。
　　③孔繁敏：《包拯研究》，中国社会科学出版社1998年版，第202页。
　　④孔繁敏：《包拯研究》，中国社会科学出版社1998年版，第208页。

人痛快意识的结果。忠实地奉行"杀人偿命"的法律规则，[1]正是包公被人称道的原因之一。学者统计，元代11种包公公案杂剧中，有9种涉及人命案，共死12人。经包公审断，共处死11人。[2]

第三节　东西方古代同害刑的特征

同害刑只是历史的一个发展阶段，它是为了限制复仇的无限度和不固定状态，也是为了使惩罚符合当时的公正观念，而采取的从外表上可以直观地看出或衡量的标识性方式。

但就像人们谈论犯罪的应受惩罚性时必然包含了对行为人的道德恶性的评价一样，"同害"更理所当然地包含确定无疑的道德恶性的评价。因此，故意与过失在这里就有了不同，同害刑多用于故意之罪。

一、关于"杀人者死"的同害报复刑是否包含过失杀人问题

"杀人者死"的同害报复，基本上是以故意杀人为考虑基点的。这当然是以其主观上的道德恶性为评价的着眼点的。那么，过失杀人的情况如何呢？

古代西方，据学者的研究，摩西"法律已将过失杀人和故意杀人，分别采取了因过失杀人避免同态复仇的办法和措施。先是设了所谓'坛'（《出埃及记》中），后设有所谓'逃城'（《申命记》等中）。非因过失杀人入'坛'或'逃城'，仍得从其中引出适用同态复仇，在'坛'或'逃

---

① 尽管有时他对这种报复刑的断决与历来对复仇案的处理不同，如《蝴蝶梦》中，皇亲葛彪打死平民王老汉，王的三个儿子复仇将葛彪打死，包公却判决王母交出一个儿子为葛彪偿命。最后，鉴于王家母子争罪抵偿，受了感动，才偷梁换柱以偷马贼假作王家儿子为葛彪偿命。孔繁敏：《包拯研究》，中国社会科学出版社1998年版，第230页。

② 孔繁敏：《包拯研究》，中国社会科学出版社1998年版，第203页。

城'以外，过失杀人不受免除同态复仇的保护"。①

按，《旧约全书·出埃及记》21：12（杀人之例）云："打人以致打死的，必要把他治死。人若不是埋伏着杀人，乃是神交在他手中，我就设下一个地方，他可以往那里逃跑。人若任意用诡计杀了他的邻舍，就是逃到我的坛那里，也当捉去把他治死。"

又，《旧约全书·申命记》4：41（设立河东之逃城）云："那时摩西在约旦河东，向日出之地，分定三座城，使那素无仇恨、无心杀了人的，可以逃到这三城之中的一座城，就得存活。为流便人，分定旷野平原的比悉；为迦得人分定基列的拉末；为玛拿西人，分定巴珊的哥兰。"②

可见，同态复仇是以故意杀人立制的。但其间有发展。如果说《出埃及记》的说法还比较原始的话——用排除法或否定法确定了过失杀人不得复仇的规则，即所谓"不是埋伏着杀人"，同时又用直指法或肯定法确定了故意杀人可以复仇的规则，即所谓"任意用诡计杀"人，那么，《申命记》就是用直指法或肯定法确定了过失杀人不得复仇的规则，即所谓"素无仇恨、无心杀了人"。这两种规定方法在理论和逻辑上的意义是不同的，尽管它们结果相同。排除法或否定法反映的一般是初始观念，而直指法或否定法反映的是发展和进化了的观念。这一点，通过比较两条规则的详略，也可以看得出来。《出埃及记》只是设定了"坛"为避仇地，在规模上远不如《申命记》的"城"大；一个"坛"与三个"城"比，数量又不同；《申命记》的"逃城"是划定地域的，不同的部族有确定的逃避地。③

同时，"法律还规定了因'斗争'伤人不致残废者，或伤孕妇致坠

---

① 胡大展：《〈圣经〉中的摩西法律》，载《外国法制史汇刊》第1集，武汉大学出版社1984年版，第80页。
② 本书《旧约全书》用中国基督教协会印发本，1989年，南京。
③ 约翰·麦·赞恩：《法律的故事》，江苏人民出版社1998年版，第86—87页。

胎而无其他残害者，仅负赔偿之罚；因致残废者，方适用同态复仇"①。则伤人不致残者也不得进行同态复仇，只适用经济补偿办法，似也不必区分故意伤害与过失伤害。

如前篇所述，中国古代也有类似过失杀人可避难的制度。《周礼·地官·调人》所述的"调人掌司万民之难，而谐和之。凡过而杀伤人者，以民成之。鸟兽亦如之"，就是对过失杀伤人以及过失杀伤人之鸟兽的调和制度。具体办法是，过失杀人的，要根据亲疏实行避住制：

> 凡和难，父之仇，辟诸海外；兄弟之仇，辟诸千里之外；
> 从父兄弟之仇，不同国。君之仇视父，师长之仇视兄弟，主友
> 之仇视从父兄弟。弗辟则与之瑞节，而以执之。

这是古制。后来，中国法律中的"杀人者死"，也明显是针对故意杀人的。那么，是否曾经有过对过失杀人不以死亡结果论其死罪的情形？

汉律有"过失杀人不坐死"的规定，②显然不处死。《唐律疏议·斗讼》："诸过失杀伤人者，各依其状，以赎论。"是只科以赎刑，而不科真刑。这是对普通人的规定。只有对于过失杀伤祖父母、父母，因盗而误杀伤人等犯罪，因其具有伦理身份或其情较重，则不准赎，须科以真刑。附带说一句，唐《狱官令》规定："伤损于人……其人应合赎者，铜入……伤损之家。"③戴炎辉谓："由其赎铜入被伤杀家之规定观之，赎铜一方面，固为刑罚（赎刑）；他方面，亦具有民事损害赔偿之性质。"④这就是中国人对待过失杀人的态度。其中，自然包含了对于过失杀人罪的主观恶性毕竟轻于或弱于故意杀人的考虑。

---

①胡大展：《〈圣经〉中的摩西法律》，载《外国法制史汇刊》第1集，武汉大学出版社1984年版，第80页。
②《周礼·秋官·司刺》注郑司农引汉律。
③（日）仁井田陞著、栗劲等译：《唐令拾遗》，长春出版社1989年版，第726页。
④戴炎辉：《唐律通论》，正中书局1963年版，第132—133页。

因此，就基本态度而言，中国法律是以"杀人者死"的绝对报复来设计刑罚制度的，这就是对故意杀人采取以死相偿的报复刑，并且是以结果——已经产生了死亡结果——来判定的。在前述对法典的分析中，我们已经指出，中国人倾向于结果主义，对产生了死亡结果的案件，明显采取一种以死相偿的办法来处理。

二、同害刑中绝对报复刑与代刑、赎刑的讲究与否问题

严格的报复刑的基本含义是，刑罚必须不折不扣地落在犯罪者本人身上。这一方面是说，刑罚不可以由他人（即使是近亲属）代受，即不允许代刑，必须由犯罪者本人承受；另一方面，刑罚也必须不折不扣地以原样落在犯罪者身上，不可以用交纳一定量的金钱、奴隶、土地房屋等财产来替代，即不允许赎刑。

关于此点，西方宗教传统有硬性规则。比如，以《圣经》而言，美国弗兰西妮·科兰格斯伯伦在《圣哲箴言》中就此评论说：

> 在赫悌人、亚述人、古巴比伦人和其他古代人的法典中，对杀人犯的处罚常依其权势与财产不同而不同，杀人犯可付一笔罚款，拿一个妻子、一个孩子、一个奴隶或几个加起来与被害者等值的人替罪。只有古代近东的《圣经》法典，规定杀人犯需自己偿命。不允许替罪，赔偿也不行。在这不可歪曲的《圣经》法典里，暗含着一个对人的价值的基本信条。《圣经》上说，人的生命不能用金钱衡量，不能用某个人的生命与其他人们的生命比较。杀人犯——只要杀人——必须处死，因为他或她要对被杀害者的有限的、宝贵的生命负责。[1]

---

[1] （美）弗兰西妮·科兰格斯伯伦著、许和平等译：《圣哲箴言》，文化艺术出版社1992年版，第303页。

可见，对人的价值、生命的价值的理解，构成并规定了教义的内涵与方向。"不用金钱衡量生命"是第一规则，排除了赎刑；"不用一个人的生命与其他人的生命比较"是第二规则，又排除了代刑。正是在这两个规则下，责任观念建立起来了——"杀人（者必须）偿命"。

弗兰西妮·科兰格斯伯伦一再引述一些人对该问题的看法，来强调上述观点。对于肉刑问题也是如此。她说：

> 《圣经》上说的"以眼还眼"这条律法，从表面看是如此严酷，但在许多古代法典包括巴比伦的《汉谟拉比法典》中，都可以找到相对应的东西。然而，有一点是截然不同的：在其他的法律系统中，一个人可以用奴隶、仆人或者小孩子来代替他受惩罚。而在《圣经》里，则是犯罪者——只能由他本人——为所犯的罪行领受惩罚，不管他多么有钱，不管他能够用多少奴隶来代替，也不管他愿意花多少钱买条生路。对富人和穷人一视同仁，从这个意义上说，《圣经》的律法是普遍的，也是民主的。后来的拉比们，对任何人，无论贫富，都要受到肉体上的报复这一概念很为反感，他们提出了他们本人对这条律法的精神和意向的阐释。他们坚持认为，对于他人肉体上任何一种伤害都可以用一定数量的钱来赔偿，并认为那条律法说得如此严酷，仅仅是为了教诲：一个人故意伤害别人，就应该受到同样的对待。他们用《圣经》上其他部分的词句以及他们自己的逻辑论据来证明他们的论点。[1]

这是说，《圣经》中的报复刑，无论是"杀人者死"还是"伤人者刑"，都是绝对的同害报复刑。代刑不可，赎刑也不可。

---

①（美）弗兰西妮·科兰格斯伯伦著、许和平等译：《圣哲箴言》，文化艺术出版社1992年版，第72页。

中国的情况如何呢？

中国自西汉文帝时缇萦上书请求代父受没官（即没收为官婢）之刑而免除其父的肉刑以来，汉魏六朝间多有效此者，唐朝此类事也偶有发生。其中尤以南梁吉翂代父受刑最为著名。梁天监初，吉翂父亲为县令，被奸吏诬陷，"耻为吏讯，乃虚自引咎，罪当大辟。翂乃挝登闻鼓，乞代父命"。高祖对廷尉蔡法度说："请死代父，义诚可嘉；但其幼童，未必自能造意，卿可严加胁诱，取其款实。"蔡法度乃威逼利诱，但吉翂终不改词。[①]

从法律原理讲，代刑是报复刑的"必罚"原则的表现——因为毕竟有刑，但因犯法者本人没有受到惩罚，故它虽体现报复精神却背离了罪责自负原则。其情虽可理解，其事却不可许。而一旦在制度上允许代刑，就更是违制了。

东汉"安帝永初中，尚书陈忠上言：'母子兄弟相代死者，听，赦所代者。'从之"[②]。于此建立了正式制度。伦理价值被看重，却严重破坏了法治精神。这就是中国经常以伦理价值冲淡法律信仰的文化特性所引起的一种特异现象。

近亲属间互为代替受罚，在私下复仇场合是存在的，前已举过东汉许荆面对仇家愿以己死代替侄儿接受报复之事。但更多的是在官府按罪治人的场合，兄弟之间、母子之间争罪代死，甚至母亲、伯叔竟然主使其事，妻子有时也起了说服助长作用。

对于此类事，王夫之以为中国人的观念有个发展过程。他说：

> 缇萦、吉翂之事，人皆可为也，而无有再上汉阙之书、挝梁门之鼓者，旷千余年。坐刑之子女，亦无敢闻风而效之，何

---

①《梁书·吉翂传》。
②《通典》卷169《刑法7·赦宥》。

也？不敢也。不敢者，非畏也，父刑即不可免，弗听而已矣，未有反加之刑者，亦未有许之请代而杀之者，本无足畏，故知不畏也。不畏而不敢者，何也？诚也。平居无孺慕不舍之爱，父已陷乎罪，抑无惊哀交迫之实。当其挝鼓上书之日，而无决于必死之心，青天临之，皎日照之，万耳万目交注射之，鬼神若在其上而鉴观之，而敢饰说以欺天、欺鬼、欺人、欺己、以欺天子与法吏也，孰敢也？缇萦、吉翂之敢焉者，诚也；天下后世之不敢效者，亦诚也。诚者，天之道也，人之心也。天之道，其敢欺也乎哉！于是而知不敢之心大矣。……然则有效缇萦、吉翂之为者，明主执而诛之可也。①

可以看出中国人的观念确有发展。我们虽然不敢说王夫之的分析一定就是对的，但后世之不再有此类事，确实是事实。中国人的效仿能力是很强的，但为何此事不效仿？不能不说人们的观念的增进是一个主要因素。至于这个因素是什么，是否就是王夫之所说的"诚"，倒是可以进一步探讨的问题。

那么，赎刑的情况如何呢？如前所述，在中国，赎刑适用于过失犯罪。中国的思想家们只对它承认到这一程度。在许多场合，他们对赎刑严重背离报复刑原则的情形，都不遗余力地予以反对。因为赎刑对于严格的报复刑原则，无疑是一种很大的冲击。

先是对古籍的解释。朱熹解释《尚书·舜典》"金作赎刑"，曰：

古之所谓赎刑者，赎鞭扑耳。夫既已杀人、伤人矣，又使之得以金赎，则有财者皆可以杀人、伤人；而无辜被害者，何其大不幸也？且杀人者安然居乎乡里，彼孝子顺孙之欲报其

---

① （清）王夫之：《读通鉴论》，中华书局1975年版，中册，第479页。

亲者，岂肯安于此乎？所以屏之四裔，流之远方，彼此两全之
也。①

思想家不愿意承认远古曾存在过对杀伤罪适用赎刑的时期。一则，
赎刑的不公平性在于它的对贫、富具有不同的意义；二则，对杀人罪适
用赎刑，可能导致被害子孙的复仇。按朱熹的意见，这类罪适用的惩罚
是流刑，目的是避免复仇。

对史实的评述，也反映了思想家的立场。《文献通考·刑考十
上·赎刑》："武帝天汉四年，令死罪入赎钱五十万，减死罪一等。"
丘濬评论说：

> "辟以止辟"，此二帝三王立法之本意也。若死者而可以
> 利赎，则犯法死者皆贫民，而富者不复死矣！其他杂犯赎之可
> 也，若夫杀人者而亦得赎焉，则死者何辜？而其寡妻孤子，何
> 以泄其愤哉？死者抱千载不报之冤，生者含没齿不平之气，以
> 此感伤天地之和，致灾异之变，或驯致祸乱者，亦或有之。为
> 天地生民主者，不可不以武帝为戒。②

他的理由，与朱熹相同：不实行报复刑（死亡的同害），就不公
平；不报以死刑，被害者之冤就不平；不报以死刑，被害之家之愤就不
消。甚至不实行报复刑，就会伤和气，引起灾异。

此外，在中国法律中，由于同害的讲究，经济补偿适用的范围和情
形是有限的。而且，就根本上说，经济补偿方式也是基于报复之同害刑
原理。唐《狱官令》规定：

> 诸伤损于人及诬告得罪，其人应合赎者，铜入被告及伤损
> 之家。即两人相犯俱得罪及同居相犯者，铜入官。

---

① 《大学衍义补》卷105《明流赎之意》。
② 《大学衍义补》卷105《明流赎之意》。

此可以看作有条件的经济补偿。条件是犯罪人必须是"应合赎者"，否则被伤者及被诬告者是得不到赎铜的。对伤害罪和诬告罪，国家坚持以刑罚惩罚的立场，《大明律》规定："凡诬告人笞罪者，加所诬罪二等……若所诬徒罪人已役，流罪人已配，虽经改正放回，验日于犯人名下，追征用过路费给还。若曾经典卖田宅者，着落犯人备价取赎。""其被诬之人致死亲属一人者，犯人虽处绞，仍令备偿路费、取赎田宅（又将财产一半断付被诬之人养赡）。""其被诬之人已经处决者，犯人虽坐死罪，亦合备偿路费，取赎田产，断付财产一半养赡其家。"①

这里的路费、取赎田产费用，虽非同害"刑"，但根基于同害原理，却是明显的。

第四节　同害相报的报复刑的情理基础

报复刑是在表达一种原始、素朴的公平、正义观念。在历史发展的那一阶段，报复被理解为刑罚的本质。西方的亚里士多德认为："倘若是一个人打人，一个人被打，一个人杀人，一个人被杀，这样承受和行为之间就形成了不均等，于是就以惩罚使其均等，或者剥夺其利得。"②则刑罚之报复就在于恢复被犯罪破坏了的公正关系。

在报复刑中，最基本的是同害刑，所以，肯定报复刑，大多也就肯定了同害刑的合理性。洛克以为，自然法原则就是"谁使人流血的，人

---

①怀效锋点校：《大明律》卷二十二《刑律五·诉讼》"诬告"条，辽沈书社1990年版，第175页。

②（古希腊）亚里士多德：《尼各马科伦理学》，中国社会科学出版社1990年版，第95—96页。转引自陈兴良：《刑法的人性基础》，中国方正出版社1996年版，第417页。

亦必使他流血"。那么，同害相报的情理基础何在？其特征又如何呢？

一、"去其具"——同害刑——哪出问题找哪

同害刑的所谓合理性，首先是与行为者的行为所使用的基本行为手段、侵害方式或工具相联系的。蔡枢衡先生在《中国刑法史》中，曾提出："最古老的罪名是有关性交的。"[①]最古老的刑罚应是与最古老的罪名相关联的。既然最古老的犯罪是淫乱，那么最古老的刑罚也就是处罚淫乱的刑罚。比如宫刑就可能是最古老的刑罚之一。这种推测不是毫无根据的，而是有记载上的实证。比如，《尚书大传》就说："男女不以义交者，其刑宫。"[②]这应当就是远古时期经常用于解决犯淫之行的办法。

这种说法，我们也能在制度上为它提供证明。我们知道，现存的李悝《法经》的所谓"淫禁"之一，就是"妻有外夫者，则宫"。无论对"宫"字作何解释，[③]它都是强制妇女使其不再有机会和可能与男性接触从而发生性行为的措施，是对其"有外夫"行为的惩罚。因而它与《尚书大传》所谓"男女不以义交者，其刑宫"的说法，应当有某种联系。很可能《法经》的规定就是从这里发展起来的。

这种观念化了的报复刑意识，在其后的发展中，也确实有过顽强表现。汉晋以来，其是历史上的恢复肉刑派的观点之一，比如曹魏的陈群就建议"使淫者下蚕室，盗者刖其足"，从而消灭奸、盗这两种犯罪，

---

①蔡枢衡：《中国刑法史》，广西人民出版社1983年版，第138页。
②（汉）伏胜撰，郑玄注：《尚书大传》卷3，影印文渊阁四库全书，上海古籍出版社1987年版，第68册，第415页。
③蔡枢衡先生以为"'宫'是'月宫'的借字"，认为《白虎通义》讲宫刑包括男子割势、女子执置宫中，以及《尚书·吕刑》伪孔传说的宫刑包括男子割势、女子幽闭的说法大谬，但未进一步论证"宫"对女子来说究竟是一种怎样的惩罚。

以使将来"永无淫放、穿窬之奸"。^①至于同害刑是否能够消灭相应的犯罪，或者退一步说能否减少相应的犯罪，自然并不如陈群所言，那是另外一回事。

把犯罪危害责任的"承当单位"与犯罪行为发生的生理区域联系的结果，是哪个区域发生了问题，就处罚哪一部分。这是人类最直观而不必假诸思索的报复方式。即使在现代社会中，我们还能不时听到许多类似的模式：妇女对玩弄她的男性的报复形式之一，就是剪掉他的生殖器；民间有用断手制裁小偷的传闻，经常听到人们说："谁偷了东西就砍断他的手。"

与之类似，吕思勉先生曾经在对我国周边少数民族政权法律与中国古法做比较时说过：

> 《周书·异域传》："龟兹，其刑法杀人者死，劫贼则断其一臂，并刖一足。"其用意正与中国古制相类。凡民族之初制，恒相类也，以其直情而径行也。^②

这个概括很好。"直情而径行"是更少雕琢的东西，大体相当于本能的反应。在人们尚无法理解和解释思想的时候，不会去也不习惯去寻找导致这些行为的人的思想或观念上的原因，并对之做出相应的处理；他们还未必能弄清楚思想（甚至其物质载体——大脑。中国人直到近代都搞不清大脑是意识的源泉）与各身体部位之间的关系。同时，当行为人基本上也是以本能驱动去行为的时候，也没有必要去寻求更特别和更深层的东西。哪个地方出了问题，就去找哪个部分，这种反应在当时是最正常的。这也就是报复。报复的基本含义就是还报以同样或类似的东西给对方。

---

① 《三国志·魏书·陈群传》。
② 《吕思勉读史札记》，上海古籍出版社1982年版，第389页。

这样一种解说，也有经验上的证明。当我们憎恨自己的某一想法时，本能的举动便是拍一下自己的脑袋；青少年往往会憎恨自己出现了异常的生理部位，比如月经初潮的少女可能会憎恨自己为什么是个女人，闯了祸的男孩会憎恨自己的手脚，等等。

这样的同害刑观念，在理论上究竟应该如何去看呢？恢复肉刑论者中，曹魏陈群建议"使淫者下蚕室，盗者刖其足"，以使将来"永无淫放、穿窬之奸"。①无疑是针对犯罪人本人的成分多。晋朝的刘颂则论证肉刑的好处是："去其为恶之具，使夫奸人无用复肆其志。止奸绝本，理之尽也。亡者刖足，无所用复亡；盗者截手，无所用复盗；淫者割其势，理亦如之。除恶塞源，莫善于此。"②其中，"除恶"是其报应的一面，"塞源"则反映其特殊预防的一面。

这是刑罚的特殊预防理论，它的产生，在逻辑上只能是后于"直情而径行"的生理部位的报复的。因为在时间顺序上，类似的剥夺犯人行动方便的提议或立法，一直与此相交叉。《南史·宋明帝纪》载：明帝太始四年下令确定刖刑制度，司法部门的建议是："自今凡劫窃执官仗、拒战逻司、攻剽亭寺及伤害吏人，并监司将吏自为劫，皆不限人数，悉依旧制斩刑。若遇赦，黥及两颊'劫'字，断去两脚筋，徙付交、梁、宁州。五人以下止相逼夺者，亦依黥做'劫'字，断去两脚筋，徙付远州。"只是由于宋明帝死得早，这个法例没能推行。

把出了事的相应的生理部位作为惩罚区域，一般是初踏入文明社会的民族经常出现的现象，甚至文明程度较高的国家也间或有之。

---

① 《三国志·魏书·陈群传》。
② 《晋书·刑法志》，《太平御览》卷648引王隐《晋书》。沈家本在谈到断腕之刑时说："晋时，刘颂有盗者截手之议，然历代无行之者。"见《历代刑法考》第1册，第205页。是否作为一种制度是一回事，观念的表现频率是另一回事。我以为，古代中国的同态报应观念的根深蒂固，较制度表现更能反映问题的本质。

《汉穆拉比法典》第218条："倘医生以青铜刀为自由民施行严重的手术，而致此自由民于死，或以青铜刀割自由民之眼疮，而损毁自由民之眼，则彼应断指。"这是说，外科医生因手术造成他人死亡或器官毁损的，他将失去手指头。这是嫉其手不好。

《辽史·刑法志》载："太祖初年，庶事草创，犯罪……讪詈犯上者，以熟铁锥揣其口杀之。"这是嫉其嘴不好，遂杀从其口开始。

《宋史·太宗纪》："雍熙二年十月，汴河主粮胥吏坐夺漕军口粮，断腕徇于河畔三日，斩之。"则又嫉其手太长。

《元史·世祖记》："二十七年七月，江淮省平章沙不丁，以仓库官盗欺钱粮，请依宋法黥而断其腕，帝曰：'此回回法也。'不允。"此也嫉其手长。

又，《耶律楚材传》："又有旨：'凡奥都剌合蛮所建白，令史不为书者，断其手。'"此则嫉其手懒。

沈家本曾说："晋时，刘颂有盗者截手之议，然历代无行之者。"[1]只能适用于制度的层面，如果说此类观念在各朝绝无影响，是不妥的。宋、元之事可为参证。

更值得玩味的是现代化程度较高的美国的行止。据说，美国联邦法院直到1942年才禁止以手术去势来惩罚道德堕落的罪行。20世纪90年代初，休士顿的一名法官判处一个犯强暴罪的28岁男子手术"去势"，虽引起了轩然大波，但绝非孤掌之鸣。早在1990年，华盛顿州就酝酿立法，以去势来解决性犯罪问题。这个提案在现代文明社会的命运，是可想而知的，它最终遭到了否决。这种对策出台的一个简单理由，是性犯

---

[1]沈家本：《历代刑法考》，中华书局1985年版，第1册，第205页。

罪者从监狱回到社会后又不断犯案。[①]

看来，问题并不在于文明程度的高低，而在于人类解决问题的方式总是那么缺乏创造性和想象力，不免在原始的本能那里打转转。这是技穷的表现。人类一日不能摆脱本能的束缚，就总会不断地提出相同或类似的解决方案。

二、"抵命"——同害刑——双方扯平的唯一形式

培根说："无疑地，复了仇不过使一个人和他底仇人得平而已。"其实，报复刑之"抵命"与此是同一个目的，也是使双方扯平。

在西方，报复刑论有康德的所谓等量报应，也就是同害的以牙还牙、以眼还眼之类。在杀人问题上，康德理所当然地主张杀人者死：

> 谋杀人者必须处死。在这种情况下，没有什么法律的替换品或代替物能够用它们的增或减来满足正义的原则。没有类似生命的东西，也不能在生命之间进行比较，不管如何痛苦，只有死；因此，在谋杀罪与谋杀的报复之间没有平等问题，只有依法对犯人执行死刑。[②]

这是说，一方面，除了死刑之外，法律所能规定的任何惩罚方式，都不能与生命相提并论——它们都不是生命本身，因而除了处死之外，别无他法；另一方面，不能将生命与生命进行比较，被害者的生命与杀人犯的生命是不可比的。生命之间不存在可比性，因而也必须报偿。这就是他所谓的"报复的权利"。

黑格尔嘲笑康德的等量报应观是一种"刑罚上同态报复的荒诞不

①（美）刁冠群：《官司难缠——美国法庭见闻录》，张老师出版社1994年版，第134—135页。
②《康德的道德哲学》，引自《西方法律思想史资料选编》，北京大学出版社1983年版，第425页。

经"，然而他虽然反对同害刑，主张法律的等价报应，但在杀人场合却又回到了等量报应（即种类报应）上。他说：

> 报复虽然不能讲究种的等同，但在杀人的场合则不同，必然要处死刑，因为生命是人的定在的整个范围，所以刑罚不能仅仅存在一种价值中——生命是无价之宝——而只能在于剥夺杀人者的生命。[①]

强调生命的价值，生命的意义，生命的唯一性，固然可以成为一个理由。这是西方法哲学的思辨。那么，中国的情况如何呢？

中国人有自己的理解。"杀人者死"被概括为一个"抵"字。民间一直有"抵命"或"顶命"的说法。就像汉高祖刘邦的"三章之法"讲"伤人及盗"要"抵罪"一样。"抵罪"之"抵"，涉及中国人观念中报复的思想基础。

美国布迪、莫里斯合著的《中华帝国的法律》注意到中国的这一特殊用语。他们在分析清道光六年刑部说帖所引的嘉庆六年条例时说：

> 该条例中有一个关键性词语："抵命"。"抵命"的含义是：一个人的生命可作为另一个人的生命的替代或补偿。在该例条款当中，"抵命"一词可自由解说，但在上引"准其抵命"一语中，其含义是确定无疑的。在古代中国人看来，在人类与自然界之间，存在着和谐的秩序。人类的任何犯罪行为——尤其是杀人行为——都是对宇宙间和谐秩序的破坏。而要恢复宇宙和谐秩序，只能通过对等性偿还的方式，才能达到——以命偿命，以眼还眼。[②]

---

① （德）黑格尔著，范扬、张企泰译：《法哲学原理》，商务印书馆1961年版，第106页。
② （美）布迪、莫里斯著，朱勇译：《中华帝国的法律》，江苏人民出版社1995年版，第280页。

在另一处，他们在对"诚以人命不可无抵"一语进行说明时，重申了这一观点：

> "抵"即"以命抵命"。这种以命抵命反映了古代中国人的一种传统观念。这一传统观念认为，若一个人的生命被他人剥夺，那么，人类社会及至整个宇宙的和谐秩序就会被破坏；而要恢复原先和谐的秩序，就必须将剥夺他人生命的人——在法律上说就是犯罪——的生命也剥夺。[①]

在对嘉庆十四年说帖中廖五扎伤熊大才身死一案的量刑进行分析后，布迪、莫里斯又说：

> 本案判决也反映了古代中国人的一种传统观念：犯罪行为是对整个宇宙和谐的破坏；要恢复这种和谐，就必须通过惩罚罪犯来谋求一种新的平衡。[②]

这所谓的和谐，当是中国人对天人关系的那种理解。[③]这种和谐也简称为"和""和气"，杀人便是"伤和""伤和气"。尤其枉杀人为"伤和"，更是中国人一贯的观念。即使杀人者，有时也持这样的看法。南梁杜嶷怀疑宠妾吞咽的是情人来信，一怒之下命人剖腹取书，读后才知是其岳父的家书，后悔说："吾不自意，忽忽如此。伤天下和气，其能久乎？"当夜见其妾诉冤，十余天后死。[④]

"抵"偿的极则，有时是绝对的数量上的等同。这时，抵偿的同态性就表现得更充分了。比如，以杀一家非死罪三人而言，唐律虽有缘

[①]（美）布迪、莫里斯著，朱勇译：《中华帝国的法律》，江苏人民出版社1995年版，第310页。

[②]（美）布迪、莫里斯著，朱勇译：《中华帝国的法律》，江苏人民出版社1995年版，第360页。

[③]布迪和莫里斯所说的这"古代中国人的一种传统观念"的原出处，可能是瞿同祖《中国法律与中国社会》一书的第五章第二节"福报"部分。

[④]《太平广记》卷129《报应28》引《广古今五行记》。

坐，但尚不是以三命抵三命。而清律例就不同。

据袁枚说，清朝时"按《律》：杀死一家五人者，亦须一家五人抵偿"①。查今存清律不载。但清乾隆四十一年条例云：

> 谋、故杀一家非死罪四命以上，致令绝嗣者，凶犯拟以凌迟处死。凶犯之子无论年岁大小，概拟斩立决。妻、女改发伊犁给厄鲁特为奴。若死者尚有子嗣，即将凶犯之子俱拟斩监候，妻、女给死者之家为奴。如本家不能管养，不愿收领者，亦改发伊犁给厄鲁特为奴。②

凶犯自不必说，凶犯之妻、女被连坐也不必论，关键是凶犯之子不问青红皂白就被拟斩立决或斩监候——不论其子嗣是超过四个或少于四个，抑或是等于四个，立法上已经有了要求其用大体相当的人数（凶犯本人加上其子嗣）抵命的考虑。这样一种考虑，到了乾隆四十四年谕旨，更得到明确。该谕旨云：

> 嗣后如有杀一家四命之案，悉视其所杀人数，将凶犯父子，照数定罪。其有浮于所杀之数，或一人，或二人者，均以其幼者发伊犁给厄鲁特为奴。③

这个谕旨坚持等量抵偿的确切性，比乾隆四十一年的大体相当更具体了些。另一处所记的该谕旨，更强调"俾多寡相当"，正是所谓"等量抵偿的确切性"的表现。

---

① （清）袁枚：《续新齐谐》卷中。引自华东政法学院语文教研室编《明清案狱故事选》，群众出版社1983年版，第82页。
② （清）吴坛撰，马建石、杨育棠等校注：《〈大清律例通考〉校注》，中国政法大学出版社1992年版，第791页。
③ （清）吴坛撰，马建石、杨育棠等校注：《〈大清律例通考〉校注》，中国政法大学出版社1992年版，第791页。据校者注："此谕旨与《清实录》《大清律例根源》所记载的内容不尽相同。《清实录》为'嗣后，如有杀一家四命以上之案，悉按其所杀人数，将凶犯父子，照数定罪。俾多寡相当。其有浮于所杀之数，或一人，或两人者，均以其幼者照此办理，并令内外各问刑衙门知之。著为例'。"

可见，袁枚所说不为无据。他说"杀死一家五人者，亦须一家五人抵偿"，应当就是乾隆四十一年和乾隆四十四年谕旨的合并，尤其以后者为主。

数量的等同，在双方互殴致死的情况下，也是唯一要考虑的因素。清例有一条：

> 凡两家互殴致毙人命，除尊卑、服制及死者多寡不同，或故杀、斗杀情罪不等，仍照本律定拟外，其两家各毙一命，果各系凶手本宗有服亲属，将应拟抵人犯免死减等，发近边充军。

"两家各毙一命"，即不必再处死凶手，理由是两家"各有殴毙之人，则一命可抵一命。若再各行拟抵，彼被殴者既死于斗，而殴人者又死于法，是两家同死四人，情堪矜悯。是以量为减等，盖以一家之亲属抵一家之亲属，而各免其亲属一人之死。是不惟原生者之情，亦所以慰死者之心"。[①]

同样，"两家互殴致毙人命"，如果按"律应拟抵之正凶当时被死者无服亲属殴死"，殴死凶手之人也只是被"杖一百、流三千里"；如果是"被死者有服亲属殴死"，则可比照此例再减一等，殴者只是被"杖一百、徒三年"。[②]之所以不再抵命，是因为双方已经有了抵偿，"一"已经等于"一"，再抵就是"二"等于"二"了。

---

①（清）吴坛撰，马建石、杨育棠等校注：《〈大清律例通考〉校注》，中国政法大学出版社1992年版，第796页。

②（清）吴坛撰，马建石、杨育棠等校注：《〈大清律例通考〉校注》，中国政法大学出版社1992年版，第797页。

第六章 报复刑的发展——非同害的象征性刑罚与等值报偿

　　非同害的报复刑，可以理解为报复刑逻辑发展的第二个阶段。在道理上，也应该是报复刑发展的最后一个阶段。在报复刑论者看来，刑罚必须具有报复特性，否则就失去了存在的意义和理由，也失去了它的价值。而非同害的报复，一方面表现为原先同害的象征性，另一方面表现为注重刑罚与犯罪的等值相偿。

　　之所以把它叫作逻辑发展阶段而不叫作实际经历的阶段，是因为在实际中，同害与非同害往往是混杂而行的。以中国古代而言，在同一时期既实行同害刑，又实行非同害刑（西方也是如此）。必须同害的道理，中国人讲得很多；关于不必同害的道理，中国古人似乎没有专门讨论过。但其中的原理，估计难以超出等值相偿。

　　不必同害意识与不必处以最重刑罚（死刑）的意识，是一对有联系的观念，并都与古代人对刑罚的目的的认识有相当大的关系。它们都有相当久远的历史，表明远古之人很早就期望摆脱同害刑的简单模式和一味重惩的简单主义给他们带来的不便。

　　《尚书·吕刑》："罚惩非死，人极于病。"前一句是说，刑罚的目的不是要将罪人治死；后一句的"极"，蔡枢衡先生释为

"远""疏"，即疏远而离之，就是说惩罚罪人的目的是使人疏远而离于犯罪。这表明，周穆王时吕侯制定《吕刑》的指导思想之一，不是单纯的惩罚主义或报复主义，不在于一味地特殊预防，而在于一般预防，在于威吓一般人使其不敢犯罪。[①]

这些资料表明，同害刑原则只是古代法特征的一个方面。在这之前或同时，人们（尤其是统治者）倾向于杀人（黑格尔曾说"德拉科的立法规定对一切犯罪都处以死刑"[②]）。给予罪犯处死的制裁，是人们报复、惩罚心理的结果，是他们以为的解决秩序、治安问题的良方。而所谓的罪犯，并不都是必须处死的死刑犯。一般人只是以为罪犯都应该处死。如果需要概括的话，这已不是同害刑，而是比"同害"更重的惩罚方式。但这不是说，在人类采取同害刑之前，还存在着一个非同害的比同害更重的一律格杀的刑罚阶段。就如同族刑一样，它不是一个历史发展阶段，也不是一个逻辑发展阶段，而只是一种现象、一种情绪。因为说到底，同害刑也不过是历史的一个发展阶段，它是为了限制复仇的无限度和不固定状态而采取的可以直观地看出或衡量的刑罚方式。

非同害的象征性惩罚，相比同害刑主义是一种进步。人类从此摆脱了表面化公平的模式，而采用当时认为适当的处罚方式。这种方式既能表达正义和安抚公众情绪，又能使犯罪人受到相应的惩罚。

---

①蔡枢衡：《中国刑法史》，广西人民出版社1983年版，第82页。
②（德）黑格尔著，范扬、张企泰译：《法哲学原理》，商务印书馆1961年版，第99页。

第一节 同害刑在实行中的象征性——向非同害靠拢

"杀人者死"，在相当长的时期内，不仅是立法的原则，也是司法的原则。

唐代有个案件，兴平县上官兴醉酒杀人后逃窜，官府逮捕其父亲入狱，上官兴听闻后投案自首。京兆尹杜悰以他能"首罪免父，有光教义"，请求减死配流。王彦威却说："杀人者死，百王共守。若许杀人不死，是教杀人。兴虽免父，不合减死。"[①]可见，其并不以道德异行作为破坏同害原则的理由。

但同害刑原则在司法上有时也被做了调整。绝对同害刑的"杀人者死"，即被美国人D·布迪、C·莫里斯称作"对等性补偿原则"的规则，曾经作为主导原则支配了立法、司法，但他们在仔细研究了清朝的案例后，结论却是：在实践中这一"同害刑"原则并不能得到彻底贯彻：

> 与这个基本要求相比较，具体的实行方式是次要的。因此，在有关的条例里面，最初策划者的死亡（哪怕是出于偶然）被认为抵消了受害者的死，其余直接致死受害者的下手之人，因此皆可免除他们原来应该受到的死刑。实际上，此一时期的对等性补偿原则已经变成一种高度象征性制度。例如，根据条例规定，直接致死受害者的凶手，仅处绞监候刑；而在以前的一段时间里，对此类凶手则处以绞刑。由于仅对凶手绞监

---

① 《太平御览》卷647《刑法部13》引《唐书》。

候，而实际经过秋审之后，相当一部分凶手并不实际执行死刑，因此与被殴死的受害者相比较，并未形成严格意义上的"对等性补偿"。另外，在被致死的受害者是两名或两名以上时，如果直接策划者的死亡可导致免除直接凶手的死刑，那么，以一命对数命，这也不具备严格意义上的"对等性补偿"要求。①

布迪与莫里斯的看法是对的。"对等性补偿"原则必须变成"一种高度象征性制度"，否则人类就永远没有办法摆脱原始状态。

第二节　对同害刑的清算是产生和支持非同害原则的基础

一、西方对同害刑的清算

西方对于绝对同害刑的清算，一是来自对宗教经义的重新解释，二是来自哲学家、法学家对同害刑荒谬性的非难。对于前者，我们主要举巴比伦犹太教对《圣经》的解释；对于后者，我们主要举黑格尔的观点。

从同害刑观念中跳出来，给《圣经》的"伤人者刑"不必同害的解释，是后来犹太教对于传统教义的一个重要改变。

《圣哲箴言》引《巴比伦犹太教法典》释文《巴瓦·卡玛》篇说：

> 你可能觉得一个人把另一个人的眼睛抠了出来，那犯罪者的眼睛也应该被抠出来；或者，他折断了人家的手臂，犯罪者的手臂也必须被折断；或者他砍断了别人的腿，犯罪者的腿也

---

① （美）布迪、莫里斯著，朱勇译：《中华帝国的法律》，江苏人民出版社1995年版，第280页。

必须被砍断。但情况并不如此……

那么，前述的《圣经》，难道在伤害罪方面不是实行绝对的同态复仇，还有另一种解释？《巴瓦·卡玛》篇说：

> 注意《圣经》上说："故意杀人犯死罪的，你们不可收赎价代替他的命，他必被治死。"（《旧约·民数记》第35章）这意思是说，在杀了人时，你们才不能接受赔偿，但对于部分身体被损毁，即使不能恢复，你们还是可以接受赔偿的。①

这是说，死罪必得死刑，是同害；而伤害罪就不必同害，不必再损毁他，可以用经济赔偿的方式解决。这是否符合《圣经》的原意？我们自然可以有我们自己的看法。因为在解释方法上，把"故意杀人罪不能用赎刑来代替"，说成这意味着"只有犯故意杀人罪才不能用赎刑，伤害罪是可以用赎刑来赎罪的"，在逻辑上是不通的。从一个全称否定判断推演到一个条件判断，后一个判断增加了前一个判断所没有的概念，犯了明显的逻辑错误。这是其一。其二，《圣经》中明明白白写着："打死人的，必被治死。打死牲畜的，必赔上牲畜，以命偿命。人若使他邻舍的身体有残疾，他怎样行，也要照样向他行。以伤还伤，以眼还眼，以牙还牙，他怎样叫人的身体有残疾，也要照样向他行。打死牲畜的，必赔上牲畜，打死人的，必被治死。不管是寄居的，是本地人，同归一例。"②《旧约全书·出埃及记2》也说："以命偿命，以眼还眼，以牙还牙，以手还手，以脚还脚，以烙还烙，以打还打。"无疑，这里不仅有死亡的报还——"以命偿命"，也有伤害的报还——"以眼还眼，以牙还牙，以手还手，以脚还脚"，甚至"以伤还伤"（这里的

---

① （美）弗兰西妮·科兰格斯伯伦著、许和平等译：《圣哲箴言》，文化艺术出版社1992年版，第73—74页。
② 《旧约全书·利未记24》。

"伤"似可理解为非器官性损坏之伤），不唯有伤害结果的还报，还有伤害手段的还报——"以烙还烙，以打还打"。

但无论怎样，《巴瓦·卡玛》篇对《圣经》的这种解释，毕竟是一个发展。这表明，后人对《圣经》的"杀人者死，伤人者刑"的绝对同害刑原则不再满意了——甚至使用了诡辩的解释方式："杀人者死"尚可接受，"伤人者刑"就不再有那么大的必要性了。这或许是因为这样一种缘故：杀人者更不可饶恕，无论怎样杀人都是一种最严重的恶行；而伤人虽然不可原谅，但毕竟是可以饶恕的——自然，加害者必须付出一定的代价。同时，对传统经义的这种重新解释，已经是一件很不得了的事。在人们视经义为绝对真理的情况下，全盘否定之是不现实的——且不说解释者是否有心也将"杀人者死"否定掉。他必须留有余地。

更复杂的计算，自然涉及同态复仇的报复刑是否绝对合理的问题，也牵涉对所谓"同态"之"同"的理解问题。《巴瓦·卡玛》篇又说到另外一种解释（看样子是反对将"以眼还眼"解释为用经济赔偿方式进行补偿的），与上述的理解不同：

> 拉比道斯塔·本·犹太说"以眼还眼"，意味着用金钱来赔偿。但也许不是这样，而是指实际的报复吧？在那种场合，假定一个人的眼睛大，另一个人的眼睛小，那么，"以眼还眼"这条原则，你怎么用得上呢？但是，如果你说，用金钱赔偿这一层意思是有的，那你就遵循《圣经》的"同归一律"（《旧约·利未记》第24章）这一教导了，而"同归一律"的意思就是在一切场合都适用……

> 拉比西米昂·巴·约哈说，"以眼还眼"的意思就是用金钱赔偿。但也许不是这样，而是指实际的报复吧？在那种场合，一个瞎子把什么人的眼睛弄了出来，或者一个独臂人把什

么人的手臂折断了，或者一个瘸子把什么人的腿砍断了，碰到这种情况，你如何处理呢？在这种场合，你就无法执行报复的原则，既然《圣经》说"同归一律"，意思就是，在一切场合都要做到这一点……[1]

这似乎就是同害刑的荒谬之处了。眼睛既然大小不一，存在着量上的区别；有眼无眼、有臂无臂及有腿无腿既然不同，又存在着质上的区别，绝对的同害报复就不能实际地施行。因而，绝对的同害报复的合理性在这里就有了疑问。

顺着这种思路，黑格尔也对这种在报偿中实行同害的"种"的等同性原则，提出了尖锐批评：

根据这种观点，很容易指出刑罚上同态报复的荒诞不经（例如以窃还窃，以盗还盗，以眼还眼，以牙还牙，同时我们还可以想到行为人是个独眼龙或者全口牙齿都已脱落等情况）。但是概念与这种荒诞不经根本无关，它应完全归咎于上述那种犯罪和刑罚之间种的等同性的主张。[2]

值得指出的是，这种批评也有失误之处。一种制度在遇到特殊情形的时候，总会出现一些窘境，但不能因此就认为该制度失去了存在的合理性。这就像"按劳分配"遇到因体力差异而造成不公平一样，不能因此就认为这种分配方式是缺乏存在的基础和价值的。所以，尽管这种批评有它的道理，但并不充分。

相形之下，对同害报复的刑罚在执行过程中可能发生超出始初的加害程度的批评，倒是可以接受的一种意见。《巴瓦·卡玛》篇说到一种

---

[1]（美）弗兰西妮·科兰格斯伯伦著、许和平等译：《圣哲箴言》，文化艺术出版社1992年版，第74页。

[2]（德）黑格尔著，范扬、张企泰译：《法哲学原理》，商务印书馆1961年版，第105页。

赞成以赔偿法处罚伤害罪的观点：

> 阿巴叶说，赔偿的原则可以从希席基亚派的教义中引申出来。那一派教导说"以眼还眼，以命还命"，但不是"以命和眼还眼"。如果你认为《圣经》的意思是指实际的报复，那你可能会偶然地拿一只眼睛和一条命来作为对失去一只眼睛的报复，因为失明的打击很可能会要了一个人的命。①

尽管我们仍可以看到教徒们在谈论问题时所用的诡辩把戏，他们在有意曲解本来简单得不能再简单的原理和原则，但对于这种解释的目标和方向，我们不能一概否定掉。诡辩带来了发展，我们得理解他们的苦心。因为从公平的角度来看，加害者既然已经使被害者经历了"失去一只眼睛"和失去生命的危险，那么，他就应当也冒一次这样的风险。否则，机会就不平等了。赔偿是代替不了这种危险的。

不过，《巴瓦·卡玛》篇所提出的肉刑可能会使受刑者丧命的问题，在实践中确实是存在的，而不仅仅是推理。阿巴叶提出这一问题，可能有当时实践中的事例为证。回过头来看中国，这个问题似乎不存在，因为中国人已经考虑了施加肉刑可能给受刑者带来死亡后果的问题，因而在制度上有了解决此问题的办法和程序。

中国古代在制度上无挖眼睛之刑，自然不必考虑因此而引起的死亡问题。肉刑中较轻的黥刑（或称墨刑）、劓刑，一般不会引起死亡结果。商代卜辞所问的问题不过是"施黥刑是否会有灾祸发生"②，考虑的是能否得到神的保佑，或"执行劓刑，顺利吗？不顺利吗"③。肉刑中较

---

①（美）弗兰西妮·科兰格斯伯伦著、许和平等译：《圣哲箴言》，文化艺术出版社1992年版，第74页。
②原文为："□子卜辛……其每（悔）。"郭沫若主编：《甲骨文合集》18428号，中华书局1982年版。转引自刘海年、杨一凡总主编《中国珍稀法律典籍集成》甲编第1册，科学出版社1994年版，第105页。下引相同者，仅标注《合集》编号及《集成》页数。
③原文为："贞呼劓，不若。"《合集》5995号，《集成》第121页。

重的、可能引起死亡的刑罚手段是刖刑和宫刑。自然地，刖刑和宫刑施行可能造成死亡的问题，在执行前就被纳入了考虑范围。关于刖刑，卜辞问："日占卜，贞人亘问卦，对……施以刖刑，将会死亡吗？"[①]有时得到的结论是"会死亡"，可能就免除了这次刖刑。如："施以刖刑，会死亡。"[②]关于宫刑，如："庚辰日占卜，商王问卦道，我要对羌奴施以宫刑，他们不会死去吗？"[③]

因而，就此而论，阿巴叶的问题在中国是不存在的，是一种过虑。中国的统治者已经较好地解决了这一问题。自然，现代人可能会提出如此施行肉刑的成本问题。这是一个法律制度要支付的代价。任何法律制度甚至是具体的刑罚制度或行刑制度，都要支付相应的代价。

二、中国对同害刑的清算

中国人对同害刑主义有过理论清算，但却是不彻底的。

一方面，中国人同样没有进行过对于"杀人者死"的清算，杀人偿命被作为法律原则，一直是不可动摇的铁则。在某些犯罪方面，中国法律的同害刑特征，虽经历了许多变化，但其痕迹却长期存在。

比如，"杀一家非死罪三人"罪，在比较宽平的唐律中的罚则也是"皆斩，妻、子流二千里"。戴炎辉谓，此之"缘坐，乃为报复，固不待言（寓有处以同害刑之意）"。[④]在早期可能是其妻、子也皆被处死的，即以多死报多死。这是处罚数量与侵害数量大体等同的同害刑，虽

---

①原文为："□□卜，亘，贞……刖，其死。"《合集》6005号，《集成》第128页。
②原文为："其刖死。"《合集》6004号，《集成》第129页。
③原文为："庚辰卜，王，朕□羌，不死。"《合集》525号，《集成》第132页。关于施加宫刑容易造成死亡，汉代将宫刑称为"下蚕室"可证。《汉书·张安世传》注："蚕室，谓腐刑也。凡养蚕者欲其温而成，故为密室，畜火以置之。而新腐刑亦有中风之患，须入密室，乃得以全。因呼为蚕室耳。"
④戴炎辉：《唐律通论》，正中书局1963年版，第107页。

然象征性很大，但同害痕迹明显。关于刑罚手段与加害手段的同害，中国人往往也有这样的倾向。对于实践中的这种同害刑主义抬头倾向，中国人往往也是随时随事解决的。南宋陆游就曾严肃批评过当时人所主张的对支解人者施加凌迟刑以相报复的同害刑倾向。

陆游谓：法律中的斩刑已足以"惩恶"——国家态度也已由此表明，而"议者……乃谓：'如支解人者，非陵迟无以报之。'臣谓不然。若支解人者必报以陵迟，则盗贼盖有灭人之族者矣，盖有发人之丘墓者矣，则亦将灭其族、发其丘墓以报之乎？国家之法，奈何必欲称盗贼之残忍哉"①。

陆放翁用的是归谬法。他的意见，也代表了许多中国人对这个问题的看法。以恶报恶，并不意味着一律地"以其人之道还治其人之身"。同害的非必要性，在于国家是"仁"的代表者，不能按照"盗贼"的手段去实行刑罚。所以，对"支解人者"，只按"支解人者（谓杀人而支解者），皆斩，妻、子流二千里"②的规定处理就可以了。其余的罪行如灭族、掘墓也只可照法律规定的非同害刑去执行，③同样不能施加同害刑。就是说，同态报复刑在文明社会中是不可一一对应实行的。不过，这也是文明发展的结果，在早期历史中，这样的报复可能是当时追求的公平，并不过分。当人们从原始的同害刑主义中走出来，才会有这样的看法。如前所述，清律中"采生折割人者，凌迟处死"，在手段上予以同害，实际上又回到了陆放翁所批评过的"称盗贼之残忍"的立场。在刑罚基本上采取报复刑主义的大环境下，刑罚手段上的同害及数量上

---

①沈家本：《历代刑法考》，中华书局1985年版，第1册，第110页引。
②《唐律疏议·贼盗》"杀一家三人支解人"条，中华书局1983年版，第332页。《宋刑统》同。
③《唐律疏议·贼盗》无灭族的处罚规定，依同上条"杀一家三人支解人"罚则，其处罚与"支解人"相同。同律"发冢"条："诸发冢者，加役流；已开棺椁者，绞；发而未彻者，徒三年。"重者至死，不允许私人反报以发掘对方家族之冢。《宋刑统》略同。

的同害的清算，是难以彻底的。

另一方面，在"伤人者刑"方面，由于中国很早就实行了非同害刑，问题显得没有西方古代突出。比如，中国人对于肉刑尤其是刖刑和宫刑的使用，如前所述，已充分考虑了因此可能引起的死亡问题，因而尽力予以避免。后来，恢复肉刑派推原肉刑的原始含义，提出对某些犯罪采取同害报复。虽然在当时没有受到清算，在后世却受到强烈批评。

恢复肉刑论者都以为肉刑之同害反映了报复刑的原理，而且能起到制约某些犯罪（尤其是那些针对性较强的肉刑）的作用。比如，陈群就说："杀人偿死，合于古制；至于伤人，或残毁其体，而裁剪毛发，非其理也。若用古刑，使淫者下蚕室，盗者刖其足，则永无淫放、穿窬之奸矣。"[1]对此，沈家本从三个方面提出批评。

其一，刑罚的目的是"止奸禁暴"，应当与报复的仇杀严格区别开来。沈家本说："陈纪[2]以为'杀人偿死，伤人或残毁其体'，是以刑为报施之事矣。先王之制，刑以止奸禁暴也，岂若寻常报施之事必两相当哉？"复仇所着重的"两相当"的同害，不应是刑罚的原则。杀人罪固无论，伤人罪也不能用肉刑来惩治，即使是同害的肉刑。

其二，刑罚要公平，必须注意刑罚的后果。陈纪谓"淫者下蚕室"，沈家本批评说："夫淫者有罪，何至遽令绝世？"对之处以刑罚是应当的，但令其绝了子嗣是不人道的。

其三，即使那些具有特别针对性的肉刑，其禁止再犯的可能性也是值得怀疑的。陈纪谓"淫者下蚕室，盗者刖其足，则永无淫放、穿窬之奸"，沈家本说：淫刑一事，"治男子犹可，妇人将必闭诸宫中。设或淫风流行，又安得千百之室以处之？"再如"盗者刖其足"，虽然"刖

---

①《三国志·魏书·陈群传》。
②陈群父亲陈纪与陈群观点相同，故沈家本以陈纪为批评对象。下同。

足艰于行，身即不能为盗，而可为盗之谋首，又岂刖足之所能禁"，即不能解决盗犯的再犯问题。沈家本说："此纪说之失也。"

沈家本以为，刘颂所谓"亡者刖足，盗者截手，淫者割势，除恶塞源，莫善于此"，"其意略同陈纪"。不值得一驳。

对于同害刑所具有的特殊预防功能和一般预防功能，同害刑论者刘颂说：肉刑的使用可以使犯罪者"残体为戮，终身作诫"，起到特殊预防作用；同时也可使"（其他）人见其痛，畏而不犯"，起到一般预防作用。沈家本说："岂知利欲之诱如蚁慕膻，生计一穷，铤而走险，骤欲禁遏之，断非肉刑之所能致效也。此颂说之失也。"沈家本以为"欲以肉刑止奸禁暴，其无效也可知矣"。①

自然，反对恢复肉刑的论者，并没能清算同害的报复观，因为他们也是报复刑论者。这决定了这场争论是没有赢家的。

第三节　非同害的报复刑的立论基础

黑格尔主张报复刑，但这种报复只在于价值的等同，他是反对"同害"的"种（种类）的等同"的。

黑格尔认为，由于"犯罪具有在质和量上的一定范围，从而犯罪的否定"——刑罚"也是同样具有在质和量上的一定范围"。这里有一个"等同"问题，但黑格尔严格地限定刑罚"不是侵害行为特种性状的等同"，即"侵害行为自在地存在的性状的等同"，而是"价值的等同"。②而价值，按照他的说法，"价值这一范畴"，是"作为在实存

---

①沈家本：《历代刑法考》，中华书局1985年版，第1册，第179—180页。
②（德）黑格尔著，范扬、张企泰译：《法哲学原理》，商务印书馆1961年版，第104页。

中和在种上完全不同的物的内在等同性"而存在的。问题是要将"物的观念"从"物的直接性状提高到普遍物"。①黑格尔指出："单从这种外在的种的形态看来，一方面窃盗和强盗他方面罚金和徒刑等等之间存在着显著的不等同，可是从它们的价值即侵害这种它们普遍的性质看来，彼此之间是可以比较的。寻求刑罚和犯罪接近于这种价值上的等同，是属于理智范围内的事。"②黑格尔承认，"犯罪的质和量的性状以及犯罪的扬弃是属于外在性的领域，在这一领域中当然不可能有什么绝对规定"；"绝对规定不过是一种要求，必须由理智经常对它设定更多的界限，这一点是非常重要的；而且这种要求继续前进，毫无止境，但只是永远接近满足而已。"③

黑格尔的这些说法是非常重要的，可以作为理解报复刑时代在非同害刑方面的立法和司法的思想基础。

刑罚观念及所由牵动的刑罚制度的发展，越发使报复刑中的同害刑在适用中受到限制，从而使得绝对同害刑向相对同害刑发展（至少是绝对同害在某些方面带有象征性刑罚的意味），并进而向非同害（等值相报）的报复刑的方向发展。《圣经》经义的重新解释是如此，黑格尔对同害刑的批评是如此，中国死刑适用的变化及肉刑的适用范围的变化与其存废也是如此。

在中国古代，"杀人者死"是同害刑的支柱；而"伤人者刑"则是某种等值报复的估价系统，比如在秦律中，伤害了他人的耳、鼻、嘴、手指等器官或毛发（包括皮肤及内组织，比如在用针锥斗殴的场合），均用非同害的刑罚来制裁，其中使用较多的是黥城旦、完城旦和耐刑。

---

① （德）黑格尔著，范扬、张企泰译：《法哲学原理》，商务印书馆1961年版，第105—106页。
② （德）黑格尔著，范扬、张企泰译：《法哲学原理》，商务印书馆1961年版，第106页。
③ （德）黑格尔著，范扬、张企泰译：《法哲学原理》，商务印书馆1961年版，第105页。

这相当于黑格尔所谓的"对物的观念从物的直接性状提高到普遍物"。"直接性状"指的是伤害的具体部位、程度，"普遍物"指一般的、通用的、制度化的刑罚方法，而非根据伤害的"直接性状"确定的特殊的、临机使用的刑罚。在肉刑不是作为"伤人者刑"的同害刑适用的时候，其他刑罚也只是作为基本等价或等值的元素存在于惩罚体系中。等值、等价，是非同害刑的一个内在要素。当肉刑被废除之后，其他刑罚的适用仍然遵循这一原理。

在秦律中看不到对犯伤害罪者一味地使用肉刑的规定，这表明至少在战国时的秦国及后来的秦朝，"伤人者刑"的"刑"已不是单纯的肉刑。即使是肉刑，也不是根据伤害部位而同等程度地加以报复。"同害"在这里是不适用的。在制度的设计上，比如黥刑之"黥"，也不是现实犯罪中会大量发生的伤害，它作为肉刑，是一种等值的（或大体等值的）报偿。同样，劓、断足、去势等，虽然是在犯罪中可能发生的伤害，但也只是作为等值（或大体等值）的报复刑（象征性刑罚）使用的，不具备同害相报的特征。因而，无论在此前是否存在过一个与"杀人者死"相对应的"伤人者刑"即单纯使用肉刑的阶段（从可见的奴隶制刑罚制度来看，这样一个纯粹的阶段似乎不曾存在过。至少在法律上没有这样的痕迹），至少自战国以来，对伤人者就不一律使用肉刑了。这使得中国人在肉刑的适用上不必迎合"同态"的要求，自然也就省却了像西方那样的关于肉刑是否应不折不扣地执行的争论。在这一点上，中国人要比西方人省事得多。

但中国的历史没有在这里停步。对于伤人罪和其他罪行适用的有限肉刑，出于人道（在中国古代被叫作"仁"）的考虑，中国人在汉初就开始对是否继续使用它们展开了讨论。争论的结果是，肉刑制度被废除。具体变化是：黥刑，变成了"髡钳城旦舂"；劓刑，变成了"笞

三百"（后又变成笞二百，再变成笞一百）；斩左趾（刖刑），变成了
"笞五百"（后变成笞三百，再变成笞二百）。其中，城旦舂是徒刑；
笞刑是打击刑，虽仍是身体刑，但已不是肉刑。这就在客观上使并不绝
对的"伤人者刑"所包含的那一点肉刑失去了最后一块市场，从而使
得即使是象征性的"伤人者刑"这一重要规则也不再发生作用，只能
重新对等值报复的方法做出估计，用大体等价或等值的其他刑罚（比
如徒刑因此重要性大增，位居死刑之次）来代替，也就进一步排除
了同害（例如在伤人罪的场合）的可能。历史自然在这里又前进了一
步。我们通常说废除肉刑是一个历史进步，除了因为它推进了整个刑
罚体系的文明化之外，也包含了排除同害刑而进一步扩大非同害刑适
用范围这个意义。

从更大的范围来看，黑格尔所谓在理智上"寻求刑罚和犯罪接近
于这种价值上的等同"是"毫无止境"的，人们"只是永远接近满足而
已"，实际描述了人类在这方面探求的真实历程。因为实际上，随着文
明的发展，人们一直在推进根据"犯罪的质和量的性状"而对之实施惩
罚（"犯罪的扬弃"）的"由理智经常对它设定更多的界限"的过程。

以中国而言，儒家出于人道考虑，反对杀人过度，有一种轻刑的
倾向。法家则主张重刑主义，尤其是敢于冒天下之大不韪，公开亮出了
"轻罪重刑"的旗帜，对当时世人和法律认可的"重重而轻轻"的"刑
当罪"原则提出了挑战。重刑的客观效果是普遍加重了刑罚，在历史的
转折关头不仅没有将旧的刑罚方式排除掉，反而全部袭用。在经过了长
时间的实行之后，又出现了对重刑主义的反动，即"设刑者不厌轻，行
罚者不患薄"。① 进而就逐渐有了肉刑的废除，有了族诛连坐法的废除，

①（汉）陆贾：《新语·至德》。

　　复仇　报复刑　报应说

有了徒刑制度的发展。进一步，死刑的方式由多到少，枭首、车裂等在法典中消失了，只剩下了斩和绞（当今世界的废除死刑运动，不过是这一过程的合理的、自然的发展，原不必硬行区分中外）。历史在这里的进步绝不是简单的时间推移的结果，而实质上是"由理智经常对它设定更多的界限"的过程。

这里附带说一下报复刑的前途问题。

报复刑并没有走到它的尽头。这不仅因为报复刑论有着悠久的历史，而且自康德、黑格尔以来，报复刑论又针对刑罚目的的预防说、儆戒说、威吓说、矫正说等理论而在论辩中不断修正和丰富自己，从中吸取立论的基点；同时，个别国家比如美国近年来出现的因"对功利主义刑罚的无法控制的特征的一定认识，使人们重新又转到了报应主义的立场"[1]，则报复刑主义在实践中也不能绝迹。

刑罚产生伊始，就以报复为特征。刑罚虽然不能也显然不能纯以报复为唯一价值取向，但正如学者所谓："报应性，是刑罚的题中应有之义。报应性表明刑罚是对犯罪的一种反应，这种反应是以犯罪的存在为前提的，离开了报应，刑罚就不成其为刑罚。"[2]因而，报复在刑罚消亡前将一直会作为其内容和特征留存下来。

马克思、恩格斯把原始复仇与刑罚联系了起来，给我们提供了一个解释问题的思路：刑罚的原初本质就是报复。因而，报复刑是刑罚产生以来的第一重本性。对刑罚的其他本性的发掘，乃是后来的事情。事物难以剔除其原初本质，似是规律。

----

①陈兴良：《刑法的人性基础》，中国方正出版社1996年版，第421页。
②陈兴良：《刑法的人性基础》，中国方正出版社1996年版，第422页。

正如中国旧时的老百姓以偿命来理解公平、正义那样，^①报复刑（不仅是"杀人者死"的同害刑，更包括大量的经过折算的其他非同害的刑罚）中无疑含有一种公平观。对于刑罚中的报复因素，当今仍不能挥之而去。我们对受害人的同情在此，我们的情绪平复靠此。^②现代法律也不能没有报复因素。

今天，国家还必须在一定时期内保持现行刑罚体系的稳定，保持现有刑罚所包含的报复色彩，甚至在一定程度上保持"对等性补偿"原则的存在。尽管今天的"对等性补偿"原则已有了某些变化，尽管公平、公正的内涵已经发生了某种较大的飞跃。

---

　　①老百姓有自己的概念——"直"。《清史稿·孝义传》载：清代王恩荣父王永泰被县小吏殴死，祖母告官"不得直"，仅得些小埋葬费，气愤而自缢。"得直"的意义，在他们的理解中，就是偿命的公平。中国人是不习惯于得到埋葬费就完事的。这"直"就是中国人的正义观、公平观——以血偿血、以命偿命才是正义、公平，其余都不是。

　　②林达《历史深处的忧虑——近距离看美国》讲了这样一件事：美国爱荷华州的一个中国留学生杀了同来的一对中国留学生夫妇，被控两个一级谋杀罪。因他一直没有认罪，检方在起诉时要求判他死刑，但开审前，他认罪了。此时，他可以得到法庭给他的一个交换条件，换取一个略轻一些的刑罚。结果他可能被判处不得假释的无期徒刑。但死者家属在面对记者采访时，表示很不理解美国的法律制度。"对于中国人，杀人偿命，一命抵一命，是最自然不过的事情。对于美国人来说，一种罪行有一个量刑的上下限。在这个限度之内，都是合理的。罪犯认罪，可以省下大量的人力财力，在限度之内的减刑是可以接受的。"同时，他概括道："对于不同背景中长大的人来讲，感觉和概念是不一样的。"见生活·读书·新知三联书店1997年版，第286页。在另一处，林达将类似情况概括为"文化耐力"。见同书第18页。这个案例能反映中国人对杀人罪犯的典型态度。

第七章　报复刑观念对有关制度的执行的影响

　　中国人对罪犯的态度，从一系列语汇中可以看得很清楚。比如，"不要伤及无辜"，说的是不要在制裁坏人或罪犯的时候伤害无罪的人。我们习惯了这么说、这样想，以为它已经是公理了。但从文化的角度看，这句话的潜台词是：有辜是可以伤害的，伤害有辜者是合理的。这潜隐在我们思想深处的意识，虽然帮助我们表达了责任担负适当原则，但是也促使我们在法律制度的建立和司法实践中做了许多我们熟视无睹的事情：

　　既然可伤及有辜，故可以刑讯；

　　既然可伤及有辜，故可以给予恶劣监禁，虽死不足惜；

　　既然可伤及有辜，故可以刑讯致死；

　　既然可伤及有辜，故让死刑犯陈尸街头就不是问题；

　　既然可伤及有辜，故杀死当死罪犯，可以无罪。

　　因而，对罪犯的态度——从审讯方式和审讯技术中所反映的，从监禁、关押条件方面所反映的，以及从刑罚的执行制度方面所反映的，都是可伤及有辜这种潜意识的表现。

第一节　报复刑观念在侦（审）讯过程中的表现和影响

中国有刑讯作为案件侦讯或审讯的手段。历代法律对刑讯的方法、次数等，皆有限制。这本身就是一种"可伤及有辜"的表现。而历来非法拷讯，史书记载不绝。抛开其中报私怨的情形不讲，就那些出于欲搞清案情的刑讯而言，我们仍能够看到"可任意伤及有辜"意识的表现。

清蒲松龄《聊斋志异·太原狱》记一事曰：

太原有一百姓家，婆婆与儿媳皆守寡。婆婆正值中年，不能自洁，村中一个无赖频频来会。儿媳反对其事，经常暗中在门户墙垣阻拒之。婆婆羞惭，寻理由休弃儿媳，儿媳不去，常有争执。婆婆益恨，反而诬告到官，说儿媳与人通奸。官署问奸夫姓名，婆婆曰："夜来宵去，实不知其何谁，鞫妇自知。"因唤儿媳到案，儿媳果然知道奸夫姓名，却以奸情归婆婆。拘传无赖至，无赖争辩："两无所私，彼姑妇不相能，故妄言相诋毁耳。"官曰："一村百人，何独诬汝？"重笞之，无赖请求免责，自认与儿媳通奸。拷问儿媳，始终不承认，遂逐去之。儿媳愤怒告发到宪院，仍如前难明，久而不决。

这时有人推荐临晋县令孙柳有"折狱才"，遂将该案调到临晋县。押到人犯，孙柳草草讯问一遍，即命令关押到监。另命隶人准备砖石、刀锥，待天明使用。众人疑曰："严刑自有桎梏，何将以非刑折狱耶？"不解其意，姑且准备停当。案件就这样开审了。

明日升堂，问知诸具已备，命悉置堂上。乃唤犯者，又一一略鞫之。乃谓姑妇："此事亦不必甚求清析。淫妇虽未定，而奸夫则确。汝家本清门，不过一时为匪人所诱，罪全在某。堂上刀石具在，可自取击杀之。"姑妇趑趄，恐邂逅抵偿。公曰："无虑，有我在。"于是媪妇并起，掇石交投。妇衔恨已久，两手举巨石，恨不能立毙之；媪惟以小石击臀腿而已。又命用刀。妇把刀贯胸膺，媪犹逡巡未下。公止之曰："淫妇我知之矣！"命执媪严梏之，遂得其情。笞无赖三十，其案始结。

这里用了诈术，自无问题。但无赖被伤的情况如何？没有人关心。恐怕比通奸罪的法定刑笞三十要重得多，也要比法定的拷讯笞板要重一些。在通奸被视为罪行的时代，审案官、百姓都不会对用非刑体罚通奸者提出疑问。道德上的憎恶与法律上的处置往往混为一谈。

被认为侦讯得其道的《不用刑审判书》中，就有这样一个案例。一个姓张的县令，为搞清楚某孝妇杀其婆婆之案，竟将县役的悍妻抓来打了500鞭，然后将她与孝妇关在同一监房，希望通过悍妇的受委屈而不服，间接得到一些孝妇的线索。虽然后来确实由此得到了孝妇私下说"负冤""隐忍"的情况，并因此搞清了案件真相，但"不用刑"只是对孝妇不用，而县役悍妻倒是委实受了一顿冤枉刑。[①]这个让悍妇不知情的苦肉计，如果按现代人权理论来说，那是严重地侵犯了人权。悍妇也只是悍，属于家庭伦理范畴，并不能拘捕，更不应当用刑。可见，中国古代的所谓良吏，也是不区分犯罪与违法、违法与不道德的。

侦（审）讯过程中以及侦（审）讯技术中所反映的对死刑犯的态度，尤其能反映中国人的报复刑立场。

明冯梦龙《增补智囊补》"许襄毅公"条之二：

---

① （清）魏息园：《不用刑审判书》卷4。见《明清案狱故事选》，群众出版社1983年版，第266—267页。

苏人出商于外，其妻畜鸡数只，以待其归。数年方返，杀鸡食之，夫即死。邻人疑有外好，首之太守。姚公鞫之无他故，意其鸡有毒。令人觅老鸡，与当死囚遍食之，果杀二人，狱遂白。盖鸡食蜈蚣百虫，久则蓄毒，故养生家鸡老不食，又夏不食鸡。

又，"许襄毅公"条之三：

张御史丙，字仲明，慈溪人。成化中以进士知铅山县。有卖薪者，性嗜鳝，一日自市归，饥甚。妻烹鳝以进，恣啖之，腹痛而死。邻保谓妻毒夫，执送官，拷讯无他据，狱不能具，械系逾年。公始至，阅其牍，疑中鳝毒。召渔者捕鳝得数百斤悉置水瓮中，有昂头出水二三寸者，数之得七。公异之，召此妇面烹焉，而出死囚与食，才下咽，便称腹痛，俄仆地死。妇冤遂白。

这两个案子都用了死囚做毒性实验。很难说官员们想不到用动物做实验，因为同书"许襄毅公"的故事之一，就是他本人处理的一起被怀疑是妻毒杀夫的同类案件中，他怀疑鱼汤与荆树花混合产生了剧毒，遂"买鱼作饭，投荆花于其中试之，狗彘无不死者。妇冤遂白"。大略在这位许姓官员的眼里，死囚与猪狗是同等的。猪狗供人宰杀，死囚早晚都得死，故不惜以罪犯试毒。问题在于，不光他这样看，几乎所有的中国人都这样看。可是正当的执行死刑的程序在哪里呢？刑罚执行所带来的或所期望的行刑效果又在哪里呢？

相形之下，唐朝人刘崇龟的做法虽然类似，但好一点，他毕竟履行了执行程序。据《疑狱集》载，唐刘崇龟镇南海之时，发生了一件奇案。有个富商子随父亲的商船泊岸，见一美少女有意于己，遂夜往幽会。恰好一盗来，见门大开，遂直入行窃。少女以为是富商子，前迎入

复仇　报复刑　报应说

其怀。盗犯以为有人捕捉，急用刀将其刺死。后遂逃亡。刘崇龟侦查中得知该盗即某屠夫，为使该犯产生错觉，刘崇龟使用了麻痹策略。"于是乃以他囚合处死者，以代商人之子，侵夜毙之于市。窜者之家日日潜令人伺之。既毙其假囚，不两夕，果归家，即擒之，具首杀人之咎，遂置于法。商人之子夜入人家，杖脊而已。"

自然，这种执行死刑的方法，其骨子里仍然是上述观念。

第二节　报复刑观念在监禁囚犯方面的反映和表现

狱政制度也能反映中国人对待罪犯的态度，特别是在涉及囚犯患病、庾死的情形之时。

中国本有比较好的狱政制度。晋令规定：

> 狱屋皆完固，厚其草蓐，切无令漏湿。家人饷馈，狱卒为温暖传致。去家远无饷者，悉给廪，狱卒作食。寒者与衣，疾者给医药。[①]

又，唐《狱官令》：

> 诸狱皆厚铺席荐，夏月置浆水，其囚每月一沐。其纸笔及酒、金刃、钱物、杵棒之类，并不得入。

> 诸狱囚有疾病，主司陈牒，长官亲验知实，给医药救疗，病重者，脱去枷、镣、杻，仍听家内一人入禁看侍。其有死者，若有他故，随状推断。[②]

犯人的衣、食、住、医及卫生环境等，都得到特别的关照。但在中

---

① （日）仁井田陞著，栗劲等译：《唐令拾遗》，长春出版社1989年版，第725页。
② （日）仁井田陞著，栗劲等译：《唐令拾遗》，长春出版社1989年版，第724页。

国人的报复刑观念影响下，这样的制度执行情况又如何呢？

《宋史·范纯仁传》载：范纯仁"移齐州……有西司理院，系囚常满，皆屠贩盗窃而督偿者。纯仁曰：'此何不保外使输纳邪？'通判曰：'此释之，复紊官司，往往待其以疾毙于狱中，是与民除害尔。'纯仁曰：'法不至死，以情杀之，岂理也邪？'尽呼至庭下，训使自新，即释去。期岁，盗减比年大半。"为了所谓"为民除害"的理由，就可以将囚犯庾死。这恐怕不是一地的情形，很可能有一定的普遍性。这种做法，实际上已经成了变相的死刑，是出自一个冠冕堂皇的理由的集体谋杀。就实而论，"屠贩盗窃"之"督偿"，不过是个输纳赃物之事，离死刑远得很。而之所以这样做，就是这样一个逻辑：有过错就无理可言，有罪就可以随意处置，死不足惜。

地方官如此想、如此做，就连皇帝也如此。

清蒋良骐《东华录》卷30雍正七年七月条载：一个叫杨保的御史，向雍正上了一道奏章，说："内外秋审缓决人犯，若至三年，请令该省查明请旨，减等发落，则各犯不至于监禁患病死亡。"但没成想遭到了雍正的驳斥并被关押起来治罪。雍正上谕说：

> 从来杀人者死，律有明条。试思天下之人，谁无父兄子弟，杀人者竟得脱然无事，不令抵偿，为父兄子弟，孰肯甘心？夫彼既伤人之命，秋决时不即抵偿，乃其幸也，而尚以疾病死亡为苦乎？况纵法实足长奸，恐宽宥之后，而犯者愈众也。杨保希图宽厚之名，欲以刻核之名，归诸君上，居心实属可恶，交部严加议处。

照雍正皇帝看来，报复刑是理所当然的，犯人应该在刑场众目睽睽之下被杀，这才是正途。病、亡乃轻者。这种观念，当然从根本上影响了狱政管理。无怪乎史料中到处都是狱囚"庾死"的记载。

第三节　报复刑观念在刑罚执行方面的反映和表现

报复刑观念在刑罚执行方面表现为示众之公惩刑，因而这一事的两面——行刑地点和方式就一直是很受注重的问题。

首先是地点。古来行刑必于市、朝，比如，"弃市"刑的确诂是"刑人于市，与众弃之"，反映了行刑必须让人看到。沈家本探寻古义，认为："刑人众弃之义"，本来是反映"国人杀之"这样一层含义，表示君主"必与天下共之，而不出于一己之私意也"。这是"众弃之本旨"。但"自后来以刑为威世之具，遂谓刑人于市者，所以示显戮，所以昭炯戒，是直以刑为泄忿而逞威者矣"。这与三代"众弃之本旨"是不符合的。①

沈家本是好心。实际上，"以刑为泄忿而逞威"，正是报复刑的特征。为保证忿能泄、威能逞，皇帝都强调刑罚必须实实在在地执行，不能让犯人死在监狱里，从而不使其逃脱"显戮"。

清乾隆十八年六月，山东曲阜发生"丁文彬逆词案"。浙江上虞一个半痴半疯的人，平日就妄称"衍圣公"是他岳父，曾经将两个女儿许配给他，并传授给他尧舜之道。据他说：自老衍圣公去世之后，他已经即位为王，如今已8年了，国号定为"大夏"，年号定为"天元"，并封了许多人做公侯，编造了时宪历和铸钱图式。地方官拟依谋反大逆律凌迟处死丁文彬，乾隆皇帝担心这个屡受刑讯的疯子身体吃不消，庾死狱中，遂下令："勿任庾毙狱中"，"拟先行凌迟示众"，以免使大逆之

---

①沈家本：《历代刑法考》，中华书局1985年版，第3册，第1227—1228页。

犯"逃于显戮"。①

一个疯子竟令皇帝和地方大员们这样认真，不肯让他逃脱"显戮"，非得让他在众人面前被千刀万剐——这就是中国历来的泄忿逞威的公惩刑。

其次是行刑之后的暴尸制度。它是公惩泄忿逞威效力的延长。

古来死刑多用杀而暴尸之制。《周礼·秋官》乡士、遂士、县士均有责任执行死刑，刑杀之后"肆之三日"。又《掌戮》："凡杀人者踣诸市，肆之三日。刑盗于市。"注："踣，僵尸也。肆，犹申也，陈也。"即杀死后暴尸三日。

这样的制度在后世历朝不绝。《隋书·刑法志》载："《北齐律》：刑名，重者辕之，其次枭首，并陈尸三日，无市者，列于乡亭显处。"《北周律》："凡恶逆，肆之三日"。《辽史·刑法志》："统和十二年，诏契丹人犯十恶亦断以律。旧法，死囚尸市三日，至是一宿即听收瘗。"但后者不是常态。

例外的是元朝。据孙承泽《春明梦余录》："元世祖定天下之刑……天下死囚审谳已定，亦不加刑，皆老死于囹圄。自后惟秦王伯颜出天下囚，始一加刑。故七八十年之中，老稚不曾睹斩戮，及见一死人头，辄相惊骇。"沈家本说这一方面表明元朝执行死刑较少，同时也是法令废弛的表现。

中国人有人性概念而缺少人格概念，有廉耻概念而缺少尊严概念，在对待罪犯方面表现得最充分。示众、暴尸，正是不尊重犯人的人格和不维护罪人的尊严的反映。

中国人对待杀死死罪犯人的态度，能比较突出反映他们的报复刑观

①原北平故宫博物院文献馆编《清代文字狱档》，上海书店1986年版，上册，第14—26页。

　　　　　　　　　　　　　　复仇　报复刑　报应说

念，因为这里有个代为执行刑罚的问题。它也能反映中国人的刑法正义观的特征：强调实质正义，忽视程序正义。

《唐律疏议·贼盗》"杀一家非死罪三人"条疏云："若三人内一人先犯死罪，而杀之者，即非'不道'，只依杀一人罪法。"[①]这虽然没有解释清楚为何其中有一人犯死罪，就依普通杀二人罪论处。但底层的观念是非常清晰的：杀死应死人，等于代替国家执行了死刑。

有的朝代更赋予某些人杀死罪犯的权利。《元史·刑法志》曰："诸子为盗，父杀之，不坐。"是有罪即可杀也。

复仇也能反映这一观念。北宋的王公衮母亲墓葬被盗挖掘，官府判盗徒罪，黥配他州。王公衮杀死了掘墓贼，到官自首。王公衮的哥哥王宣子，赶忙提出用自己的官爵替弟弟赎罪。朝官杨椿等人的意见是："公衮复仇之义可嘉，公衮杀掘冢法应死之人为无罪，纳官赎弟佐之请当不许，故纵失刑有司之罚宜如律。"[②]是"法应死"就可杀也。而朝廷竟然据此意见结了案。

---

①《唐律疏议》，中华书局1983年版，第332页。疏议"只依杀一人罪法"，"一"疑为"二"之误，若为"一"，就读不通。这条律文可追溯到汉。汉律就有"杀不辜一家三人为不道"。见《汉书·翟方进传》如淳注。
②《齐东野语》卷9。

下篇 报应说

第八章 一般报应说 / 209

第九章 刑官报应说 / 225

一般来说，报应是指一定行为（善行或恶行）的必然的相应后果（善报或恶报）。必然性是说，行为的后果绝不许有其他可能性。比如，善行就不得恶报，恶行就不得善报。就这点而言，它是伦理上的因果关系——种"因"而得"果"。就心理内容和心理过程而言，报应是指报应期待。人们日常所说的报应，实际上主要是报应期待。俗话说："善有善报，恶有恶报，不是不报，时候不到"，"善恶到头终有报，只争来早与来迟"[①]，这一方面是在强调它的必然性后果，同时也在表达一种期待心情。而人们这样说的时候，多是讲恶报，是对作恶者必得恶报（恶的后果）的期待。在下面的论述中，我们所用的"报应"一词主要是作为代表报应后果和报应期待心理两方面内容的总括性词汇。这样限定，一方面是为了与"报复刑""报应刑"这些刑法学术语区别开，避免用语上的混乱；另一方面是为了与中国古来的习用语汇相衔接，以免一味地使用现代语言叙说历史，造成语汇与观念的脱节。

研究中国人的罪过偿报态度问题，之所以必须将报应观念、报应思想、报应学说纳入其中，是因为在中国，只有对报应观有了了解和理解，才能在总体上理解复仇和报复刑，才能给予复仇和报复刑一种文化上的透彻解说。一个民族的复仇观念、报复刑观念，总是以其报应观为外围的，各民族的报应观的差别也往往是其复仇观念、报复刑思想的差别。对复仇和报复刑的研究如果脱离了报应观这个参照基础，很可能就是无差别的研究，容易忽略各民族的不同文化因子，因而不容易得到准确的解释。

对报应观的研究可以是多方面的。本篇将在对一般报应观进行通体揭示后，将重心放在特殊报应，即专对一个特殊职业阶层或职业集团

---

①孔繁敏：《包拯研究》，中国社会科学出版社1998年版，第228页。

（以司法官吏为主，扩及立法者）行为的报应——刑官报应上，并对这一特殊报应的理论——刑官报应说进行多方面的分析和说明。这是因为刑官报应说贴近中国法文化的内层，是中国以刑法文化为主的法文化的主干。

第八章　一般报应说

报应说在中国有着非常广泛的基础。中国人认为："报应盖理之常"，尤其是"死生之报，固犹影响"①，原是一一得一的。甚至连上帝的判词也是"以死酬死"②。然而，报应是绝不仅仅限于死生的。"报"有多种，"报"几乎可以解释一切行为及其后果。而一切又都在"天道循环"之中。

在《太平广记》中，报应被分成了许多类。"报应"门共有33卷。除了读《金刚经》《法华经》《观音经》等佛经而积功德从而得善报，及不尊佛经、佛像而得恶报，因杀生而得恶报，因积阴德而得善报，其余大部分是冤报，占7卷之多。这是一个受佛教果报观念影响的报应系统。在佛教传入中国之前，阴德、阴祸之说是支配中国人报应观的主要内容。因而，中国人的报应观是先有儒家以及道家和道教的报应观念，后又掺入佛教果报观的复杂的报应观念体系。

---

① 《太平广记》卷125《报应24》引《异杂篇》唐绍语。
② 《太平广记》卷128《报应27》引。

第一节　报应说——多源头汇合而成的解释

在历史上，中国人的很多思想观念都超不出先秦以来儒、墨、道、法诸家驰骋辩说的思想资源和理论成果，也离不开后来儒、道、佛三家争衡消长的实际。报应说也是如此，它是汇合了诸家观念而成的混合体。

俗语曰："善有善报，恶有恶报。"善报为福佑，恶报为祸谴，报应是福佑与祸谴的统一体。恶报或祸谴是种了阴祸的结果，善报或福佑则是因为有阴德。

一、阴祸、阴德之报

阴祸、阴德等祸福相报的观念一开始是反映"天道好还"的普遍意识，不专属于刑官。而且，它们是儒、道、墨、法、杂家诸学派创造的属于雅文化范畴的概念。其中，道家谈论最多。

道家自老子始就说："天道无亲，常与善人。"[1]在某些方面继承了道家的法家韩非也讲"祸福随善恶"[2]。西汉陈平"本好黄帝、老子之术"，他曾说："我多阴谋，是道家之所禁。吾世即废，亦已矣，终不能复起，以吾多阴祸也。"司马迁认为，陈平的曾孙陈掌虽与皇后家族有亲属关系，后来一直希望续封陈氏，却终未成功，就是"世即废"的验证。[3]司马谈父子好道家，他们认为，春秋时韩厥存赵氏孤儿，"此天

---

[1]《老子》第79章。
[2]《韩非子·安危》。
[3]《史记·陈丞相世家》。洪迈《容斋随笔》卷2更以张良无后为怪，以为张良出策破欲和的秦军，劝刘邦追灭项羽，"其事固不止杀降也，其无后宜哉"。

下之阴德也"，韩能"为诸侯十余世，宜乎哉"，[1]是其阴德之助。这也就是《淮南子·人间》"有阴德必有阳报"，《汉书·丙吉传》"有阴德者必飨其乐，以及子孙"之意。

道家之后，道教也大谈阴德、阴祸。《天平广记》载，某道士劝李林甫曰："慎勿行阴贼，当为阴德，广救拔人，无枉杀人。"道家与道教自然已远不是一回事，这表明道教也在袭用道家的语言。实际上，早期道教对善恶报应有所谓"承负说"，《太平经》卷39：

> 承者为前，负者为后。承者，乃谓先人本承天心而行，小小失之，不自知，用日积久，相聚为多，今后生人反无辜蒙其过谪，连传被其灾，故前为承，后为负也。负者，流灾亦不由一人之治，比连不平，前后更相负，故名之为负。负者，乃先人负于后生者也；病更相承负也，言灾害未当能善绝也。

研究者指出，这种报应说"把来世报应的承担者设定为现世行为主体的子孙"，反映了"中土伦理对个体所属的伦理关系、社会生活、家庭生活的关怀"。[2]这恰好是所谓"子孙报"之所出，实际与陈平所谓道家之旨是一致的。

早期道教还有所谓"夺寿"说，寿命的被剥夺由作恶者（行为主体）承受或转嫁于其子孙身上，是先尽自己后及子孙的报应。《抱朴子·内篇》：

> 天地有司过之神，随人所犯轻重，以夺其算。……罪状大者夺纪，纪者，三百日也；小者夺算，算者，三日也。……若算、纪未尽而自死者，皆殃及子孙也。

---

① 《史记·韩世家》。
② 王月清：《中国佛教善恶报应论初探》，《南京大学学报（哲学、人文、社会科学）》1998年第1期。

这是原则上由行为人承担所为善恶的后果，一旦本人未受到惩罚，则转嫁于子孙。杨联陞先生说它是"强调报应的机械化与量化方面"[①]。这也是道教的报应说多及子孙的表现。

然而，道家也好，道教也罢，阴德、阴祸之说实际也是与儒家的"福善祸淫"相通的。《尚书·汤诰》："天道福善祸淫"；《尚书·伊训》："惟上帝无常，作善降之百祥，作不善降之百殃"；《诗经·大雅·抑》："无言不仇，无德不报"，"投我以桃，报之以李"；《周易·坤·文言》："积善之家，必有余庆；积不善之家，必有余殃。"儒家经典中的这些善恶相报观念[②]，尤其是其中的"家庆""家殃"之惠及后世或祸及后世的说法，与道家并无二致。它们很容易与道家之说融合，成为支撑报应说的现成思想资料。

儒道两家尤其是道家的子孙受报说，将子孙作为善恶报应的承受者，是中国传统的阴德、阴祸或善恶报应意识的早期形态，与后来传入中国的佛教报应说不同。佛教主张自业自报或自作自受。《因果经》云："欲知前世因，今生受者是；欲知后世果，今生所为是。"佛教明确反对子孙对父祖或父祖对子孙的行为负责，《泥洹经》云："父作不善，子不代受。子作不善，父不代受。善自获福，恶自受殃。"[③]这种将善恶的行为者与其子孙、父辈区分开来的观念，成为后来支持阴德阴祸报应观的一个暗含的前提条件，在报应说中具有一定的影响。但儒道两家基于宗法原理的善恶报及子孙的报应观仍然有很大的潜在市场。

---

①杨联陞：《中国文化中"报""保""包"之意义》，香港中文大学出版社1987年版，第60页。

②学者们注意到，在佛教的"因果律""报应说"传入中国前，儒家的《书经》中，早已提及上天的行赏施罚了。《尚书·汤诰》中有"天道福善祸淫，降灾于夏，以彰厥罪"，以及"上天孚佑下民，罪人黜伏，天命弗僭"。杨森富：《基督教与中国古代的宗教思想》，载刘小枫编《"道"与"言"——华夏文化与基督教文化相遇》，上海三联书店1995年版，第403页。

③（东晋）郗超：《奉法要》，转引自王月清：《中国佛教善恶报应论初探》，《南京大学学报（哲学、人文、社会科学）》1998年第1期。

比如，《太平广记·卷一百一十七·报应十六》就是汇列"阴德"之事的专篇，所记之事以唐五代居多，大多是一些日常生活中的事项。但其中既有儒道报应的痕迹，又有佛家报应的色彩。这些善举或阴德，有春秋时楚国孙叔敖为众人着想而杀死据说人见即死的两头蛇之事；有五代后蜀程彦宾不淫女俘之事；唐代的事例则有：裴度拾遗物归还原主，刘轲迁葬一书生，刘弘敬、范明府做东嫁婢女，孙泰错买银质灯台而还主、赠别墅于其旧主人，甚至崔敬嗣礼遇当时尚是王爵的唐中宗等，都是积阴德之举。而作为这些阴德的回报，孙叔敖做了楚相，程彦宾无疾而终，裴度位极人臣、做到宰相，刘轲科举中了高第，刘弘敬延长了寿命、富及三代，范明府禄寿俱得延长，孙泰的儿子中了进士，崔敬嗣的儿子得了官、孙子则做了高官。其中的寿考报显然来自道教，子孙得官则是儒道二家的逻辑。

对于积阴德而能得善报，人们有一种充分的信心。孙叔敖的母亲安慰年幼的儿子说："你担心别人见到两头蛇受灾而杀了它，这是阴德，有阴德，天报之福。"大略出于这个原因，人们在做善事时，一开始就难免有利己的动机。裴度屡举不中，找相面人看相，被告知"不至贵，即饿死"，遂做了上述善事。回头找相面人，看相人曰："此必有阴德及物！前途万里，非某所知也。"刘弘敬虽"施人之惠不望报"，是个富且仁的人，但听看相人说自己二三年后将死，并接受了看相人"一德可以消百灾"、"勤修令德"以延寿的建议，遂将买来的婢女收为外甥女，以礼嫁之。婢女之父（鬼）托梦给刘弘敬云："阴德所以动天地也"，遂请求上帝延其寿。三年之后，看相人再来，惊叹刘弘敬"有阴德上动于天者"。范明府的情况也类似，只是他颇通术数，知道自己来年秋就将禄寿俱尽，并又找了看相人证实其事，结论相同。本打算买一婢为女陪嫁，细问来历才知该婢正是故交之女。遂将自己女儿的嫁妆全数给了该婢，把她嫁了出去。看相人再见范氏，惊愕其"有阴德为报"。程彦宾不淫女俘，固然未受何威胁，但用他自己的话说，愿望只是"寿终时无病"，也是有所图的。①

日常交往之外的报应，比如与职业相联系的报应，除了我们下一章将要重点讲的刑官报应之外，较多的是与杀伐有关的军官报应。做军官不妄杀人，必有子孙厚报，对此，人们也是怀着充分的信心的。东汉邓禹为光武帝大将，扫平赤眉等军，尝说："吾将百万之众，未尝妄杀一人，后世必有兴者。"②五代时期后唐刘景洪为杨行密部下将领，彭玕③威胁其叛杨，刘景洪阳许而阴违之，仍以所部归杨行密。尝曰："我不从彭玕，当活万余人，后必有隆者。"④军官之外，文职官员虽不以杀伐为事，但也相信报应说。唐代的柳公绰曾曰："吾莅官，未尝以私喜怒加人，子孙其昌乎？"⑤是为官以公心，也可以期冀子孙后报。

二、鬼神之报

阴祸、阴德之报大抵尚无鬼气，它只是在潜意识中肯定冥冥之中有一种公理。尽管有些故事免不了神鬼参与，但主体是人。除此之外，还有一种与天帝、鬼神观念纠缠在一起的鬼神之报。

中国有关鬼神之报的记载起于先秦，且主要是鬼报。任继愈先生的《中国佛教史》指出，在佛教传入中国之前，中国史书中描述的鬼主要有两种类型：感恩报答者、报怨复仇者，认为鬼的特征之一是"能够依据

①以上均用华飞等校点：《太平广记》，团结出版社1994年版，第1册，第510—513页。
②（元）叶留：《为政善报事类》，辽宁教育出版社1998年版，第8页。
③按，编者注：《新唐书》作彭玕。
④（元）叶留：《为政善报事类》，辽宁教育出版社1998年版，第19页。
⑤（元）叶留：《为政善报事类》，辽宁教育出版社1998年版，第19页。

生前的个人遭遇而采取报恩或复仇的活动"。①这个概括是非常准确的。

按照古人的理解，鬼之存在，是因为灵魂不死；鬼能作报，是因其有必具的智能力量品质。《说文》鬼部："鬼，人所归曰鬼，从儿、甶，象鬼头；从厶，鬼阴气贼害，故从厶。"王充《论衡·论死》："世谓人死为鬼，有知，能害人。"有智、阴气贼害，是鬼能作报的凭恃。有智，方能记忆生时嫌怨，②方能巧计施法；③阴气贼害，方能给生人造祸福。其实，早在《墨子·明鬼》中，关于人的行为善恶，就有"鬼神之明必知之"，"鬼神之能赏贤罚暴"。而且，《左传》以来关于"厉鬼"的说法更赋予鬼"恶"的品质。

史籍记载的最早的鬼报，有报德内容，如《左传·宣公十五年》载：魏武子病，命其子魏颗以出嫁善待某宠妾；病危时，又令将其殉葬。武子死，魏颗遵父前嘱嫁父宠妾。后与秦军战斗，魏颗见一个老人结草绊倒秦将杜回，因而生擒了他。当夜，魏颗梦见那老人说：我是你所嫁的妇人的父亲，"尔用先人之治命，余是以报"。这种报德是福报，更多的是祸报，即冤报。

冤报对象多数是君主。《左传·成公十年》载：晋景公"梦大厉，被发及地，搏膺而踊，曰：'杀余孙，不义。余得请于帝矣。'坏大门及寝门而入。"不久，景公死。一般以为这是景公杀赵同、赵括，故其先祖之鬼厉请求天帝允许而来报仇。古代祖先崇拜的原因之一，就在于先祖对于子孙后代的庇护。但不通过先祖而由厉鬼亲自复仇的事例更多

①任继愈主编《中国佛教史》，中国社会科学出版社1981年版，第1卷，第14—16页。原书说第三种鬼是"通过方术召唤死者魂魄"，讲的是人，不是鬼。
②建阳县录事陈勋被十个县吏共同诬陷而被处死。死后周年，其妻设供祭之，哭曰："君平生以刚直称。今枉死逾年，精魄何寂然耶？"陈勋这才明白自己已死，遂行复仇。事见《太平广记》卷124《报应23》引《稽神录》。
③《太平广记》卷124《报应23》引《玉堂闲话》，称冤鬼"或来自屋上，或出自墙壁间"，则肯定其有超自然力。靠此超自然力，鬼能燃火而不烧物。见《太平广记》卷120《报应19》引《还冤记》徐铁臼事。

见。《墨子·明鬼下》云："周宣王杀其臣杜伯而不辜……其三年，周宣王合诸侯而田于圃田，车数百乘，从数千人满野。日中，杜伯乘白马素车，朱衣冠，执朱弓，挟朱矢，追周宣王，射入车上，中心折脊，殪车中，伏弢而死。"[①]后来这个故事又演绎出杜伯与司空锜、祝三人共报宣王索命的情节。[②]类似的还有《左传》中被赵简公枉杀的庄子义现形而用彤杖捶杀简公，被吴王夫差冤杀的公孙圣遮道吴王而致其死，[③]等等。像这类"杀而不义""杀其臣而不辜""枉杀其臣"都成了报君题材的通例。[④]

报君犹可，报在普通人身上自无不可。报应说从报君事例开始，就意味着它是不受等级和身份限制的。报应说从一开始，就没有遇到身份性的难题。

在中国历史上，鬼神之报的发展在很大程度上得益于道佛二教的宣扬。

儒家从孔子始，就对鬼神持一种"敬鬼神而远之"[⑤]的态度。因而孔子"不语怪力乱神"[⑥]。朱熹说："鬼神死生之理，定不如释家所云、世俗所见。然又有其事昭昭，不可以理推者，此等处且莫要理会。"[⑦]但"不语""莫要理会"，等于为道、佛二教留下了广阔的空间。"鬼神

---

① 《国语》，《史记·周本纪》记此事与此略同。
② 《太平广记》卷119《报应18》引《还冤记》。
③ 《太平广记》卷119《报应18》引《还冤记》。
④ 报而未杀的情形也是存在的。《左传·庄公八年》载：齐襄公使彭生杀死鲁桓公，后又借故杀死彭生。他打猎时看见一头大猪，从者喊："这是公子彭生！"襄公用箭射猪，猪站起来吼叫，把襄公吓得掉了车底下。
⑤ 《论语·雍也》。
⑥ 《论语·述而》。
⑦ 《朱子语类》。朱熹虽多将"鬼神"解释为"实理""阴阳之气""气之往来"之运动，但仍坚持"魂"（精神）、"魄"（形体）相离之说："死则魂游散而归于天，魄沦坠而归于地也。毂为鬼雄者，毂为百鬼之雄杰也。"见《楚辞集注》卷2，上海古籍出版社1979年版，第47页。张立文指出："'魂'既可游散，那么，未散尽者，便可成鬼，因此，便有'鬼雄'的存在。"张立文：《朱熹思想研究》，中国社会科学出版社1981年版，第329页。

志怪之书"历来就是道佛二教的宣传品。鲁迅先生说:"中国本信巫,秦汉以来,神仙之说盛行,汉末又大畅巫风,而鬼道愈炽;会小乘佛教亦入中土,渐见流传。凡此,皆张皇鬼神,称道灵异,故自晋讫隋,特多鬼神志怪之书。"①僧侣、道士或其在俗信徒的这些作品,至唐、五代又有发展。尤其是"释氏辅教之书"②,专门记述佛家因果报应故事的专集如《冥报记》《冥报拾遗》《报应记》《报应录》《儆戒录》等,不仅数量众多,在内容上也有发展。从秦汉至北宋的鬼神报应故事,被收入《太平广记》"报应"门的,竟多达33卷。《太平广记》之后,南宋洪迈《夷坚志》、清袁枚《子不语》、纪昀《阅微草堂笔记》,通硕大儒以三教旨意相通、可以互补,而大言鬼怪、畅说报应。袁枚云:"夫儒家之改过,即佛家之忏悔也。"③纪昀言:"儒者……持无鬼之论,失先王神道设教之深心"④,"帝王以刑赏劝人善,圣人以褒贬劝人善。刑赏所不及,褒贬有所弗恤者,则佛以因果劝人善。其事殊,其意同也"⑤。汪辉祖《学治臆说》卷下云:"盖庸人妇稚,多不畏官法而畏神诛,且畏土神甚于畏庙祀之神。神不自灵,灵于事神者之心,即其畏神之一念,司土者为之扩而充之,俾知迁善改过,讵非神道设教之意乎?"在僧道和大儒们的刻意宣扬下,报应说得到了进一步发展。

道、佛二教的鬼神报应中还有"论罪则有幽冥之伺,语福则有神明之佑"⑥之说。道教的冥司在泰山,这是自汉以来的观念。西晋张华《博物志》卷一引《援神契》:"泰山,一曰天孙,言为天帝孙也,主召人魂魄。东方万物始成,知人生命之长短。"《三国志·魏书·管辂传》

---

① 鲁迅:《中国小说史略》,上海古籍出版社1998年版,第24页。
② 鲁迅:《中国小说史略》,上海古籍出版社1998年版,第32页。
③《子不语》卷23《石揆谛晖》。
④《阅微草堂笔记》卷4《滦阳消夏录四》。
⑤《阅微草堂笔记》卷10《如是我闻四》。
⑥《弘明集》卷6《释驳论》。

有"泰山治鬼"的说法。[1]《三国志·魏书·蒋济传》注引《列异传》记有蒋济妻子梦见其亡儿为泰山"伍伯"，希望托付新任命的泰山令（鬼职）帮他换个职位的事情。袁枚《子不语》卷六沈姓妻条载某道人言："报冤索命事，都是东岳掌管，必须诉于岳帝。"佛教的冥司最后落在酆都，地狱统归阎罗王掌管。道佛二教尤其是佛教的地狱之说尤为精致，它是多数报应发生的地方。而沟通阴阳二界的，一是昏病入冥人，二是巫师。前者大抵是什么环节有了问题，致使被迫入冥者又获得还阳机会，从而能使阳间了解阴间的一切；后者则是职业传达阴阳二界消息者。

鬼神之报的引人处在于：上天也好，冥间也罢，都是平等的。这与阳间不同。

人们对鬼神普遍持有一种信赖的态度。中国的上帝、天或天帝，历来是"佑下民"的，就是集中了鬼蜮的冥司或阴曹地府也是公正的。

唐洪州刺史王简易，曾经因教训小奴而将其打死了。腹中长了一块赘物，据说就是小奴为祟。屡次"因小奴所讼"被追入冥，"冥司勘（其）非理杀人事，款问甚急"。而小奴对质时则"辞气不可解"。妻子不解，问曰："小奴庸下，何敢如是？"王简易说："世间即有贵贱，冥司一般也。"[2]即是说，人间有贵贱之分，而阴间却是没有贵贱的，大家一律平等。所以小奴才敢以贱诉贵，不必再遵循阳间的规矩。

诉冤时可以不分高下是这种平等的保证。就拿最高神上帝而言，他是能够统驭阴间的。他不仅接受皇后、王子的冤诉，[3]也接受平民百姓的诉冤，甚至奴婢诉冤也一律接受。

―――――

①李剑国：《唐前志怪小说史》，南开大学出版社1984年版，第252页。
②《太平广记》卷124《报应23》引《报应记》。
③《太平广记》卷119《报应18》引《还冤记》：汉灵帝宋皇后、渤海王刘悝均被宦官中常侍王甫诬陷而死，"宋后及悝，皆诉于天。上帝震怒"。

复仇　报复刑　报应说

冥间具有报应公正的所有特征。冥间阎罗王专选平生仕宦"刚猛疾恶"①之人充任，生人判冥事也令其升殿前"先吞铁丸"，②以保证铁石心肠者执冥法。冥司拥有判断善恶的有效方法，或用"业镜"悬照人肺腑、动作、心机，③或用"袍罩"罩人使其吐露实情，④或用"神秤"称量人生平功过簿。⑤冥间也有严密的程序和谨慎的作风，"冥司法至严，而用法至慎"，最重要的表现是"但涉疑似，虽明知其事，证人不具，终不为狱成⑥。这样，冥间这一冤诉系统就有了比阳间更可靠的体制保证。

报应就建立在这样的"制度"基础上。以这种平等为背景，鬼神之报均赋予厉鬼一种强愎性格。唐女道士鱼玄机怀疑女童绿翘与其男客有私，将其笞击致死。临死前，绿翘说："翘今必毙于毒手矣。无天则无诉，若有，谁能抑我强魂！誓不蠢蠢于冥冥之中，纵尔淫佚。"后鱼玄机终于机事不密，被人发现了尸体，按问被刑。⑦马全节杀了侍婢，病中见到女鬼，提出给钱财不受，为她造像写经超度也不要，"但索命而已"，不久死。⑧改葬是安慰死者灵魂之一法，对冤魂也如此，⑨但冤魂是否肯许以不报复则又是一回事。

---

① 《夷坚丙志》卷1《阎罗王》。
② 《子不语》卷16《阎王升殿先吞铁丸》。
③ 《夷坚甲志》卷4《郑邻再生》，《阅微草堂笔记》卷16《姑妄听之》，《续子不语》卷10《淫诟二罪冥责甚轻》。
④ 《续子不语》卷3《照心袍》。
⑤ 《子不语》卷17《神秤》。
⑥ 《阅微草堂笔记》卷9《如是我闻三》。
⑦ 《太平广记》卷130《报应29》引《三水小牍》。
⑧ 《太平广记》卷130《报应29》引《玉堂闲话》。
⑨ 《太平广记》卷119《报应18》引《还冤记》。

第二节　报应说与报复刑、复仇的关系

报应观念与报复刑观念之间的关系，可以从以下几方面来把握：

第一，报应观中的报应结果与报复刑的关联甚紧。报应结果是以报复刑为基础的。人们对报应结果的设想，离不开报复刑的惩罚方式与惩罚幅度的提示；报应只是在这个惩罚幅度与惩罚方式的基础上，做程度不同的调整而已。

报应是对报复刑（刑罚）的补充。在刑罚不能达到的地方和场合（当然也是在复仇不可能或不能行的时候），报应就派上了用场。

第二，报应观的报应期待是报复刑观念的延伸，它拓宽并加深了报复刑观念的心理基础。本来，报应观是以报复刑为基础的，但在民间，则表现为报复刑观念是在报应观这个"大观念"或大背景下建立并得到修饰的。

第三，报应观的报应期待的内容，既与报复刑有部分重合，又主要表现为分离。因而，施以刑罚的极少，基本上是超自然的鬼神报应，至少是冥冥中的某种公理起了作用。

这就是说，不理解报应观，就难以理解报复刑。尤其在古代，报应观的支配作用更大、更强，是报复刑观念的基础原理。中国人始终难以从纯粹的法律角度建立自己的报复刑观念。法家曾尝试过，但正如我们看到的那样，纯粹的法律观念在中国始终没有市场。尽管由法家建立的法律制度被大体保留下来了，而报复刑观念在形式上却是被包含在更广义的报应观之中的。人们的法律意识简单到了只剩下"报应"二字。人们所期待的报应，不一定是刑罚报应。

但报应说包含了传统社会最基本的法律原则，反映了那个时代的基础性的法律理念，这是它虽简单却能够驭繁杂的原因。

报应说在说明罪行、过错（甚或无罪、无过错）的时候，一概使用法律术语"罪"，即在观念上将国家强制行为与个人或私人的强制行为混在一起，不做区分。主人责罚奴婢的罪行而致其死，神来切责，称其"罪不至死"①，是有罪但不应处死；百姓一家被强盗所杀，鬼魂托梦给州的司法官，称"父子三人，俱无罪而死，愿明公雪其冤"②，是无罪也无过错；人杀其妾，妾将死时说："吾无罪，为汝所杀，必报"③，是无罪，也不见得有过错。而不论是有罪无罪、有过错无过错，只要不应当被杀死，就是冤，就有怨，就属枉，死者便是冤鬼、冤魂。盖因法律上的冤枉、冤滥，都是指无有其事而被诬枉罹刑，扩而及之于罪小而蒙大刑。元杂剧《盆儿鬼》中，包公以"与百姓伸冤理枉"的面目出现，而所谓伸冤就是杀死恶人，如刀铡陈士美，就昭雪了秦香莲的冤屈；不铡就不能伸冤。

同样，上帝、冤魂，也将被报应者的行为称为"罪"。这或许与报应说中鬼神将自己之法叫作"天法"⑤是同样的道理。比如，当冤鬼在上天告发陷害者而获准报复后，会有"上帝震怒，罪在难救"⑥的说法。陷害者在遇冤鬼作祟时，也连称"伏罪，伏罪"⑦，"死罪，死罪"⑧。

报应说也是现世法律观念的摹写。人间的法律原则，在这里也是当然的规则。"杀人者死"乃人间法律所定，而冥间法也确认这一通行

---

① 《太平广记》卷120《报应19》引《还冤记》。
② 《太平广记》卷128《报应27》引《宣室志》。
③ 《太平广记》卷130《报应29》引《纪闻》。
④ 孔繁敏：《包拯研究》，中国社会科学出版社1998年版，第223页。
⑤ 《太平广记》卷126《报应25》引《耳目记》。
⑥ 《太平广记》卷119《报应18》引《还冤记》。
⑦ 《太平广记》卷119《报应18》引《还冤记》。
⑧ 《太平广记》卷124《报应23》引《玉堂闲话》。

规则。唐朝王简易因打死一小奴被追入冥，冥司按问其"非理杀人之事"，最终也报以死。其妻问他："阴间何罪最重？"答曰："莫若杀人。"[1] 人间被认为最重的杀人放火，在冥间同样被视为重罪。[2]

法律中最强调的罪罚相应原则，报应说也予以坚持。报应说屡屡切责惩罚过度，并当然地予以报应。

似乎有鬼神在监督一切杀伐之事是否有罪罚不等（同时似乎也在监督死刑判罚权的所属）的情况。比如，前述主人责罚有罪奴婢之事，说的是一个叫康季孙的，好杀成性，既杀动物，也杀奴婢。一次患病，梦见有人劝他断杀，否则必死。惊吓中发誓不再杀。后来三个侍从诱拐了他的两个妾逃亡，追获后全部殴杀之。当夜梦见那人来指责："何故负信？此人罪不至死，私家不合擅杀。今改，亦无济理。"因而呕血不止，数日而死。[3]

同时，罪人或被冤杀者也坚持罪罚相应，若自己属于罚重于罪，就采取报复行为。南梁武昌太守张绚曾因一部下划船不用力，亲手用杖打断了他的手臂，并将其推入江中。须臾，见此人从水中跃出，说："罪不当死，官枉见杀，今来相报。"张因此得病，不久便死了。[4]

同样，罪人即使认可被杀，但对过分的复仇行径也不认可，往往冤冤相报。唐宪宗时，王忠弁被藩镇王承宗所部的恒阳军所杀。兄王忠宪得知俘获恒阳俘虏，到刑场用刀将其中一个被杀的俘虏的心脏刨出，并割下了他的两胁肉，回家煮食之。这自然是泄愤行为。夜里，一个紫衣人来见王忠宪，自称马奉忠，责问为何"剖我心，割我肉"。忠宪说："我弟为汝

---

①《太平广记》卷124《报应23》引《报应记》。
②纪昀更有"冥律小善恶相抵，大善恶不相掩"之说。见《阅微草堂笔记》卷12《槐西杂志二》。
③《太平广记》卷120《报应19》引《还冤记》。
④《太平广记》卷120《报应19》引《还冤记》。

逆贼所杀，我乃不反兵之仇。以直报冤，汝何怪也？"马奉忠却说："我恒阳寇是国贼，我以死谢国矣。汝弟为恒阳所杀，则罪在恒阳帅。我不杀汝弟，汝何妄报吾？子不闻，父子之罪，尚不相及。而汝妄报众仇，则汝仇极多矣。须还吾心，还吾肶，则怨可释矣。"忠宪求情，提出烧万钱纸并超度对方，对方说："还我无冤。然亦贳公岁月可矣。"王忠宪虽到佛寺送了钱，一年后，两肶渐瘦，言语错乱，三年后死。①

可见，作为报复刑的最突出特征（也是其合理性所在）的罪罚相应原则，在报应说中被最大限度地贯彻了。

报应观与复仇的关系则更为紧密。报应既可以报德，也可以报怨，复仇本身就是报怨，它是活着的人的报复。生则人报，是复仇；死则鬼报，是报应。②而鬼神报应中由自己（鬼）来执行的，也称作复仇。③成为冤鬼，就要"雪冤"④、"申冤"⑤、"还冤"⑥，同时也叫作"雪仇"⑦、"报仇"⑧、"复仇"⑨。而冤与枉是不可受的，受害者临死时一般都要说："枉不可受，要当讼府君于天。"⑩冤鬼也会说："枉岂可受？今来相取，自由黄泉。"⑪

①《太平广记》卷122《报应21》引《博异志》。
②死则鬼报，生则人报，报应和复仇的距离极小。东汉戴就被诬陷拷讯，对拷者云："就拷死之日，当白之于天，与群鬼杀汝于亭中；如蒙全生，当手刃相裂！"见《后汉书·独行列传》。
③假托于鬼神的报应，有时被称作复仇。唐宰相杨收被宦官杨玄价诬陷，贬窜岭外。后现形为马，云："今已得请于上帝，赐阴兵以复仇。"杨收的儿子看到杨收"乘白马，臂朱弓彤矢，有朱衣天吏控马"，说："今上帝许我仇杀杨玄价。我射中之，必死也。"不一会儿，杨玄价得暴疾而死。见《太平广记》卷123《报应22》引《北梦琐言》。
④《太平广记》卷120《报应19》引《还冤记》、卷122《报应21》引《乾巽子》、卷128《报应27》引《逸史》《宣室志》。
⑤《太平广记》卷119《报应18》引《还冤记》。
⑥《太平广记》卷122《报应21》引《博异志》。
⑦《太平广记》卷123《报应22》引《三水小牍》。
⑧《太平广记》卷123《报应23》引《稽神录》。
⑨《太平广记》卷128《报应27》引《续幽怪录》、卷130《报应29》引《通幽记》。
⑩《太平广记》卷129《报应28》引《还冤记》。
⑪《太平广记》卷126《报应25》引《还冤记》。

但一旦到了复仇领域，报应说就难以与法律规则契合了。就像复仇容易泛滥一样，报应说中的鬼神之报，也有采用绝对"同态复仇"的报复形式者。东海徐铁臼被继母冻饿并毒打，虐待至死。死后十余日，鬼魂还家，言其生母诉怨于天，前来雪冤。但不是报继母，却是使其异母弟"铁杵疾病，与我遭苦时同"。异母弟果然"病体痛腹大，上气妨食。鬼屡打之，打处青黡。月余而死，鬼便寂然"[1]。唐宪宗时，朝廷派军队讨伐藩镇所属郓，一兵士吃了郓兵的肉，暴疾。梦见这个郓兵说："我无宿憾，既已杀之，又食其肉，何不仁也！我已诉上帝矣。当还我肉，我亦食之，征债足矣。"这军士便浑身痛楚，其身唯有皮与骨，犹如人腊，一夕而毙。[2]

同时，以复仇行报应，报的范围有时就不免过大，其中牵连了不少无辜之人。南梁朱贞之鬼报复曲阿县令虞献，弄塌了房屋，不仅压死了虞献，也压死了"男女婢使十余人"[3]。有时不仅涉及加害的决定者，还涉及决定的执行者。如唐冀州刺史王瑱，曾因怒令典狱责打武强县尉蔺奖，致其颈项骨折断而死。后典狱坐门槛，门扇无故自发，打折其双脚胫。王瑱也见蔺奖鬼魂出现，十余天后便死。[4]

---

① 《太平广记》卷120《报应19》引《还冤记》。
② 《太平广记》卷122《报应21》引《逸史》。
③ 《太平广记》卷120《报应19》引《还冤记》。
④ 《太平广记》卷121《报应20》引《朝野佥载》。

第九章　刑官报应说

时常听朋友们说起，20世纪70年代末高考申报了法律专业，乡人闻之，莫不责以缺德招损。且事不止一件，人不止一个，南北皆有。始知刑官报应之说，洎乎近世仍不能绝迹。

刑官报应说，这种中国式的法律文化现象所包含的价值观念——对酷暴的司法黑暗的鞭挞、对刑清理想的憧憬，以及扭曲了的平等观、素朴的司法正义观、同态复仇的简单公平观，甚至它作为弱者哲学的咒语式逻辑，作为情绪解脱和情感寄托的形式，都是它得以产生并流布的根源所在。对于它，我们不应简单以荒诞一语评价而无视它的历史正当性，也不可因其迷信虚妄而弃置不顾，应当给予认真的、适当的评价。

第一节　刑官报应——司法报应与立法报应

报应说的一系列设计都适用于刑官。刑官报应说只是一般报应说的局部化、特定化而已。在这里，沟通阴阳二界的，仍然是昏病入冥人和巫师；①人们同样也相信这套诉冤系统的存在和作用，②甚至有人不愿诉诸阳间王法，而宁愿诉诸阴司鬼报。③然而，报应说对刑官似乎特别偏爱。

刑官果报拥有专用的物质性设施。地狱竟有专属于刑官果报的监狱：阴间"各有狱，凡贪淫、杀害、严刑酷法、谗谮忠良、毁败良善，不问贵贱久近，俱受罪于此"④，"严刑酷法"即刑官的专狱。同时，阴间也有专用于惩治刑官的法条，而且是最严厉的一类。据说，官员报应有三类："一为临政酷虐，二为事父不孝，三为作监官不廉。……而酷虐者获罪尤重。"⑤酷虐又是专属于刑官的。应该说，到这时，刑官报应说已完成了全部设计，剩下的就是报应必然性的个案应验了。

一、刑官积"阴德"之善报

汉初在道家普遍谈论报应的氛围中，刑官报应说也得到了发展。西汉于定国父亲于公，曾任县狱掾、郡决曹，尝云："我治狱多阴德，未尝有所冤，子孙必有兴者。"因而建议将正在改修的里居大门搞得宽阔一些，以便将来他那做了大官的子孙们的驷马高盖车能够顺利通行。

---

①前者如唐代姑臧县令慕容仁轨，因本县"妇人阿赵被县尉无状拷杀，阿赵来诉"，遂被误追入冥。后者如唐苏颋病危，巫者对他说："公……由作桂府时杀二人，今此二人地下诉公。"还有，西晋永嘉之乱后，有一巫见到司马懿，司马懿泣云："我国倾覆，正由曹爽、夏侯玄二人诉冤得申故也。"见《太平广记》卷102《报应1》引《报应记》、卷121《报应20》引《广异记》、卷119《报应18》引《还冤记》。

②刘宋时一太乐伎被县令陶继之枉杀，将死之日，誓曰："我……枉见杀害，若无鬼则已，有鬼必自陈诉。"南梁富人弘氏被南津校尉孟少卿诬杀，临刑之日，弘氏嘱其妻、子："可以黄纸、笔、墨置棺中。死而有知，必当陈诉。"像这样的"吾当讼于地下""当于泉下理之耳"还有很多。见《太平广记》卷119《报应18》引《还冤记》、卷120《报应19》引《还冤记》、卷124《报应23》引《稽神录》、卷123《报应23》引《南楚新闻》。

③南宋横州太守赵持诬陷通判贾成之不成，遂在宴中下毒。贾死前曰："我落人先手，输了性命，不用经有司，吾当下诉阴府。远则五日，近三日为期，先取赵持，次取邓某，然后及俨、玉辈（邓、俨、玉皆同谋）。"见《夷坚乙志》卷19《贾成之》。

④《夷坚乙志》卷4《张文规》。

⑤《夷坚丙志》卷10《黄法师》。

凑巧的是，他的儿子于定国后来做了丞相，孙子于永后来也做了御史大夫，封侯传世，子孙果真乘上了驷马高车。[1]

这形成了刑官们的一个传统。像于公这样做、这样说、这样期望的刑官，后世大有人在。东汉虞诩的祖父虞经做郡狱吏时，每上报成案，涕泣随之。尝曰："吾不必为于公，子孙何必不为九卿？"随即给虞诩取字升卿。[2]北魏柳庆做兵部郎中兼雍州别驾时，决狱不避权贵，又明察善断，常叹曰："昔于公断狱无私，辟高门以待封，斯言有验，吾其庶几乎？"[3]宋朝李韶父李文饶"为司理参军，尝曰：'吾司臬多阴德，后当有兴者。'"[4]当然，这些人的后代确实都做了高官。

自然，这样说、这样做的也不限于郡一级的刑官，还有其他有权按罪的刑官。

《资治通鉴》卷二十一《汉纪十三》武帝天汉二年云：王贺为绣衣御史，"逐捕魏郡群盗，多所纵舍，以奉使不称免，叹曰：'吾闻活千人，子孙有封，吾所活者万余人，后世其兴乎！'"此事《汉书·元后传》记述更详，"多所纵舍"指王贺对"魏郡群盗坚庐等党与，及吏畏懦逗留当坐者"，"皆纵不诛"，都给予了宽大处理。不仅放纵群盗"党与"，而且也放纵部下官吏镇压不力者。

对此类"阴德"之说，王夫之是持否定态度的。他说："阴德之说，后世浮图窃之，以诱天下之愚不肖，冀止其恶。"但"东汉以上，浮图未入中国，而先为此说者史氏也，则王贺阴德之说是也"。他认为"史氏阴德之说坏人心风俗"，而对于王贺所言，王夫之评价说：

　　贺逐盗而多所纵舍。法之平也不可枉，人臣之职也；人

①《汉书·于定国传》。
②（清）杨景仁：《式敬编》卷5《恤囚》。
③（元）叶留：《为政善报事类》，辽宁教育出版社1998年版，第14—15页。
④《宋史·李韶传》。

之无罪也不可杀，并生之情也。而贺曰："吾所活者万人，后世其兴乎？"市沾沾之恩，而怀私利之心，王莽之诈，贺倡之矣。故王氏之族终以灭，而为万世乱贼之渠魁，以受《春秋》之斧钺。史氏以阴德称之，小人怀惠，坏人心，败风俗，流为浮图之淫辞，遂以终古而不息。近世有吴江袁黄者，以此惑天下，而愚者惑焉。夫亦知王贺之挟善徼天而终赤其族乎？[①]

王夫之本来是要批判善报之不可靠，但其评价却最终落入了恶报必然性的窠臼。王贺的过错，竟被视为后代王莽覆灭宗族的原因。王夫之的评价逻辑也未能跳出报应说的范畴，这不能不说是一件憾事。

二、刑官作法之恶报

道家爱谈祸福，道、儒两家从相同的立场看法家，又提出了作法自毙的所谓"为法之报"。尽管这只是刑官报应说的一个支流，但影响却是巨大的。

《史记·商君列传》说：

> 秦孝公卒，太子立。公子虔之徒告商君欲反，发吏捕商君。商君亡，至关下，欲舍客舍。客人不知其是商君也，曰："商君之法，舍人无验者坐之。"商君喟然叹曰："嗟乎，为法之敝，一至此哉！"

司马迁采录的这个故事，在汉初黄老学盛行、儒家思想抬头的环境中可能是非常流行的。不过，这个最早的遭报实例出现在大改革家商鞅这个所谓"天资刻薄人"身上，不仅为后世人攻讦改革家提供了样板（比如王安石就曾两度被入冥复活人说成由于"议肉刑"而"荷铁

---

① （清）王夫之：《读通鉴论》，中华书局1975年版，上册，第69—70页。

枷"①，甚至被关在"变古狱"②），而且为类似的附会提供了先例。唐张鷟《朝野佥载》就记述了数件作法自缚之事。一是长孙无忌奏请将"别敕长流"定为永制，其后自己被武则天迫令"长流岭南，至死不复回"，"此亦为法之弊"；二是李昭德做宰相时宣出一敕："自今以后，公坐徒，私坐流，经恩百日不首，依法科罪"，后昭德受贿事发，频经恩赦而不自首，计赃被处绞刑；三是张楚金奏请谋逆之人特赦免死，家口仍绞斩及配没为奴婢，其后楚金被诬告谋反，本人特赦免死，其家其余男子15岁以上被斩，妻子配没，"识者曰：为法自毙，所谓交报也"。③

作法自毙的基础是发意制定苛法，这是其获报的稍近人意之处，符合良善者的好善恶恶心理，这正是儒道两家得人心之处。故而一旦两苛相遇，那种喜剧效果就令人忍俊不禁了。脍炙人口的"请君入瓮"及"取公铁笼头"的故事，就是武周酷吏来俊臣对付另一酷吏周兴，以及佚名酷吏对付酷吏索元礼的办法。还有，房嗣业做大枷，最后套在了自己头上；鱼思咺为武则天造告状之瓯，最后自己被人投瓯告发；京兆尹不许左降流移人停留，后被贬官，求与妻子告别而不得。④无论所作之法如何，都无一例外地会落在作法者自己身上。

作法之报的附会，后来又发展至"诛心"之说，这是儒家味十分浓厚的东西。东汉梁统上《重刑疏》请求皇帝改复旧法，增加死刑，改变"轻刑之作""人轻犯法"的局面。人们认为，梁统的奏疏虽未获皇帝批准，"而统之苛虐，神人共愤。其子松、竦死皆非命，而（梁）冀卒

---

① （清）杨景仁：《式敬编》卷1《平法》。
② 《夷坚乙志》卷1。
③ 《太平广记》卷121《报应20》引《朝野佥载》。
④ 《太平广记》卷121《报应20》引《朝野佥载》。

灭族"，是其意欲立苛法之报。①

作法之报的说法，使刑官报应从司法领域延伸到立法领域，这是比较特殊的报应。而且早期的作法恶报，至后来又发展出作法善报。大抵这也反映了中国人的心路历程：开始时对法律一味排斥，后来便有条件地接受。

作法善报讲求心存仁厚，也是儒者重民命、主哀矜的反映。北宋沙门岛流配罪人，惯例有定额，官府只给三百人粮。遇超额，则投入海中。马默知登州，上疏朝廷请求"今后如溢额，乞选年深者仍移至内地，听其自便"，得到神宗批准，"自是全活甚众"。马默本无嗣，后生男女二人，80岁方死。②此类报应情事，用儒者的立场去解释再贴切不过。清人陈其元即说："其初不过一不忍人之心耳，未尝图报也，而报之彰彰如是。作善降祥，岂不信哉！"③

至于作法之事受鬼神监督，那是后来作法之报又加入鬼神报应的结果。道理似乎是：律苛法酷，鬼神所不愿。据说，五代时范质曾在一茶肆喝茶，随手题扇一联："大暑去酷吏，清风来故人。"突然一个相貌怪异之人上前作揖，说："酷吏冤狱，何止如大暑也？公他日当深究其弊。"携其扇而去。后来范质在庙里一个泥塑鬼的手中看到了自己的扇子，不禁大惊失色。待范质做大官时，因"律条繁广，轻重无据"，倡议应当重定。周太祖下诏范质主持其事，遂出台了《大周刑统》。④

在这里我们重点要讲的是刑官的司法果报。

---

① （清）杨景仁：《式敬编》卷1《平法·附苛法事实》。
② （清）杨景仁：《式敬编》卷1《平法》。
③ （清）陈其元：《庸闲斋笔记》，中华书局1989年版，第134页。
④ （清）杨景仁：《式敬编》卷1《平法》。

第二节　报应的内容、范围与强度

一、报应的内容与范围

报应的威慑力（祸报）或诱惑力（福报）都落在报应的内容上。陈平所云"世即废"指世封，也就是子孙官、禄；于公所言"子孙必兴"，也指子孙的官、禄；作法之报多涉及死刑，至少是刑报，关乎个人及家族命运；鬼报又多是报死，或救其命或害其命，故而报应内容实际是集中在官爵、俸禄、寿考这些人们最关心、利害关系最大的三个问题上。

唐临曾总结儒书中的善恶之报有"近者报于当时，中者报于累年之外，远者报于子孙之后"三种情形，这是按报应时间及对象范围而划分的当时报、累年报、子孙报。唐临又是佛教信徒，所撰《冥报记》，以佛教轮回说的现报（谓于此身中作善恶业，即于此身而受报）、生报（谓此身作业，不即受报，随业善恶生于诸道，即转生为天、人、阿修罗、畜生、饿鬼、地狱六道）、后报（谓过去身作善恶业，五生、十生方始受报）证明报应的效验。[①]但无论哪种报应，不论是报德还是报怨、福报还是祸报，报应的内容不外乎寿考、官位、俸禄，报应范围也不外乎刑官本人及其子孙。现仅述其中较典型的子孙报、寿考报、禄位报。

（一）子孙报

子孙报是报应中最令人关切者。子孙兴废（官禄有无）固然是报应的

---

① （唐）唐临：《冥报记·序》。

一项重要内容，是否能得后嗣及后嗣的多寡更是刑官报应的重要内容。

刑官子孙福报可以是多子多孙。汉何比干做汝阴狱吏、决曹掾，平活数百人（一说数千人）；后做丹阳都尉，狱无冤囚。神降其门，云："公有阴德，今天锡公策，以广君之子孙。"何比干当时已有六男，后又连生三子，累世显荣。[①]子孙福报也可能是无子而得子。宋张成宪任陈州宛丘县尉时，抓获两伙强盗。有人鼓动郡守将两案并一案，使人数符合优赏条件而得京官。张坚决抵制。后梦入冥司，冥王予其善报，原本无子的他后得生男女各一人。[②]

子孙福报的反面是祸报。福报为无子得子、有子再增益，祸报便是"刑官无后"或"刑官不蕃其后"。

"刑官无后"之说，对于一个将"不孝有三，无后为大"[③]视为大不幸的社会无疑有很大的威慑力。"无后"之报与儒家有很大的关系，孟轲曾托孔子之口云："仲尼曰：'始作俑者，其无后乎！'"[④]至少在孟子所处时代，"无后"是对人的无以复加的诅咒。后世儒者将"无后"之说与刑官报应糅合起来，再从儒者立场解释报应，明颜茂猷云：

> 刑者，圣人无可奈何之法，以济德之穷者也，原从悲悯心流出。用之者当不以犯法为怒，不以得情为喜。怒则觉彼罪应受，绝无矜怜；喜则谓我见甚真，惟知痛快。古云："刑官无后。"不可不慎也。[⑤]

这样，儒家的慎刑原则就与刑官报应联系了起来。儒家不是刑官报应说的主要创始者，但却是它的强有力的附和者。

---

① （清）杨景仁：《式敬编》卷4《察狱》，（元）叶留：《为政善报事类》卷1。
② 《夷坚乙志》卷17《张成宪》。
③ 《孟子·离娄上》。
④ 《孟子·梁惠王上》。
⑤ （明）吕新吾：《刑戒·颜茂猷题》。

"刑官不蕃其后"在道理上虽与构怨树敌有一定联系，[1]但主要还是取决于刑官的特定身份、地位与其作为的性质。一般认为听狱断讼之地是作恶之地，也是播布仁心之地，人谓狱犴为"福地"或"阴德之地"，即此义也。清代的那清安说："至于因缘情定罪，例无可加，分外荼毒，即非罪所应得。宽一分则人受一分之福，严一分则己受一分之报。'刑官不蕃其后'，职此故也。可不敬哉！"[2]这是说法外苛责则必受报。清代的杨景仁说："议者谓'刑官不蕃厥后'，然汉以来治律有家，子孙并世其业。张、于二氏，陈、郭两族，庆昌枝裔，蝉紫传辉，齐书艳称之。则刑官非不可为，亦在用心仁恕、决狱无冤耳。"[3]"决狱无冤"正是问题的关键所在。"刑官无后""刑官不蕃其后"，不是说刑官不可为。可为却又要避免恶报及于子孙身上，这个矛盾的解决办法唯有"用心仁恕，决狱无冤"一途。这一点恰好也符合于公所谓"治狱无所冤，子孙必兴"的善报逻辑。

（二）寿考之报

寿考之报中，善报可以是延寿、为神。这两者在报应中都是不多见的。唐咸通年间吉州牙将李质得病将死，忽梦入冥。见冥吏，被告知："曾出七人性命，合延十四年。"醒悟后，疾渐平愈，十四年后终。[4]又，南宋绍兴时某人得病入冥，见故友广德军吏王珣做总管司副职，王曰："我在公门，岂能无过？但曾出死罪三十一人，有此阴德，故得为神。"[5]

---

①（明）颜茂猷《官监》："谚云：'一世为官百世冤。'盖恐隐利害，崎岖情伪，害人不少。"（清）熊弘备《居官格言》云："听讼，凡觉有一毫怒意，切不可用刑。……尝见世人，因怒而严刑以泄忿。嗟嗟，伤彼父母遗体，而泄吾一时忿恨，欲子孙昌盛，得乎？"
②（清）杨景仁：《式敬编·那清安叙》。
③（清）杨景仁：《式敬编·凡例》。
④《太平广记》卷117《报应16》引《报应录》。
⑤《夷坚丙志》卷8《黄十翁》。

相应地，恶报就是减寿。唐苏颋作桂府时误杀二县吏，被阴司"减二年寿"[1]；娄师德临终前与鬼争论："我寿当八十，今追我何也？"既而自言自语"为官误杀二人，减十年"，语迄而绝。[2]

寿考善报应当以为活人雪冤为正途。南宋张文规为项州司理参军，境内真阳县民张五等盗牛，村民胡达、朱圭、张周孙等追捕，杀死张五，余盗反诬被劫告官。县令吴邈欲邀功，尽捕胡达、朱圭等十二人送狱，"劾以强盗杀人，锻炼备至，皆自诬服。圭、运二人瘐死"。案至州府，张文规疑狱不实，问得真情，遂改断胡达杖脊、余皆杖臂，圭、运无罪。县令恚忿而死（应算恶报）。文规因"雪冤狱，活十人"而升迁。后得疾入冥，阴府因其"雪活十人之功"，阎王判延一纪（十二年）寿。[3]这个善报故事中的两个情节颇为引人注意。情节之一：张文规入冥，向阎王提问：我"使十人将死得生"，为何"独不蒙朝廷赏劳"？再者，"准赏格当改合入（京）官"，为何仅循资改官？不得已，方要求延长寿命。可见，为活人雪冤带有功利目的。因而，为图报而一味地免人死罪、不问是否该杀的情形就难以避免。或许，这正是朱熹批评的那种"今之法家，惑于罪福报应之说，多喜出人罪以来福报"[4]的现实依据。不过，这与报应说所期冀者并不矛盾。报应说正是希望人们通过关心自己而实现关注他人命运的目的，而这正是它比舍身求公正而不图报的大道理更容易让人接受的原因。情节之二，冥吏向张文规讲了一番大道理，甚至连"上帝好生而恶杀"以及"好生之德洽于民心"等经典都搬了出来。冥吏被"儒化"，反映了儒学融入报应说的程度已经很深了。

---

① 《太平广记》卷121《报应20》引《广异记》。
② 《大唐新语》卷11《惩戒第25》。
③ 《夷坚乙志》卷4《张文规》。
④ 《朱子语类》卷110《论刑》。

寿考之报被说成弹性的动态过程，是报应说的又一发明。据说，乾隆时山东巡抚国公（即国泰）曾扶乩问寿。乩判曰："不知。"问："仙人岂有所不知？"判曰："他人可知，公则不可知。"原因在于，"修短有数，常人尽其所禀而已。若封疆重镇，操生杀予夺之权，一政善，则千百万人受其福，寿亦可以增；一政不善，则千百万人受其祸，寿亦可以减。此即司命之神，不能预为注定，何况于吾？岂不闻苏颋误杀二人，减二年寿；娄师德亦误杀二人，减十年寿耶？然则年命之事，公当自问，不必问吾也"。①这种将年寿系于刑政善恶的逻辑，给封疆大吏以特别的待遇，应当说是合理的，乩仙的回答也是机智的。潜藏于生杀予夺大权里的命运实际是操纵于自己手中，一切都只不过是善恶的数量累积。寿考之报的惩劝功能由此可见一斑。

（三）禄位之报

禄位或官位之报往往与寿报相连，故而在报应中并不是独立存在的。在道理上，寿报与禄位之报皆关乎阴司，而阴间有所谓司命署掌"禄命簿"，人之禄位、年寿，均在此簿，由"司命之神"预为注定。唐苏颋请人相命，合得二品位，却在官至三品时得疾而亡。因为被阴司减了二年寿，再无机会升至二品。娄师德则"位与寿为主吏所降"，官位不能再至上台。②明徐谦为侍郎，梦神人曰："受五百金，枉死一人命，天曹已减三十年寿，官止此矣。"隆庆时荆州推官魏钊"受贿百金，故出人罪，死者含冤，上帝已削其禄秩，年亦不永矣"③。可见无论先削秩，还是先减寿，或者是位、寿同降，最终结果均是寿位俱灭。

---

①《阅微草堂笔记》卷22《滦阳续录四》。
②《太平广记》卷277《梦2》引《宣室志》。
③（清）杨景仁：《式敬编》卷4《察狱附枉狱事实》。

二、报应的程度或强度

报应在报德那里是宽容的、大方的，在冤报那里却是残酷的、苛刻的。

有一个值得注意的现象，即无论报应的内容为何，都很少看到指责报应过分的情形。从总体思想原则看，"赏延于世，罚弗及嗣"，经学中这两个最受人称道的法律原则反映了中国人的法律宽容精神的两大方面。然而，受报复刑（有族刑、缘坐）和复仇（及于家族）的影响，报应说也有子孙报。因而，福报及于子孙，犹可说符合"赏延于世"的传统；恶报及于子孙，就不再符合"罚弗及嗣"的古训了。只要详考报应程度或强度与"作业"的联系，就不难发现：报应是以报还相应为原则的，其中等偿原则起到了很大的作用。①

报还相应在冤报方面表现为同态复仇，无论王法、冥刑，都只是报复刑；在善报方面，福佑也与"作业"约略相等，不过是"李桃"之别。②

冤死者必报以死，盖出于"杀人者死，伤人者刑"③或"杀人偿命，欠债还钱"④这些千古流传的观念。故刑官枉杀生人，必获死报，甚至不分故杀、误杀，出于己意的杀或出自他人之手的杀。固然反映了"恤民命""死者不可复生"等重视生命价值的意识，更反映了是同态复仇意识，即"杀人者死"也。

相应地，酷刑、滥刑而得身报或子孙报，也是同态复仇。唐武宗

---

①但报还相应只是基本对等的粗略计算，并不讲究精确。甚至我们还可以找出冥司法律的不一致之处。同是误杀人，减寿年数不同；同是雪冤救人命，延寿年数又不一；等等。报应说在这个意义上就是一个不讲究精确的混乱淆杂的系统。报应说来自民间，即使经文人整理，也出自不同人之手，故混乱淆杂是不可避免的。

②《诗经》有"投之以桃，报之以李"之说。

③《汉书·刑法志》引荀况语。

④《阅微草堂笔记》卷9《如是我闻三》。

会昌年间的平卢节度使"淫刑滥罚，致冤魂上诉。所患背疽，盖鞭笞之验"，"天法所被，无能宥之"。①南梁饥民盗田中麦，"一部曲守视，所得盗者，辄截手腕，凡戮十余人。部曲后生一男，自然无手"②。隋炀帝时京兆狱卒③、北齐张和思④、唐乾封县录事祁万寿⑤、南宋兴国军司理院卒李镇⑥，皆以酷虐囚徒及非理行刑而遭到生孩子长肉枷、无手足之报。所谓"伤人者刑"也。⑦

出人死罪得延寿，入人死罪得减寿，亦同态之报。寿报必须与死刑有关才会发生，盖唯有如此才能有寿的问题——判人死刑属"考不终命"，是横死，故恶报为减寿；出人死罪使人免于非死，能延人寿考，其善报则为延寿。

同态复仇是原始的，但也是最直观、素朴的公平，符合人们心理平衡的要求，因而最容易被人接受。同态复仇在形式上是私的，在内容上却是公的。在一个相对稳定的社会里，有简单的公平观就足够了。因为它能够解决基本的问题，能够解释基本的公平。而一个社会得以持续稳定的基本原因，就在于它能够保持基本的公平。刑官报应说之所以流行，报还相应尤其是同态复仇的公平观是起了很大的支撑作用的。

---

① 《太平广记》卷126《报应25》引《耳目记》。
② 《太平广记》卷120《报应19》引《还冤记》。
③ 《太平广记》卷121《报应20》引《广古今五行记》。
④ 《太平广记》卷126《报应25》。
⑤ 《太平广记》卷126《报应25》。
⑥ 《夷坚丁志》卷2《兴国狱卒》。
⑦ 尽管我们前述已说明中国古代的"伤人者刑"不是实质上的肉刑，但人们却习惯于将其理解为实际上的肉刑或准肉刑。

第三节　冤报的缘由及其实质

冤报的缘由是冤情。"冤"是一个事实概念（无其事或其事小、轻）和情绪概念（感觉）的综合体。

中国人极不愿意看到冤抑。且不说古来"与其杀不辜，宁失不经"[①]的基本精神是防止冤滥，就连人们确定书名的立意——《洗冤录》《平冤录》《无冤录》，也必以洗平冤诬以至无冤为极则。于是有了以辩冤雪诬为己任的大批正直的刑官。汉于公言："我治狱多阴德，未尝有所冤"[②]，以无冤为德，是其持身操守；南宋吴雨岩更谓："行部以洗冤为急。民冤尚欲申，何况士大夫之冤"[③]，以洗冤为急务，是其职责的根本。于是又有了可敬的刑官的家人们，他们同样推动着辩冤雪诬的进程。西汉隽不疑的母亲总要问巡行属县录囚归来的儿子："有没有平反雪冤，救活了多少人？"如果隽不疑雪冤众多，母亲就高兴得又吃又喝，说话也比平时多；如果隽不疑没有平反，母亲就发怒，不吃也不喝。[④]因为人们对于"无罪枉戮，冤痛已甚"的人，所能做的最大的也是唯一的事情，就是"彰明枉直，显宣当否，使冤魂无愧无恨，为恩大矣"[⑤]。

之所以要这样，是因为中国人以为不应有冤，这涉及中国人对天人关系的理解。中国人看重司法上的枉杀伤和。瞿同祖先生说："古人认

---

①《尚书·大禹谟》载皋陶语。
②《汉书·于定国传》。
③《名公书判清明集》卷2《官吏门·昭雪》。
④《汉书·隽不疑传》。
⑤《晋书·解系传》。

为灾异不是自生的自然现象，而是神灵对于人类行为不悦的反应。政事不修是致灾的原因，而政事中刑狱杀人最为不祥，其中不免有冤枉不平之狱，其怨毒之气可以上达云霄，激起神的忿怒。"[1]因此，自汉以来，地方官常常将偶然的自然灾害和反常的气象与司法上的冤滥联系起来。

西汉东海孝妇，在夫死后敬养婆婆。婆婆不想连累她，打算让她再嫁，她不肯。婆婆自杀，期望逼她无人可守而改嫁。这时大姑姐告发弟妹杀其母。于定国的父亲于公知道孝妇冤枉，向郡守力争不杀该孝妇。郡守不听，致使孝妇被冤杀。郡中因此久旱不雨。后任太守来后，怪而问之。于公以为是冤气所致，建议祭孝妇墓塞怨。祭墓之后，天即下雨。[2]

这就是人们日常所说的那个成语——"人命关天"。人命所关者不仅是人，还有天；再由天的作用，反过来关乎人。而其中的一个重要中介就是"气"，即怨冤之气。这种"气"的产生是由于人无过被杀，首先是被官府枉杀。

同样，不被官府枉杀而被犯罪人枉杀，也会产生这种"气"。所以，中国人看重惩罚罪犯，在根本上是为了杜绝冤屈、冤枉。因为有冤屈、冤枉，就有怨恨、怨气；有怨恨、怨气积塞，就有非正常的自然现象。[3]化解冤屈、冤枉，唯一的途径是惩罚罪犯。因此，中国人看重惩罚罪犯，与中国人看重消除冤怨之气或中国人不允许冤怨之事存在，实际上是一而二、二而一的事情。

---

[1] 瞿同祖：《中国法律与中国社会》，中华书局1981年版，第256页。瞿先生所举有关例证甚多，读者可以参看。
[2]《汉书·于定国传》。
[3] 窦娥冤一剧的六月雪，就是所谓冤怨之气的表现。冤怨之气还可以造成血往上流、石上长花等非正常的现象。

因此就有了一种情操，法官的操守是使人不冤。①也因此就有了一种制度，即理平冤枉的制度。②因为重冤情，所以在制度上又产生了特别优待辩冤雪诬官吏的规则。③

但这只是不应有冤枉的逻辑，而不应有冤枉的逻辑，很容易转化为不可有冤枉的逻辑。这冤之不可有，就是冤报说。

冤报在天人感应说那里是温和的。西汉东海孝妇被太守冤杀，郡中枯旱三年。后任太守怪而问其故，于公以为此"孝妇不当死，前太守强断之，咎党（傥）在是乎？"太守杀牛亲祭孝妇墓，天即大雨，岁熟。④正所谓冤气积塞则灾害频仍，平冤方能消除灾害。在这里，冤报并不影响刑官们的个人利益。天人感应说支配了许多年，平冤抑的活动也进行了许多年。"汉晋以来，滥刑而致旱，伸冤而得雨，载于方册可考也。"⑤以至于后世法官们也以此诫约自己或上级，据说也确实能够应验。⑥

冤报在后来就不再温和而是普遍激烈起来了。刑官们要付出的是官、禄、寿等沉重代价，以偿还冤抑。

冤之不可有或冤之必报，似乎首先是源于冤鬼们的报复观念。冤报说赋予了冤鬼这样一种执着品性：除了极个别的冤鬼不执着于报冤而只

---

①《汉书·于定国传》："张释之为廷尉，天下无冤民；于定国为廷尉，人自以不冤。"一个是客观实际的"无冤民"，即不存在"冤"之事实，一个是人的主观感受即没感觉到自己被处罚有什么"冤"情。而所谓冤屈、冤枉，自内视之，为冤屈（主观感受）；自外视之，为冤枉（被曲法枉断）。甚至法官自己也以曾经冤杀过人来解释自己的遭遇。东汉虞翊做司隶校尉，临终，对其儿子说："吾为朝歌（县）长，杀贼数百，其中必有冤者。自此二十年，家门不增一口，斯获罪于天也。"这当然是一种对于报应的理解。但其中反映的"法官不应使人冤死"的意识，却是中国古代的法官普遍的文化心理。《太平御览》卷640引《后汉书》。
②曹魏正始元年，"诏令狱官亟平冤枉，理出轻微"。见《三国会要》卷20《庶政》。南朝刘宋时，都官尚书谢庄上奏改定刑狱的目标，是"必令死者不怨，生者无恨"。见《太平御览》卷640引《宋书》。
③五代后唐长兴年间敕书引唐《长定格》云："应经学出身，又在任日雪得冤狱，许非时参选，超资注官，仍赐章服。"见《五代会要》卷21《选事下》。
④《汉书·于定国传》。
⑤《宋史·道学四·张洽传》，（清）杨景仁：《式敬编》卷4《察狱》。
⑥《宋史·道学四·张洽传》。

关注托生，①绝大多数冤鬼要的仅仅是雪冤。面对这种情况，阴司强迫不了，吃药救不了——所谓"但负命之冤，须待彼肯舍与否，有司固不可得而强，无用药为也"②；做功德赎罪也不被允准——所谓"以命还命足矣！何功德而当命也？"③主动权完全操纵在冤鬼手中。

甚而能够治妖祛鬼的僧道们，在冤鬼面前也失去了法力。清代某道士曰："妖魅为厉，吾法能祛。至夙世冤愆，虽有解释之法，其肯否解释，仍在本人。"④南宋王某任南剑州通判时，有盗发，未得盗，"得民为盗囊橐者，禽其夫妇戮之。其女嫁近村，闻父母被害，哑来哭，悲号忿詈。王怒，又执而戮之。女方有娠，实四人并命也"。后王某儿媳被鬼附身，请一巡检治鬼。鬼云："孙巡检但能治邪鬼尔，如我负冤何及？"并曰："我一家四人皆无罪而死于非命，既得请上天，必索偿乃已，法师幸勿多言。"且指胸示之曰："被酷如此，冤安得释！"巡检云："此冤吾法不可治，特可暂宁尔。"后王死，祟方息。⑤

冤鬼径报是基于冤鬼的意志，而冤鬼意志的根据是鬼神之佑。所以在冤鬼求报的基本报应形式之外，鬼神直接插手干预狱讼就成了相辅而行的另一种报应形式，从而也最能说明报应的道义性质。

南宋一个县吏的妻子携幼子与奸夫私奔，途中弃儿于草丛。县民李三拾得抱归。李三因此而被捕，"穷鞫甚苦"，遂诬服。供称杀了县吏妻，弃尸江中，窃其子以归。狱案既成，将解送郡府。李三被"械立廷下，阴云忽兴，雷电皆至，李枢械自解脱，兀兀如痴。稍定，则惟吏已死。背有朱书字，似言狱冤。诸吏二十辈皆失巾，邑令亦怖慑良久"，

---

①《夷坚丙志》卷12《吴旺诉冤》。
②《夷坚丁志》卷9《张颜承节》。
③《太平广记》卷130《报应29》引《通幽记》。
④《阅微草堂笔记》卷6《滦阳消夏录六》。
⑤《夷坚丁志》卷2《孙士道》。

无奈何，"急释之"。①

这可真有点神了。不过，含冤之报既如此昭昭，对于致冤的原因，冤报说是如何看待的？或者说，冤报说如何认识冤情、冤案？冤报的实质又是什么？

司法中的冤滥是不可避免的，这是古人普遍的认识。《式敬编·卷四·慎刑》曰："史传所载，酷吏以鹰击毛挚为治，果皆天资刻薄欤？窥上意，畏主威，明知冤滥而不敢据法力争，微眚而蒙重遣，钜案而广株连……至于惧上官，徇僚友，上下其手，以致失当者无论也。"这是说，天性刻薄、以酷为治者，不惜陷人于冤地，以巩固自己的地位；窥测君意、畏惧君王者，助成了君主制造的冤狱；至于惧怕上官、瞻徇僚友者，或者为回护情面对冤情置而不问，或者有意制造冤案以维持上下左右的关系。这显然不能涵盖所有导致冤狱发生的具体原因，比如，狱吏"惮于推鞫，姑欲速成"，率耳草菅人命；②刑官自以为是，刚愎自用，"恃官清"而"胆气粗"，却每每冤枉丛生；③大吏以理学自命，"以他人皮肉博自己声名"，却不顾小民死生；④等等。这些出自报应故事的情节，就已经表明致冤的具体原因是难以用三言两语说清楚的。冤报说反对一切冤情，但在众多致冤因素中，它的矛头首先是针对酷吏的。酷吏是制造冤狱范围最广、程度最深、时间也相对集中的群体。酷吏政治对冤报说的形成起了很大的助推作用。

这一点，比较一下不同时代的《酷吏传》就清楚了。如果说《史记》《汉书》的《酷吏传》是人的、现世的，那么《旧唐书》的《酷吏

---

①《夷坚丁志》卷7《大庾疑讼》。司法之受鬼神监督，是报应说力图证实的东西。它的开端，应当就是"定罪时有鬼物凭依"。汪辉祖《续佐治药言》更云："吏之拟稿，不过请示，鬼犹瞰之，况秉笔定罪者。"

②《夷坚丙志》卷12《吴旺诉冤》。

③《子不语》卷9《真龙图变假龙图》。

④《子不语》卷16《全姑》。

传》就是鬼神的、超现实的。

《史记》《汉书》所记之报不过是抵罪伏诛、自杀、免职，不过是仇家欲烧其尸，只是人报；《旧唐书》所记之报却多是鬼厉索命，是鬼报。[1]比如，武周酷吏郭霸，曾按治芳州刺史李思徵"谋反"，致李思徵死，后"屡见思徵，甚恶之。尝因退朝遽归，命家人曰：'速请僧转经设斋。'须臾见思徵从数十骑上其廷，曰：'汝汪陷我，我今取汝。'霸周章惶怖，援刀自刳其腹，斯须蛆烂矣。是日，闾里亦见兵马数十骑驻于门，少顷不复见矣"。同时代的酷吏万国俊等六道使冤杀流人，"相次而死，皆见鬼物为祟"。玄宗时酷吏卢铉诬按张瑄，后"忽见瑄为祟，乃云：'端公何得来乞命？不自由。'铉须臾而卒"。为此，《旧唐书》论曰："天道祸淫，人道恶杀，既为祸始，必以凶终。故自鞅、斯至于毛、敬，蹈其迹者，卒以诛夷，非不幸也。呜呼！……或肆诸原野，人得而诛之；或投之魑魅，鬼得而诛之。天人报应，岂虚也哉！"

这便是冤报说的第一重本质：冤报首先不过是统治阶层内部互相杀伐的诅咒宣泄形式之一。法律、司法、人诛既然靠不住，就不得不借助鬼诛。统治阶层对于酷吏的恐惧和痛恨，是因为他们也是受害者，他们创造了这个怪物却又无法驾驭它，相对于酷吏而言，他们反而成了任人宰割的弱者。

冤报说的第二重本质，是弱小的小民对抗司法黑暗的形式。他们贫孤、弱小、无援。面对昏官、恶吏，他们或者只愿（实际也是只能）以自己的鲜血（并借助反常的自然现象）来证明自己的清白，像西汉东

---

[1]人们对于酷吏往往是否定的。胡寅曰："（张）汤祸贼不足道，其报也不旋踵。"丘濬曰："张汤今年杀颜异，明年即自杀，天道好还，彰彰如此。"陈大猷曰："自古酷吏，如郅都、宁成、严延年、王温舒、周兴、来俊臣之流，未有不反中其身，及其子孙者。上帝不蠲而绝厥世，古今一律也。"均见《大学衍义补》卷113。

海孝妇那样刑前立誓：我"若有罪，血当顺下"，"若枉死，血当逆流"。①或者只能求助于偶然的、反常的自然现象的出现，以证明自己的清白，像南宋汉阳军孝妇那样刑前让人在石缝中种花，祝曰："我实不杀姑，天若监之，愿使花成树；我若有罪，则花即日萎死。"②甚而像豫章新建村民发毒誓咒证人："某果杀人，不敢逃戮；若冤也，愿天令证人死于狱，以为验。"③这算是比较激烈的，针对的却不是刑官的昏庸、狱吏的逼勒，而是希望天鉴神明能够还他们清白。他们也寄希望于明君、清官，但那仍是外在的洗刷冤抑的途径，而且也不是经常出现从而能够起作用的因素。横遭冤枉，更多是迫使他们寻求自身的力量解决冤抑。生前既力不能胜，就求死后。鬼厉是力量强大的代表。于是，生者的弱小与鬼雄的强悍，就自然而然地统一了。冤报说就这样成为弱者哲学，在消极面，它是一种无可奈何的等待；在积极面，却是一种积极的等待，一种积极的进攻。冤报说真正的现实基础，就在单弱的平头百姓这里。

这样惩罚报冤系统就有了双保险：阳谴与阴祸，或人诛与鬼诛。阳谴或人诛能得到实施，自然无话；一旦靠不住，表明体制、法律的运转出了毛病，就得在体制、法律之外寻找并借助另一种力量，神鬼、地狱为此提供了精神寄托，提供了幻想，提供了一种常识中不可能的可能性。《魏书·昭成子孙列传》记载，元寿兴在做中庶子时，曾因公事杖责王显。后王显得世宗宠幸做了御史中尉，诬陷元寿兴在家口出怨言，诽谤朝廷。世宗遂赐元寿兴死。元寿兴临死前对其子说："我棺中可著百张纸，笔两枚，吾欲讼显于地下。若高祖之灵有知，百日内必取显，

---

①《搜神记》。
②《夷坚丁志》卷13《汉阳石榴》。
③《夷坚丁志》卷10《新建狱》。

如遂无知，亦何足恋。"

这种并行相辅的双重冤报系统几乎让人无处可逃，以致"贪而且酷者"被认为"苟脱人诛，将鬼得而诛也"。①进而，人们似乎一开始就有两手准备、两套报冤办法。唐殿中侍御史王旭曾"倒悬一女妇，以石缒其发，遣证与长安尉房恒奸，经三日不承。女妇曰：'侍御如此苦毒，儿死，必诉于冥司；若配入宫，必申于主上，终不相放。'旭惭惧，乃舍之"②。甚至名公巨卿们也以此警诫下僚，南宋真德秀云："居官临民，而逆天理、违国法，于心安乎？雷霆鬼神之诛，金科玉条之禁，其可忽乎？""至于大辟，死生所关……或至枉滥，明有国宪，幽有鬼神，切宜究心，勿或少忽。"③用之警示世人者，更比比皆是。纪昀《阅微草堂笔记》中，类似"人所不能报，鬼亦报之矣""不有人祸，必有天刑，固亦理之自然耳"④的议论就不下十处。

《还冤记》载：东汉何敞做交趾刺史，遇一女鬼诉被亭长龚寿枉杀，查证确实后，敞上表曰："寿杀人，于常律不至族诛。但寿为恶，隐密经年，王法所不能得；鬼神自诉，千载无一，请皆斩之，以助阴诛。"上报后，朝廷允准了。⑤相应地，如果冥法已行，阳间法律也不必重科。纪昀曾说，一女子与旧相好通奸，昏迷后觉得被鬼抓至阴府，"叱杖一百"，"及渐苏……视其股，果杖痕重叠"。官吏云："是已受冥罚，奸罪可勿重科矣。"⑥

---

① 《太平广记》卷269《酷暴三》引《投荒杂录》。
② 《太平广记》卷268《酷暴二》引《朝野佥载》。
③ 《名公书判清明集》卷1《官吏门·申儆》之《谕州县官僚》《劝谕事件于后》。
④ 《阅微草堂笔记》卷17《姑妄听之三》。
⑤ 《太平广记》卷127《报应26》引《还冤记》。
⑥ 《阅微草堂笔记》卷5《滦阳消夏录五》。

第四节　冤报的罪过形态及其寓意

儒家讲"宥过无大，刑故无小"[①]，强调处罚或大或小的所有故意犯罪。春秋决狱更给人以"论心定罪"的印象，所谓"志善而违于法者免，志恶而违于法者诛"[②]，这纯粹动机论的逻辑，竟连罪与非罪的界限也不愿意讲求。佛家的"业"，指心中有意识、有目的的意欲及其所引发的身、口、意的活动，分别称为身业、口业（语业）、意业。至于无心（或无意识）地杀死虫蚁等，佛家不以为应得杀罪。[③]可见，佛教虽重意业，但至重的杀生之罪仍以故意为限。刑官报应说虽脱不开儒佛两家的思想传统，却绝非简单地因袭，而是有其自身的深意。

一、故枉之报

冤报的首要罪过形态，是故枉人罪。故意心理状态既被儒佛二家所重，报应说也将故意枉入人罪作为最基本和最常见的冤报缘由。

故枉人罪在法律上是故入人罪，最严重者当属故入人死罪。南宋新喻县丞徐生受命赴邻县鞫一刑案。往返途中，神人两度托梦房东。先云徐应官至侍郎，后言徐"受人钱五百千，鞫狱故不以实"，遭报"官爵当削除，而年寿亦不远"。该案案情原是"富民殴杀人，丞纳民赂，抑民仆使承，仆坐死"。则不唯故入无辜人死罪，又纵出（故出）死罪，

---

①《尚书·大禹谟》。
②《盐铁论·刑德》。
③陈兵：《生与死——佛教轮回说》，内蒙古人民出版社1994年版，第44—45页。

"故阴谴及之"。果然，徐生归家后，刚得到升官消息，就得病而死。[①]报应之速，未待阳祸发生就得到了阴谴，当是故枉之报的显例。

故枉者，皆出于私心。无论是报复之私心，还是为人着想之私心，都是一样的。汪辉祖云："公则无心之过，终为舆论所宽；私则循理之狱，亦为天谴所及。"[②]他曾说："昔吴兴某以善治钱谷有声，为当事某公所慢。会故人子官浙中大僚，某讦其侵盗阴事，竟成大狱。狱甫定，某忽自啮其舌至本，溃以死。"原因是"夫某公侵盗有据，于法得死，宜为大僚所治，某言非虚妄，特意出于私，尚罹阴祸，况传闻有未实者乎"。[③]又，一个姓胡的幕客被鬼报复，原因是他早年曾"客湖南某县。有妇与人私，夫为私者所杀，妇首于官"。他"恐主人罹失察处分，作访拿详报，拟妇凌迟"。因而看见一个金甲神率该妇人刃刺其腹部。汪辉祖云："夫律例一书，于明刑之中，矜恤曲至。犯罪自首一条，网开一面，乃求生之路，删改而致于重辟，是死于我，非死于法也。鬼之为厉，宜矣。"[④]

刑官报应的绝大多数是故枉遭报，看看本书所提到的报应事例就可得知，这里不再赘述。故枉之报，也是人们在感情上最容易接受的。枉害生人的直接故意，不应饶恕，也不应得到原谅，待之以相应的还报，阳间、阴府、国法、冥律都能在情理上讲出充分的依据来。故枉遭报的警示，迫使刑官们遵循最起码、最基本的职业禁忌——如果不想遭到报应，就不要故枉人罪。

事情当然还不止于此。故枉之外、误枉、逢迎、缄默、"忠厚"等等都可能成为冤报缘由，囊括了各种不同心态的果报形式。

---

①《夷坚丙志》卷6《徐侍郎》。
②《佐治药言》。
③《续佐治药言》。
④《续佐治药言》。

二、误枉之报

刑官过误枉人，虽缺乏主观故意，只是因不审慎造成的，但仍被视为不可恕，必获冤报。

戴胄是唐太宗贞观初年有名的法吏。做大理寺少卿时，曾以谏太宗不杀侍卫有失的监门校尉、不杀诈伪资荫人而闻名。史称其"所论刑狱，皆事无冤滥"[①]，这应当是符合理想刑官的标准的。而在报应说中却是另一番景象。据说戴胄刚死一年，好友沈裕善梦见他"着故弊衣，颜容甚悴"，问其缘故，答云："吾昔误奏杀人，吾死后，他人杀羊祭我。由此二事，辩答辛苦，不可具言。"[②]大略阴司为此误杀很是折腾了他一阵子。

还有娄师德，历官宪台、宰相，以劝弟"唾面自干"闻名。这位主要活动于武则天时期的人物，史称他"器量宽厚""深怀畏避"。[③]据说他曾梦游地府，偷看到自己寿当八十五，位至上台。却在寿、位俱未至时被黄衣鬼追唤，因而卧疾死。原因是他"任某官时，曾误杀无辜人，位与寿为主吏所降"[④]。

过误杀人的这种报应，冤报说努力解释为无心也得阴谴，从而倾向于客观归罪。其中的逻辑是：误杀也是杀，既误便是冤，有冤就须伸，因而果报即是必然。这与律学上"法令有故误……误者其文则轻"[⑤]的精神不同，也与某些朝代的法律如汉律"过失杀人不坐死"[⑥]的规定不一。不过，阴间法律自不必与阳世同，甚而不论今生如何，前世误杀也要遭

---

① 《旧唐书·戴胄传》。
② 《太平广记》卷277《梦休征上》引《冥报记》。
③ 《旧唐书·娄师德传》。
④ 《太平广记》卷277《梦休征上》引《宣室志》。《大唐新语》卷11所载稍有异，言其"寿当八十"，且"为官误杀二人，减十年（寿）"。
⑤ 《后汉书·郭躬传》
⑥ 《周礼·秋官·司刺》郑司农注。

报应。

南宋吴才尝梦一童子告曰："君仕宦不可作郡守，盖以前生为郡，治狱不明，误断一事。虽出于无心，然阴谴不薄，已令君损一目矣。切勿再居此官以招祸。"吴此时官位甚低，且双目甚健，不以为然。不久，果然瞎一目。历三任通判后，又求副职，朋友适当政，提拔他当郡守。吴快快不乐，至家即死。[①]

这是典型的佛家果报，因为只有佛教才有前生、今生、后世的三世报施之说，儒家还没有走得这么远。

与故枉之报相比，误杀遭报一般不采取冤魂索命的激烈形式。大略是因为毕竟缺乏主观恶意，故在形式上稍缓和些。不过，误枉遭报本身似乎就足够了，它无疑给刑官们设定了又一个职业禁忌——故枉害人固然要不得，漫不经心、马虎大意不求真而造成的误杀也会招致果报，唯一的解决办法就是战战兢兢、谨小慎微。刑官不可能都是圣人，但人命所关，又必须是圣人。这艰难的二律背反，就是这样极其矛盾又极其自然地统一着。

三、逢迎、缄默枉人之报

故枉、误枉皆出己手，报应尚属自责任人自身所出。但报应说更将责任延伸到非出自自己的真实意向的领域，要求其承担罪责，这是针对那些善于逢迎、长于缄默的会"做人"的刑官。

迎合君主、上官意旨治狱，虽有依法行事的外形，骨子里却是私意。阴司因其心术不正，每每责以报应。乾隆二十年（1755），某侍郎梦入冥见一僧，责之曰："汝杀人多矣，禄折尽矣，尚欲何为？"侍郎

---

① 《夷坚丙志》卷12《吴德充》。

曰："我杀人虽多，皆国法应诛之人，非我罪也。"僧曰："汝当日办案时，果只知有国法乎？抑贪图迎合、固宠乎？"侍郎不得不服："某知罪矣。"四个月后即病死。①

缄默巧避也为阴司所切责。纪昀曾记述某人昼梦至冥府见阎罗王录囚的情景：一官员身着公服昂然入殿，自称"无愧鬼神"，阎罗王却说："公一生处处求自全，某狱某狱避嫌疑不言，非负民乎？"②正所谓心机不纯、阎罗不容。

责罚逢迎、缄默，包含了一定的推原祸本的用意。冤鬼们的意识似乎也在推原祸本。

北宋祖翱做过大理寺丞，"处身廉谨，以法律为己任"，应该是比较合格的法官。但政和年间，祖之同僚却梦一冤鬼向其诉枉："昔日罪不至死，为通判祖寺丞枉杀，抱冤数年矣。"同僚不相信，云："祖丞明习法律，于刑狱事尤详敬，决不妄杀人。"鬼云："此事固非祖公意，然因其疑，遂送他所，竟以死罪定断。故冤有所归，渠寿命不得久，将死矣。"果然不出所料，五日后，祖得目疾。数月后，过河时船坏水入，惊惧暴亡。③

祖翱有疑窦，却没有深入明辨其冤，而是放任其自然发展。冤鬼不肯放过，径来索命。甚至还存在即使冤鬼谅解，阎罗、上帝却不肯饶恕的情形。

宋哲宗元符年间，宜春县尉在好友郡守的纵容下，一手制造了诱使四农夫承认群盗杀人的冤案。其诡说承认后即放免，每人还可得赏。农夫不知受骗，县审狱成，袁州府司理参军黄某复审无异，遂上报臬司，

---

①《子不语》卷5《某侍郎异梦》。
②《阅微草堂笔记》卷1《滦阳消夏录一》。
③《夷坚乙志》卷20《祖寺丞》。

　　　　　　　　　　　　复仇　报复刑　报应说

得报皆斩。处决前，黄司理疑其有冤，私下再三详问，始得实情。郡守虽不愿翻案，但黄司理坚执有冤应辩，无可奈何中又先后移案臬司，再移于县，未能决断。按程序应请臬司另审。郡守以累及一郡官吏"失入之罪"（实际已是故入）为由，焚毁上报文案，坚不申报臬司。黄司理数十日坚持辩冤，均被驳回。黄不得已求代，郡守指令原审县官代理黄职。郡守不久又后悔，以为"若黄司理不书狱，异时必讼我于朝"，遂令同官百般劝黄书押。黄不得已书押，四农夫遂被杀。过了两天，原拘捕四农夫以塞责的四个县吏被黄衣人（鬼）击杀，负责审理的县官、县尉也死，郡守中风不起。40日后，四农夫冤鬼现形于黄司理面前。其中一鬼曰："某等枉死，诉于上帝，得请矣。欲逮公，吾退曰：'所以知此冤而获吐者，黄司理力也。今七人已死，足偿微命，乞勿追竟。'帝曰：'使此人不书押，则汝四人不死。汝四人死，本于一押字。原情定罪，此人其首也。'某等哭拜天庭，凡四十九日，始许展三年。"至三年之后，黄司理果死。[①]

就案情而言，黄司理开始时并没有逢迎、缄默，曾做过积极努力以避免枉杀，但终于拗不过众人，还是保持了沉默。冤鬼虽知其心迹，代为求情，上帝却不容，终获报应。

冥间法律推原祸本，不放纵连带责任，把刑官看成一个互相牵制的整体（这本来是设官分职的意图之一），牵制不力而致冤，就难辞其咎。间接责任形式的建立进一步扩大了刑官的责任范围，也为刑官设置了第三重职业禁忌——刑官无论有程度多大的逢迎、缄默（即使曾做过积极的辩驳冤诬的努力）而导致冤枉，都必然被作为间接责任人成为果报对象。

---

①《夷坚乙志》卷6《袁州狱》。

四、"忠厚"、枉纵之报

故枉、误枉及逢迎、缄默枉人皆因致冤而遭报，"忠厚"却既可能致冤，又可能使冤枉不得昭雪，也要遭冤报。

"忠厚"致冤遭报反映的仍是推原祸本意识。康熙年间江南发生征漕大案，数名官吏伏法。几年后，"有一人降乩于其友家，自言方在冥司讼某公"。友人大惊，以为"某公循吏，且其总督两江，在此案前数十年，何以无故讼之"，乩书又曰："此案非一日之故矣。方其初萌，褫一官，窜流一二吏，即可消患于未萌。某公博忠厚之名，养痈不治，久而溃裂，吾辈遂遭其难。吾辈病民蠹国，不能仇现在之执法者也。追原祸本，不某公之讼而谁讼欤？"[①]

这似乎很不近情理。被诛官员认罪伏法，却怪罪上官纵容不早治，陷己于罪。纪晓岚云："此鬼所言，要不为无理也。"强调上官负有防微杜渐之责。其实，有罪被诛，这些人并非冤鬼，但却以为有罪之由不在己。诛心之说，至此而极矣。

"忠厚"而不伸冤抑、专以纵出为事者，冤鬼也不依。《阅微草堂笔记》卷九载：老于刑幕的余某司刑名达四十余年。卧病濒危时，灯下恍惚有鬼为厉。余某以为自己一直"存心忠厚，誓不敢妄杀一人"，这些鬼来他这里干什么呢？夜里即梦数人浴血而泣曰："君知刻酷之积怨，不知忠厚亦能积怨也。夫茕茕孱弱，惨被人戕，就死之时，楚毒万状，孤魂饮泣，衔恨九泉，惟望强暴就诛，一申积愤。而君但见生者之可悯，不见死者之可悲。刀笔舞文，曲相开脱，遂使凶残漏网，白骨沉冤。君试设身处地，如君无罪无辜，受人屠割，营魄有知，旁观谳是狱者，改重伤为轻，改多伤为少，改理曲为理直，改有心为无心，使君切

---

① 《阅微草堂笔记》卷5《滦阳消夏录五》。

齿之仇，从容脱械，仍纵横于人世，君感乎怨乎？不是之思，而诩诩以纵恶为阴功。彼枉死者，不仇君而仇谁乎？"据说，余某听了这番话，惶怖而梦醒，以所梦告其子孙，自己打着自己的嘴巴说："吾所见左矣！吾所见左矣！"躺下后还没睡安稳就一命呜呼了。

　　冤鬼这长长的控诉，可以看作朱熹之言的翻版。朱熹曾指责说："今之法家，惑于罪福报应之说，多喜出人罪以来福报。夫使无罪者不得直，而有罪者得幸免，是乃所以为恶耳，何福报之有！"[1]看来，报应说是将法律中的报复刑规则的贯彻视为至上原则的。然而，冤鬼主张有冤必报，阴司的态度又如何呢？

　　据称，冥司对这类"忠厚"之人也是毫不放纵的。纪昀曾说一个姓宋的人学幕时，朋友向他谈起梦游人冥见到冥王审问诘责数十个"四救先生"的情景。"四救先生"大抵都是刑幕，佐幕以"救生不救死，救官不救民，救大不救小，救旧不救新"为原则。所谓救生不救死，是说"死者已死，断无可救；生者尚生，又杀以抵命，是多死一人也，故宁委曲以出之。而死者之衔冤与否，则非所计也"，这正好是前述姓余的刑幕的心理。救官不救民，道理在"上控之案，使冤得申，则官之祸福不可测；使不得申，即反坐不过军流耳。而官之枉断与否，则非所计也"。救大不救小，是说若"罪归上官，则权位重者谴愈重，且牵累必多；罪归微官，则责任轻者罚可轻，且归结较易。而小官之当罪与否，则非所计也"。至于"救旧不救新"，考虑的是"旧官已去，有所未了，羁留之恐不能偿；新官方来，有所委卸，强抑之尚可以办。其新官之能堪与否，则非所计也"。这"四救"的共同特点，"是皆以君子之心，行忠厚长者之事，非有所取巧为舞文，亦非有所恩仇私相报复"。

---

　　[1]《朱子语类》卷110《论刑》。

但阎罗王不管这些，给他们的果报是在"未来生中……亦遇四救先生"，使其"列诸四不救"，饱尝受枉屈的冤苦。[①]此也同态相报也。

这类所谓忠厚之报，与逢迎缄默一样，触及了封建时代根深蒂固的官场病。报应说罚及误枉、逢迎、缄默、"忠厚"等罪过心态，寓意至为明显——作恶多端，报应多方；造冤不可，抑冤而不伸也不可。这最后一项便成了刑官的第四重职业禁忌——息事宁人的糊涂账是要不得的，要领在于恶有所惩、责有所归，否则便是"本造福而反造孽"[②]。

第五节　报应说的特征与作用

一、报应说的特征

报还相应表明报应是公平的（同态还报即公平），冤报又反映了鬼厉与刑官是平等的（有能力还报即平等）。在一定意义上，公平与平等也是报应说的特征。每当鬼厉现身，弱者就获得了与昏官恶吏对话的资格——平等出现了；在这之前这是不可能的。鬼厉施法，又是一种平等，他或她有了类似刑官们所拥有的手段或制裁力量；报应结果一发生，法律正义就实现了，因为无冤即正义，善报是对正义的再次肯定，恶报是被扭曲了的正义原则的矫正与恢复，所谓伸张正义或正义得到伸张就是如此。

但报应说最主要的特征是它的法律正义观。

刑官报应的基础是现实的。不脱离现行法律制度，肯定现实法律制

---

①《阅微草堂笔记》卷18《姑妄听之四》。
②《阅微草堂笔记》卷18《姑妄听之四》。

度的正当性，要求按现行法度断案行刑，是报应说的基本特征。在报应故事中，基本上看不到因守法而遭恶报者，看不到因违法而遭善报者。这又构成了一种正义观念——正义与否取决于对法律的依违。

在这里，基本的规矩是：死于法，则不得报。首先，法律中天经地义的规则未被违背，就不能讲还报。有趣的是，狐鬼也懂得此理。一狐"媚人取精，所伤害多"。后被同类所杀，却不去报复，因为它知道"杀人者死，死当其罪"，"吾媚人取精，所伤害多矣"，"虽诉神，神不理也"。①其次，按照法律规定及法定程序被依法处决的，也不得讲报复。纪晓岚记一事曰："御史某之伏法也，有问官白昼假寐，恍惚见之，惊问曰：'君有冤耶？'曰：'言官受赂鬻章奏，于法当诛。吾何冤？'……'然则君将报我乎？'曰：'我死于法，安得报君？'"②

按法处死而仇视法官，就等于仇视法律。这无疑对现行法律是不利的，报应说不予采纳。而且，冤报必得有冤，一为事实之冤——不存在违法犯罪事实而被处死，二为法律适用之冤——不应被处死而被杀。既"受赂鬻章奏"，是有事实；"于法当诛"，是合乎法律，不报是符合儒家教义的。

但不报的另一条件是刑官廉正无私，所以又有"鬼不敢仇法吏，敢仇赃吏"的说法。

清代朱扬湖于湖广臬司掌钱谷，一日遇鬼为祟。鬼曰："吾前世山东盗也，法当死。汝作郯城知县，受我赃七千两，许为开脱。定案时，仍拟大辟，死不瞑目。今汝虽再世，而吾仇必报。"其后此鬼无日不至。臬司同官迟维台在几案上写字诘责："问恶鬼，汝作盗应死，敢与法吏仇乎？汝欲报仇，应仇于前生，敢仇于今世乎？速具供状来！"鬼

---

① 《阅微草堂笔记》卷9《如是我闻三》。
② 《阅微草堂笔记》卷3《滦阳消夏录三》。

夜书其侧，曰："某不敢仇法吏，敢仇赃吏。某以盗故杀人多，受冥司炮烙数十年，面目已成焦炭。每受刑必呼曰：'某当死，有许我不死者也。郯县老爷受赃七千两，独不应加罪乎？'呼六十余年，初不准理。今以苦海渐满，许我弛桎梏报冤。"后朱果缢于床。①

可见，刑官贪浊舞文，尽管未枉法，也会遭报应。至少在恶鬼那里——甚至冥司也认为应当如此。在这里，恶鬼报复的形式之私与内容之公，又一次得到了统一。

甚至报德或善报也必得讲究法律之精神，包括冥法在内。清代某县令的宅邸被夜盗所抢，财物被掠，且欲害其幼子。一个前生是贫人、遇讼案而被县令断为不死的土地神，附某老妪之身前来相救。此神与盗格斗，救出县令之子。盖盗杀人当诛，阴法、阳律均持否定态度。但此神对该县令"刑求所得"的宦资却不去救护，盖因"冥官判饱盗橐"，不应去救。②所谓刑吓得财，鬼神不佑；再生之恩，恰得佑其子。

同样，报应要有冤方可。而冤与不冤，要严格地以法律制度为依据。罪之有无本身还不是界定冤与不冤的标尺，即使是真有罪者也都希望按法律办事。超出法律限度，他们就认为受了冤枉。

汪辉祖曾记一事云："希仲馆归安令裴鲁青署，归安有民妇与人私，而所私杀其夫者，狱具。裴以非同谋，欲出之。时希仲在座，大言曰：'赵盾不讨贼为弑君，许世子不尝药为弑父，《春秋》有诛意之法。是不可纵也。'妇竟论死。后希仲梦一女子，披发持剑，搏膺而至，曰：'我无死法，尔何助之急也！'以刃刺之。旦日，其刺处痛甚。自是夜必来，遂归。归数月，鬼复至，愈厉。使巫视之，如梦，竟死。"汪辉祖评

---

① 《子不语》卷24《盗鬼供状》。
② 《阅微草堂笔记》卷7《如是我闻一》。

论说："若希仲诛意之说，非法家所忍言，宜为鬼仇矣。"①

二、报应说的作用

报应说从两方面满足了社会需要。一方面，报应说为刑官设定了职业道德戒条，这在冤报的罪过形态方面尤为明显。要求之高，已近乎苛刻。从统治方略上讲，对刑官多一层约束，总比少些约束要好，况且惧怕报应的自我约束比硬性的外在约束来得自觉。这就是一些通硕大儒也一再强调"神道设教"的原因。另一方面，报应说的重心在冤报，不唯冤报在报应故事的数量上比善报多，而且在功能上善报不过是反证冤报恐惧的形式。故而以冤报为主的报应说，主要是为弱者提供了发泄的渠道，提供了寄托和期望。

应该说，报应说确实给刑官造成一定的心理压力。报应的"征兆"作为预警，确实使一部分刑官弃恶从善、有所收敛。这是其不可小视的作用。

据纪昀说，献县有一个刑房吏叫王瑾，初为吏时，受了贿，打算故出一杀人罪。"方濡笔起草，纸忽飞著承尘上，旋舞不下。自是不敢枉法取钱，恒举以戒其曹，偶不自讳也。后一生温饱，以老寿终。"② 这种恒以自诫并诫人的做法，不仅县衙有，高级衙署也是存在的。

纪昀的父亲姚安公在刑部做官时，同官王守坤说："吾夜梦人浴血立，而不识其人，胡为乎来耶？"另一同僚陈作梅安慰说："此君恒恐误杀人，惴惴然如有所歉，故缘心造象耳。本无是鬼，何由识其为谁？且七八人同定一谳牍，何独见梦于君？君勿自疑。"佛伦却说："不然。同事则一体，见梦于一人，即见梦于人人也。我辈治天下之狱，而

①《续佐治药言》。
②《阅微草堂笔记》卷13《槐西杂志三》。

不能虑天下之囚。据纸上之供词，以断生死，何自识其人哉？君宜自儆，我辈皆宜自儆。"姚安公曰："吾以佛公之论为然。"①

这应当是真实的。作为智者的自诫，报应说是一种情操，一种负责精神，一种真正无愧于天地良心、无愧于鬼神的情结。作为利害的算计，报应说比单纯的道德教条更能触动人心。许多人是宁愿信其有，不愿信其无的。根本在于报应关乎人人都不敢轻看的官、禄、寿等切身利害，谁都不愿意轻易拿自己开玩笑，因而又有了报应身教。

据说，宋朝的一个侍郎陈轩尝梦自己位至尚书左丞，暮年自悔，告其子曰："昔年守杭州日，寄居达官，盛怒一老兵，执送府欲杖之。而此兵年余七十，法不应杖。吾既听赎，而达官折简来相消，不获已，复呼入。其家人罗拜，泣请曰：'若杖必死。'吾不听，亟命行决。果死于杖下，舁尸而出。至今二十年，吾未尝不追以自咎也。违法徇情，杀人招谴，宜其不登大位。汝等宜戒之。"②

对于重视禄位的中国社会来说，这种家教无疑是能让人心动的。问题在于亲属们也并不避讳，他们也宁愿以报应解释亲属所经之事。③切勿以为这种解释毫无根柢，在当时，因惧怕报应而辞官归隐者大有人在。

清曹震亭知汉江县，被鬼追而入冥。冥神令阅本县案卷，曹曰："此案本属有冤，为前令所定，已经达部。我申详三次，请再加审讯，为院司所驳，驳牌现存。"神曰："然则公固无罪也。"传呼冤鬼，对之曰："汝冤终当超雪，须另觅仇人。"曹死而复苏后，"辞官归家，长斋奉佛终其身"。④

冤鬼求报之必是一因，鬼神鉴察之灵又是一因，其都使刑官们惴

---

①《阅微草堂笔记》卷8《如是我闻二》。
②《夷坚丁志》卷6《陈元舆》。
③《夷坚乙志》卷13《刘子文》。
④《子不语》卷24《汉江冤狱》。

惴不安。南皮县张受长曾官河南开归道，"夜阅一谳牍，沉吟自语曰：'自刎死者，刀痕当入重而出轻，今入轻出重，何也？'忽闻背后太息曰：'公尚解事。'回顾无一人。喟然曰：'甚哉！治狱可畏也。此幸不误，安保他日不误耶！'遂移疾而归。"①

"治狱可畏"也助长了不做刑官的家教。尽管这已偏离了报应说倡导者的初衷，但对在位者仍不失鉴戒作用。传说，五代后蜀御史李龟祯久居宪职，一日出行，"忽睹十余人摧头及被发者，叫屈称冤，渐来相逼"。龟祯心惧，径归其家。诫其子曰："尔等成长筮仕，慎勿为刑狱官。以吾清慎畏惧，犹有冤枉。今欲悔之，何及？"自此得疾而亡。②

刑官报应最终采取了鬼神、地狱、轮回的迷信形式，这是宣扬者力图使它获得最大威慑力、诱惑力并拥有权威性的有意渲染。但在这一迷信形式背后的，却是传统司法的实际景象，以及这一景象中活动着的观念、意识。

这里有弱者的呻吟、哀叹，有无辜者的诅咒、反抗，有无助者的期盼，有明达之士的理想、寄托。人们既无可奈何，又不甘心屈服；既不满，又心存期望。

就像纪昀笔下的泥塑判官所说的那样："圣人之刑赏，为中人以下设教；佛氏之因果，亦为中人以下说法。"③这些"中人"，正是报应说真正的社会基础。对刑官报应说的最终形成起到了推波助澜作用的佛教一直作为信仰基础支撑着报应学说。

这样，刑官报应说为弱者提供了发泄渠道、情绪解脱和情感寄托的形式，能够满足人们的精神寄托。但它不仅仅是个人的，也是社会的。

---

①《阅微草堂笔记》卷2《滦阳消夏录二》。
②《太平广记》卷127《报应25》。
③《阅微草堂笔记》卷2《滦阳消夏录二》。

实际上，它为社会提供了发泄渠道，成为整个社会情绪释放的通道。报应说以刑官个体为对象，转移了人们对制度、政治、时局、官僚集团的注意力，恩恩怨怨都成了个别的、私人的、一己的东西。而另一面的大众，那些可能成为负冤受屈者的人，主要是社会的中下层。咒语固然是软弱的表现，但报应的必然性又赋予它强有力的外观。因而，在报应说中，弱者最终不弱，强者最终不强；弱者有阴司佐助，强者却得不到庇护。阴司是公正的象征，冥法是真理的体现，鬼神是力量的代表。人间的不平、冤抑，只有靠阴司方能得到纠正。这是个最后说理的地方，人们的愿望、要求、理想、寄托，只能在此一途；人们对昏暗现实之外的幻想、憧憬，也只有落在这样一个缥缈的世界里。

结　语

　　以上对中国历史上的复仇、报复刑、报应说进行了个别研究，并指出了三者之间的相关性。复仇、报复刑、报应说虽各有悠久的历史，但却不是孤立地发展的，它们之间相互影响、相互借鉴和相互吸收，构成了一种循环的互动。三者解决问题的方式虽不同，精神则一。在中国的"报、施"文化结构中，它们都属于报仇（报恶）这个文化丛（相对的一个文化丛是报恩即报善），是报仇（报恶）这个文化丛在功能上互相关联的三个文化元素或文化特质。从原始复仇到报复刑，再到报应说，构成了一个历史的、逻辑的发展过程。

　　原始复仇是一切的开端，又是一切的基础：报复刑原则由原始复仇规则发展而来，报应说的许多方面又源于原始复仇；另一方面，报复刑原则又支持了后世的复仇，并在很大程度上"规定"了报应说的内容和特征。报应说作为观念、信仰又对后世的复仇、报复刑起着精神支持作用。习俗给制度最初的影响，制度带给习俗、观念决定性的影响，观念则给习俗、制度恒久的影响。

　　一、原始的血族复仇，一方面演化为法律的国家公权力的统一行动——报复刑，另一方面却又在惯性上引发私人复仇的行为

　　就前者而言，原始的血族复仇，在氏族社会向国家过渡的过程中，

起了积极的作用——它促使报复刑被确立为刑法原则，为最初的国家提供了惩罚犯罪的基本方式与方法。就后者而言，在国家法制建立以后，尤其在法制相对完备的时期，复仇的惯性却是一种破坏性存在。它不会自然地将人们引导到刑罚对于犯罪的合理报应上，甚至是建立合理的刑罚报应观的一个障碍，因为它经常地表现出对于法律发展之超越。复仇主义是蔑视法理的，是一种非法的法律观。它的基础是伦理关系和伦理概念。伦常是它的极则。因为它是个人的自力行为，强调的是私权，对公权力是一种挑战。

王蒙说，中国的文化传统是一种"中国特有的把人伦的'伦'看得比人还要重的文化传统"。[①]重伦轻人，实际是伦淹没了人、吞没了人。人不见了，只有伦。复仇最突出地反映了传统中国法律的这一文化特征。

一方面，伦常制造着复仇，"子不复父仇，非子也"，是基于身份的道德义务；伦常鼓励着复仇，复仇是"孝"，是"义"，是基于身份的伦理褒扬。复仇者看重自己——他的身份、他的义务，又看轻自己——他的生命、他的未来。因此，复仇是伦常压过了人，复仇者不是作为普遍的、一般的人去行为，而只是作为特别的、具体的人来活动的。因而，复仇是个体行为、个别行为，就难有普遍性。伦被突出是很自然的事情。原始复仇是从血族复仇开始的（始为集体义务，后为近亲的义务），后世的复仇也带有血缘特征（主要是近亲义务）。另一方面，复仇者在将自己的伦常看作绝对真理的时候，复仇对象作为他人——那代表普遍意义和一般意义的人——是不被看重的。没有对他人的尊重，没有对普遍的人、一般的人的价值的尊重，眼里只有"自己

---

①王蒙：《人文精神问题偶感》，载王晓明编《人文精神寻思录》，文汇出版社1996年版，第110页。

人"的伦常，复仇就是不可避免的。

中国古代尽管有重视人的说法，"天地之下人为贵"，但那主要是从人畜之别、人畜之分的角度来立论的。孔孟讲人之贵即此。人被从自然界中分离出来，也仅仅是在这个意义上。而在人群中，人是被具体化为伦常中的个别分子，一般的、普遍的人没有了；一般的人的价值、普遍的人的尊严、人的一切都没有了，有的仅仅是君臣、父子、夫妇、朋友等具体的伦常关系以及基于此而产生的伦理义务。

这里当然有个变量和常数的关系问题。报复或复仇在任何一个民族中都是存在的。西方的伦常讲究虽不如中国，但也有复仇。但在这里，伦常是个常数，其他的则是变量。只要发生复仇，伦常就必然发生作用；而只要伦常发生作用，伦理的那些细微讲究就会发生作用。哈姆雷特复仇，是因其父亲被其叔父所杀，在伦理上父亲当然要比叔父重要得多。

在现代的中国，伦常讲究虽然不大了，或者在相当的程度上已经消失了，但复仇心理依然存在，复仇心理所伴随的正义观念、公平观念依然存在。伦常是物质的依托，复仇是意识的。意识的东西不随着物质依托的削弱而消失。清除这些观念性的东西仍是我们面临的一个重要任务。

二、报复刑在历史发展中的地位是不容低估的

原始复仇的道德节制，主要是复仇道德在复仇者身上发生作用（看复仇者的意识如何，因为复仇在开始时是基于原始的复仇道德而进行的）；报复刑对复仇的节制，却是另一个领域产生的革命性的变化，它不再取决于复仇者的看法，而是复仇者之外的另一个主体在表达态度。不从这个高度看待它，就低估了这一历史进程的意义。

报复刑是在表达一种原始、朴素的公平、正义观念，报复被理解为

刑罚的本质。报复刑的发展路径是：绝对同害（或相对同害）—非同害。同害是报复刑的基本形式，是从外表上可以直观地看出或衡量的标识性方式。同害包含了对其行为的道德性的否定性评价，故同害刑多用于故意之罪。非同害的刑罚是报复刑发展的第二个逻辑阶段。其立论基础是寻求价值的等同，实行等值相报。黑格尔所谓的在理智上"寻求刑罚和犯罪接近于这种价值上的等同"，正反映了人类在这方面探求的历程。

报复刑就其本质而言，比原始复仇更有抽象性和普遍性。它是从抽象的"人"开始的，它排除了基于血缘的"伦"的讲究。刑罚是一种国家行为，"杀人者死，伤人者刑"，"人"被抽象出来；法律讲究普遍性，故"人"也必然被抽象出来。

三、报应说包含了传统社会最基本的法律原则

报应说是现世法律概念的摹写，也是现世法律观念的摹写。报应说从两方面满足了社会需要：一方面，作为道德律，报应说主要为刑官设定了职业道德约束，惧怕报应给刑官以一定的心理压力。另一方面，报应说主要是为弱者提供了发泄的渠道，提供了寄托和希望。报应说起着平衡作用，它是属于大众的。

报应说显露了普遍性。报应的必然性需要一种普遍性。报应是受害者个人的行动，最早的先祖出面报复的情况在后世不见了，子孙为报的情况也很少见。就是说，报应者是以普遍的人或一般的人的身份出现的，报应不以伦常为条件，"自己人"与他人之间并没有鸿沟。同时，主持报应的机构和规则（天帝、鬼神、地狱的组织机构和天法、冥法）又模仿了国家组织和法律，自然带有"准法律"报复或惩罚的特征。

鲁迅曾经就小说中的报应问题说过这样的话："凡是历史上不团圆的，在小说里往往给他团圆；没有报应的，给他报应，相互骗骗。——

这实在是关于国民性底问题。"[1]实际上，报应说尤其是刑官报应说，要表达的是报还相应的同态公平、鬼厉与刑官对话的平等、以法律为依据的正义等观念。

复仇、报复刑和报应说的存在条件和环境是相同的。首先，复仇受赞许，表明法律不能充分发挥作用。法律在运行中存在疏漏，未能满足报复刑原则的起码要求——复仇发生的原因已表明这一点；社会对伦理价值的看重，冲击了法律原则的严肃性。社会对惩罚的私人化倾向的同情，主要来源于这两点。但前者将是永远存在的，它不应成为复仇的理由。其次，报应说有市场，也表明法律在运行中有许多问题，不能组织起有效的惩罚机制，以落实报复刑原则，与正义观念、法律理想的差距较大。再次，报复刑观念占主导地位，表明刑法还未脱离幼稚状态，仍有发展的必要和余地，同时也意味着复仇和报应说必然存在。总体而言，报复刑是其他二者存在的理由，是其他两种现象发生的原因。复仇因报复刑未落实而生，报应说因报复刑未落实而在。

---

[1] 鲁迅：《中国小说的历史的变迁》，载《鲁迅全集》第9卷，人民文学出版社2005年版，附录，第326页。

初版后记

本书是我的博士学位论文。论文在写作和修改过程中，得到了许多朋友的帮助。北京大学的贺卫方先生谈了他对我选题的看法，并向我推荐杨联陞《中国文化中"报"、"保"、"包"之意义》一书可以参看；正在香港进修的同事温红石先生帮我在香港复印了该书。同事冯彦君先生在得知我的论文选题后，慷慨地将他收藏的王立所著有关复仇文学的四册书（《中国文学主题学》）提供给我。我的老师何鹏教授、王牧教授，同事吴振兴教授、李洁教授等对我的论文选题十分关心，期望也大，这反倒给了我很大的压力。在写作过程中，先后就有关问题请教过何鹏教授、吴振兴教授、李洁教授、张旭教授，并就有关哲学问题请教过哲学社会学院的吴跃平教授、王天成教授。英文提要及目录的翻译，请了同事周晓虹老师代劳。

我的导师王牧教授，在论文的选题和写作过程中，自始至终给了我许多具体而切实的指导和帮助。在我们共同确定选题后，论文的思想和思路是由他来贯通的；论文初稿完成后，他又逐章地提出修改意见和建议。王牧教授又推荐了有关哲理思考的一些著作和论文，希望我能够高屋建瓴，从深层次把握中国刑法文化的一些根本问题。由于我本人水平所限，或许未能达到他的期望。

在论文答辩之前，吴振兴教授对论文提出了十几个刑法学问题。这

　　　　　　　复仇　报复刑　报应说

无论对于当时的答辩，还是对于论文的修改，以及对于今后我对该课题的思考，都具有十分重要的意义。在此，也对吴教授的帮助表示感谢。

北京大学张文、刘守芬教授参加了我的论文答辩。感谢他们对我论文的肯定，尤其感谢他们对论文不足所提出的宝贵意见。

李洁教授一直鼓励我出版该论文。最终由她组织出版的包括我的论文在内的这套丛书，对刑法学的深入研究，或许有些益处。没有她的推动和组织，本书不会这样快就面世。

书稿改定付梓之前，请王牧教授通看了修改情况，又请他写了序言。在这里，应特别感谢他的指导和帮助。

在准备出版的过程中，吉林大学法律史专业的张姗姗、夏婷婷两位硕士研究生同学，参与了该书目录的整理和注释体例的统一工作，为我减轻了不少压力。在此，一并表示感谢。

作者谨识

2004年12月初草

2024年9月改定

再版跋

　　山西人民出版社郭向南副编审，问我《复仇·报复刑·报应说》一书，是否愿意在该社再版。我当然乐见其成。因为自其初版至今，已经近20年了。向南很快走完了流程，立即付梓。这是我见识到的最快出版速度了。

　　本书是我1996—1999年在吉林大学法学院在职攻读博士学位时的学位论文，一直想增写，但没有行动。拖至2005年，李洁教授催我不要老把东西压在箱子底，赶快出版吧。这才由她组稿，放在吉林人民出版社的"边缘刑法学丛书"中出版了。讲"边缘"，是因为我们几个非刑法学专业背景的教师攻读刑法学博士学位，论文既与刑法学有关，但又不是科班们所探讨的经典刑法学问题。但所讨论的问题及所取得的成绩，也都有可取之处。

　　增写或修订是我一直有的想法。其间，也一直受到各种各样的鼓励。吉林大学法学院冯彦君教授，曾将他收藏的王立教授《中国文学主题学》四册赠给我，因为其中有关复仇的主题，与我研究相近甚至相同，可资参考。我非常感激他的馈赠。后来，我又购入王立、刘卫英编的《中国古代侠义复仇史料萃编》，准备在修订时补入一些材料，使得书中有关"复仇"部分的资料更厚实、议论更充分。但也一直未真正动手。

不过，日居读书，接触到相关材料，多顺手记下，以备修订之用。虽不系统，但将其写出来，展现一个学术过程，也颇有意义。借这次再版，谨附于书后。

《汉书》卷二十八下《地理志下》云：

> 玄菟、乐浪，武帝时置，皆朝鲜、濊貉、句骊蛮夷。殷道衰，箕子去之朝鲜，教其民以礼义、田蚕、织作，乐浪朝鲜民犯禁八条：相杀，以当时偿杀；相伤，以谷偿；相盗者，男没入为其家奴，女子为婢，欲自赎者人五十万，虽免为民，俗犹羞之，嫁娶无所雠。是以其民终不相盗，无门户之闭，妇人贞信不淫辟。……今于犯禁浸多，至六十余条。[①]

这是讲箕子对朝鲜文化的影响。杨鸿烈《中国法律在东亚诸国之影响》，对前述资料，断句同上，以为箕子不仅教朝鲜民以"礼义、田蚕、织作"，还教给其"犯禁八条"；尽管这里不足八条，但至少杀、伤、盗三条是明确无误的。[②]这是中国法律自殷商时起就对朝鲜所具有的最初影响。

"犯禁八条"，如果确属箕子所教，或许其中带有殷商法律的痕迹。但就目前所见，它们应该更符合朝鲜社会的发展阶段——显然属于初民社会的简陋法律：处理杀、伤、盗的一些简单规则。这颇像后来汉高祖刘邦"约法三章"——"杀人者死，伤人及盗抵罪"[③]那样，将法律简化到再也不能简化的地步了。因为，任何一个社会，都会对杀、伤、盗等行为给予相应的处罚，否则这个社会就不会有起码的秩序。只不过汉高祖是删繁就简，而朝鲜这里是初始的简约。或者，箕子也是将殷商

---

① 《汉书·地理志下》，中华书局1962年版，第6册，第1658页。
② 杨鸿烈：《中国法律在东亚诸国之影响》，商务印书馆2015年版，第32—34页。
③ 《史记·高祖本纪》。

法律删繁就简，做的也是后来刘邦所干的事情。至班固写《汉书》时，那里的法条已经不止八条，而是增至六十余条，正是其脱离初民社会的表征。

"犯禁八条"的前三条，涉及复仇，涉及损害赔偿，有与中国类似者，也有相异者。尤其损害赔偿，反映的是当地的特别习俗，是异域风情。

一、关于复仇——"相杀，以当时偿杀"

"相杀，以当时偿杀"，强调"当时"，是"杀人者死"或"同态复仇"对即时性的要求。"以当时偿杀"，是与血亲复仇密切联系的一个制度。

中国曹魏明帝时制《新律》，规定："贼斗杀人，以劾而亡，许依古义，听子弟得追杀之；会赦及过误相杀，不得报仇，所以止杀害也。"[1]其允许复仇与禁止复仇的两种情形，似乎面面俱到——贼杀、斗杀，被劾后逃亡，允许苦主的儿子、兄弟追杀之；但遇到赦免，以及过失杀、误杀的，不允许报仇。但前一款允许复仇的规定，在后来的法律中不见了。盖因担心因此而引起冤冤相报的、没完没了的仇杀循环。故在法律上禁止复仇，是中国法律的常态。不过，出于宗法社会对伦常的强调，先秦典籍中多有宣扬、鼓励血亲复仇的观念表露，对其后的中国社会也颇有影响，不时被人提起。这使得禁止复仇的法律制度与鼓励、宣扬复仇的观念，经常处于紧张之中。

这样，肯定某些符合"复仇"特征的行为的法律条款，在条件合适时就不免冒出头来。比如，类似朝鲜"以当时偿杀"的法律，出现在《大明律》中，叫"即时杀死"。

---

[1]《晋书·刑法志》。

《大明律》卷二十《刑律三·斗殴》"父祖被殴"条规定："凡祖父母、父母，为人所殴，子孙即时救护而还殴，非折伤，勿论；至折伤以上，减凡斗三等；至死者，依常律。若祖父母、父母，为人所杀，而子孙擅杀行凶人者，杖六十。其即时杀死者，勿论。"①前一条是斗殴，这里不论；后一条称"行凶人"，应该属于谋杀、故杀一类。明英宗时，张楷《律条疏议》卷二十解释道："疏议曰：'……其因祖父母、父母被人杀死之时，随即将行凶之人杀死以复仇者，勿治子孙之罪。'"这个说明是对的。但他又说："谨详律意……或亲被殴死，还殴凶身，即时死亡，得原其罪，恕其情之切也。"②这一解释画蛇添足。以"殴"立论，不去认定后一条的谋杀、故杀性质，就来解释"其罪"可"原"、"其情"可"恕"，是不妥的。明世宗时，应槚《大明律释义》卷二十《刑律·斗殴》"父祖被殴"条："'即时杀死又勿论'，盖'父母之仇，不共戴天'故也，此律所以明复仇之义，见于言表矣。即时还殴，出于仓卒。"③也直接点明这种行为的实质是复仇，且符合"父母之仇，不共戴天"的观念，指出明律是明确、公开地支持复仇的。

　　唐韩愈曾说过：在观念上，"子复父仇"，见于经书，见诸子史，"未有非而罪之者也"；在法律上，"最宜详于律，而律无其条"。道理在于，若"不许复仇，则伤孝子之心，而乖先王之训；许复仇，则人将倚法专杀，无以禁止其端矣"④。所以晋、唐以来法律皆无肯定复仇的

---

①怀效锋点校：《大明律》，辽沈书社1999年版，第166页。
②（明）张楷撰《律条疏议》卷20，杨一凡编《中国律学文献》第一辑第三册，黑龙江人民出版社2004年版，第413—415页。
③（明）应槚：《大明律释义》卷20，杨一凡编《中国律学文献》第二辑第二册，黑龙江人民出版社2005年版，第294页。
④（唐）韩愈撰，（宋）魏仲举集注：《五百家注昌黎文集》，影印文渊阁四库全书，上海古籍出版社1987年版，第1074册，第516页。

规定。

明开复仇之例，清沿明制，《大清律例》卷二十《刑律·斗殴下》"父祖被殴"条第2款规定："若祖父母、父母为人所杀，而子孙（不告官）擅杀行凶人者，杖六十；其即时杀死者，勿论（少迟，即以擅杀论）。"[1]清薛允升《读例存疑》卷三十七《刑律十三·斗殴下》"父祖被殴"条律文按语，讲清律此条来历云："此仍明律，顺治三年，添入小注。""小注"指"不告官""少迟，即以擅杀论"两项。又云："明律添入'即时杀死者勿论'等语，似系仿照曹魏之法，不言复仇，而复仇已在其内。"[2]指出清律中这一鼓励复仇的条文，源自明律。虽然明律仿唐律而作，但鼓励复仇这一条显然不是依照唐律的。

不过，对于清初填入的"少迟，即以擅杀论"小注，后来的清人颇有微词。他们以为对"即时"进行这种立法限制，不妥，不应该。

清顺治十七年（1660）夏，刑部河南司员外郎汪琬，[3]针对"河南巡按御史覆奏部民张潮儿手格杀其族兄生员三春，罪当死"，以为"潮儿口供中尝言：其母先为三春所杀"，建议"当下御史再审"。[4]依照"其即时杀死者，勿论（少迟，即以擅杀论）"的规定，"凡有祖父母、父母之仇，虽积至于久远而后报，皆得谓之'迟'，皆可援'擅杀'以断者也"，而汪琬质疑，"顾独不许（张）潮儿之复母仇"，这种法律规定"得毋太苛矣乎"？因为，按照规则，"一命一抵，此刑部现行则例也"。现在，"人既杀（张）潮儿之母"，而又不许其复仇，"必欲

---

①田涛、郑秦点校：《大清律例》，法律出版社1999年版，第468页。

②（清）薛允升著述，黄静嘉编校：《读例存疑》重刊本，正中书局1970年版，第4册，第962、964页。

③李婵娟：《清初古文三家年谱》，世界图书出版公司2012年版，第133页。

④（清）汪琬：《尧峰文钞》卷1《复仇议（并序）》，影印文渊阁四库全书，上海古籍出版社1987年版，第1315册，第208页。又汪琬同书卷9还有《复仇或问（并序）》："诸凡国法所不及加，与有司所不得而执者，不许其复仇，则无以禁乱除暴也。"

（张）潮儿母子殉两命以当之，其失律意明矣"。①认为这样处理既"失律意"，又违背"一命一抵"原则。

汪琬另撰有《复仇或问》，要点有二：一是指出清律允许复仇的两个条件，一为"凡国法所不及加"，二为"有司所不得而执者"。二是认为清律虽有四杀——谋杀、故杀、威逼杀、误杀，但皆当复仇，而不是"谋、故则当复，威逼、误杀不当复"。②他认为法律中没有这样的意思。他是坚决主张子复父母仇的论者之一。

至康熙四十八年（1709），山东蓬莱王恩荣复父仇案中，法司以为"今《律》之'即时杀死者不论'"，在立场上"是未尝不教人复仇也"。具体到本案案情，他们认为：王恩荣"父死之年尚未成童"，"其后叠杀不遂"，两次遇仇人，"斫以斧不死，脱去"。至第三次，终于杀死杀父仇人。其间"相隔八年"，法司解释说："虽非'即'，犹'即'矣。"③《清史稿》记述此事，语言相对通俗些："按察使议曰：《律》不言复仇，然'擅杀行凶人'，罪止'杖六十'；'即时杀死者，不论'，是未尝不许人复仇也。恩荣父死时未成童，其后屡复仇不遂，非'即时'，犹'即时'矣。况其视死无畏，刚烈有足嘉者，当特予开释，复其诸生。"④这种对"即时"的解释，颇类诡辩。但这在血亲复仇意识浓厚的中国传统法文化环境中，似乎又是可以理解的。

此外，有关"即时杀死"，明清律中还有其他的规定。如《大清律例》中，有与"当时""即时"同义的明确表述——"登时"。

---

① （清）贺长龄辑、魏源参订：《皇朝经世文编》卷92《刑政三·律例下·汪琬〈复仇议（并序）〉》，《魏源全集》，岳麓书社2004年版，第18册，第49—50页。
② （清）汪琬：《尧峰文钞》卷9《复仇或问（并序）》，影印文渊阁四库全书，上海古籍出版社1987年版，第1315册，第276—277页。
③ （清）陆以湉：《冷庐杂识》卷2《复父仇》，崔凡芝点校，中华书局1984年版，第77—78页。
④ 《清史稿》卷498《列传285》。

第一种情况，虑有侵犯，登时杀死勿论。如《律》第277条"夜无故入人家"："凡夜无故入人家内者，杖八十，主家登时杀死者，勿论。"

第二种情况，妻妾犯奸，比类被侵犯，登时杀死勿论。《律》第285条"杀死奸夫"："凡妻、妾与人奸通，而（本夫）于奸所亲获奸夫、奸妇，登时杀死者，勿论。"[1]

第三种情况，对匪徒侵犯放宽条件，无论是否登时，概予勿论。《律》第388条"罪人拒捕"第12条例："豫省南阳、汝宁、陈州、光州四府州所属州县及安徽省属捻匪行凶扰害、被害之家当场致伤及杀死捻匪者，无论是否登时，概予勿论。"第16条例："山东省捻匪、啯匪强劫、抢夺、讹索扰害，被害之人当场将其杀死者，无论是否登时，概予勿论。"[2]则除了"登时"这个时间的要求外，还有"当场"，即地理上的场域要素。

同时，与"当时""即时""登时"相对的，还有"绝时"的规定。绝时，指相隔一段时间。《唐律疏议·斗讼》"斗殴杀人"条："虽因斗，但绝时而杀伤者，从故杀伤法。"疏议云："虽因斗，谓忿竞之后，各已分散，声不相接，去而又来杀伤者，是名'绝时'，从故杀伤法。"[3]

总之，"相杀，以当时偿杀"，是复仇意味浓厚的规定，但要求必须具有即时性这一条件。否则，官府不认可。

二、损害赔偿一："相伤，以谷偿"

"相杀，以当时偿杀"，颇有"杀人者死"的味道，但"相伤，以

---

①田涛、郑秦点校：《大清律例》，法律出版社1999年版，第413、423页。

②（清）薛允升著述，黄静嘉编校：《读例存疑》重刊本，正中书局1970年版，第5册，第1132、1134页。

③《唐律疏议》，中华书局1983年版，第388页。

谷偿"却没有"伤人者刑"的意味。

先秦时，荀况曾说："杀人者死，伤人者刑，是百王之所同也，未有知其所由来者也。"[1]中国的"刑"，在先秦、秦汉都指肉刑。而"相伤，以谷偿"，却是一种与肉刑无瓜葛的补偿方式。

王利明教授曾描述过初民社会的同态复仇向损害赔偿的转变："最早的侵权法是以受害人及其血亲对加害人进行同态复仇的方式来解决"，"同态复仇制度是人类野蛮时期对于侵害他人权利的一种残酷的救济方法"。"随着社会的发展和文明的进步，同态复仇的制度就被新的侵权制度所代替了。在古代习惯法的后期，逐渐产生了一种用损害赔偿代替同态复仇的变通办法。受害者一方有权自由选择，或者放弃复仇的权利而接受赔偿，或者拒绝接受赔偿而坚持实行复仇。最初，损害赔偿是由加害人向受害人或者受害人的血族支付若干匹马或其他牲畜。赔偿的数额不是由法律规定，而是由当事者双方协商确定。这便是侵权损害赔偿的最初阶段。这种赔偿形式，减少了不必要的人身损害，有利于社会的安定和经济的发展，反映了时代的进步。"[2]

显然，朝鲜"相伤，以谷偿"，是摆脱了"伤人者刑"的同害刑的惩罚方式，而寻求一种经济上的补偿。

这是典型的农业地区的损害赔偿方式，与游牧地区补偿牲畜形成鲜明对照。

成吉思汗《大札撒》规定："丢马的人不管从谁处找到其丢失之

---

[1]《荀子·正论》。荀况反对"象刑"说，以为"世俗之为说者曰：'治古无肉刑，而有象刑'"，"是不然。以为治邪？则人固莫触罪，非独不用肉刑，亦不用象刑矣。以为人或触罪矣，而直轻其刑，然则是杀人者不死，伤人者不刑也。罪至重而刑至轻，庸人不知恶矣，乱莫大焉"。

[2]王利明：《侵权行为法归责原则研究》，中国政法大学出版社2003年版，第56—57页。

马，罚此人一九；如果不能给九畜，杀其人。"[1] "一九"牲畜，即九头牲畜，包括牛、马、驼、羊，其具体的组合方式有不同。这是罚畜刑的最早记载。《马可波罗行纪》第一卷第69章，讲到鞑靼"治理狱讼之法"时说："设有盗马一骑或其他重要物品者，则为死罪，处以腰斩之刑。然应附带言及者，其罪可以买赎，偿窃物之九倍则免。"[2]也反映盗窃罪的死刑与罚畜刑是可以二选一的。"在蒙古族古代罚畜刑产生以前，蒙古古代社会的刑法是很不完善的，只是单一地使用人体刑，如《蒙古秘史》里记载着'将脚筋挑了''心肝割了''性命断了''流放到偏远处'等等"[3]，即身体刑、生命刑、迁徙刑都有。罚畜刑的出现及推广，使得财产刑渐次取代了身体刑、生命刑。

成吉思汗《大札撒》还规定："或甲之奴盗乙之物，或盗乙之奴物，皆没甲与奴之妻、子、畜产，而杀其奴及甲。"[4]奴隶偷盗，奴隶及奴隶主皆处死刑，且没收奴隶及奴隶主之妻、子、畜产。其中，没收牲畜为罚畜刑，没收妻、子则是收孥刑。

"罚畜刑的实质，也是对罪行的赎买，强调对受害方的赔偿，而较少体现公权力对罪犯的惩罚。"[5]

三、损害赔偿二："相盗者"，没入其家为私奴婢

①《蒙古族哲学社会思想史资料选编（蒙文版·一）》，内蒙古教育出版社1988年版，第694页。转引自何金山、关其戈：《论古代蒙古罚畜刑》，《内蒙古社会科学(汉文版)》2003年第6期，第20页。

②（意）马可波罗（Polo.M.）著，冯承钧译：《马可波罗行纪》第1卷《马可波罗自地中海岸赴大汗忽必烈驻夏之上都沿途所经之地及传闻之地》第六十九章《鞑靼人之神道》，上海书店2001年版，第154页。参见何金山、朝鲁门：《蒙古族古代游牧特色的罚畜刑相关法律规定阐释》，《内蒙古师范大学学报（哲学社会科学版）》2015年第3期。

③何金山、关其戈：《论古代蒙古罚畜刑》，《内蒙古社会科学(汉文版)》2003年第6期，第21页。

④（宋）彭大雅撰，徐霆疏证：《黑鞑事略》，《续修四库全书》，上海古籍出版社2002年版，第423册，第537页。

⑤包思勤：《浅探〈喀尔喀法规〉中的罚畜刑》，《西部蒙古论坛》2010年第1期。

（一）盗犯没收为私奴婢

朝鲜"相盗者，男没入为其家奴，女子为婢"。

这里的"相盗"应该指窃盗。没收为奴婢，容易理解，古代多有以罪犯为奴婢的习惯或制度。但这里不是没收为国家奴隶，即官奴婢，而是归受害者所有，变为私奴婢。这反映了公权力还不大，不够强势，至少是没有更多地介入。因而，"相盗"行为，在民间自发形成了习俗——偷人家东西就做人家的奴婢。这带有明显的私下解决的痕迹。

相似的规矩，蒙古法律也有。成吉思汗《大札撒》规定："其犯寇者杀之，没其妻、子、畜产，以入受寇之家。"①强盗处死，其妻、子、畜产也不是没官，而是没收给受害者家做奴隶、做私财。后来，北元时，按明人萧大亨《北虏风俗·听讼》载："其有致人于死者，则杀其人以抵命。其人已逃，则尽掠其家财、男女而后止。"②杀人偿命，其人逃亡则没收其家财、男女人口，很可能也是入于苦主之家，而不是公家。

这种赔偿办法，直至清朝康熙末至乾隆中期的蒙古地方法规《喀尔喀吉如姆》，也依其精神立制："牲畜不足赔偿款额，将帐幕、家具、碗、三脚铁架等折抵交付，折抵额为一九牲畜。有子女者，一个幼童折抵一九牲畜，两个幼童折抵二九牲畜。子女折抵赔偿款额上限数为二人。没有子女者，折抵妻子。为单身汉，以自身折抵赔偿。牲畜、妻子、子女折抵后依然不足以赔偿牲畜数，按照至尊之法规，每头牲畜折抵行鞭刑二十五，最终执行不超过一百。"③牲畜、物品、子女、妻子、自身、鞭刑，这是赔偿的顺序和折合办法。除妻子、子女外，犯罪者本

①（宋）彭大雅撰，徐霆疏证：《黑鞑事略》，《续修四库全书》，上海古籍出版社2002年版，第423册，第537页。

②（明）萧大亨：《北虏风俗》，文殿阁书庄印行，1936年重印，第6页。

③李金山：《蒙古古代四部法典》，内蒙古教育出版社2010年版，第133页。转引自何金山、朝鲁门：《蒙古族古代游牧特色的罚畜刑处罚规定》，《内蒙古社会科学（汉文版）》2014年第2期，第101页。

人也是折抵赔偿的目标物。

以没收为奴婢、罚畜刑治盗，是蒙古各时期的基本办法或主要手段。尽管有时有反复，比如北元时期，1587年之后制定的《图们汗法典》，曾实行剜目、断手、截指等身体刑与罚畜刑并行的治盗法律。明人萧大亨《北虏风俗·治盗》载："夫治盗之法，曩时有盗若牛羊驼马者，止罚七九或三九之数耳。今新法一行，且剜其目，断其手，仍罚一九之数。即盗一马之尾，法犹截一指也。"①但身体刑的出现或恢复，只是支流，是局部的、偶然的，主体刑仍是罚畜刑："奴盗主财，既断一指矣，且罚及得财者，计畜之牝牡而重轻其罚：大抵得牝者罚六九，得牡者罚三九也。盗战具，则罚三九；盗田禾，则未收者三九，已收者六九也。盗为途人所获，则尽以所盗之物给之，贵其能获盗也。"②

（二）私奴身份赎买价五十万钱

"欲自赎者，人五十万"，即如果不想做私奴婢，就要出钱赎买。每人五十万钱，应该不是一个小数字。

同时，私奴婢是社会的贱民，地位颇低。故当时他们"虽免为民，俗犹羞之，嫁娶无所雠"。"雠"，匹也，婚嫁都不找这样的人。就因为这个后果太严重，"是以其民终不相盗，无门户之闭"。

"妇人贞信不淫辟"，与前述对盗的处理无关，是一个独立的事实。

总之，"朝鲜民犯禁八条"，使我们对初民社会的复仇、损害赔偿有了切实的理解。而损害赔偿的发达，在一定程度上反映了宗法不甚发达的社会，复仇意识、复仇宣传等的淡薄，甚至连复仇规则都没有建立起来。复仇伦理被经济利益吞没——损害赔偿讲究的就是一个"利

---

① （明）萧大亨：《北虏风俗》，文殿阁书庄印行，1936年重印，第5页。参见何金山、朝鲁门：《蒙古族古代游牧特色的罚畜刑相关法律规定阐释》，《内蒙古师范大学学报（哲学社会科学版）》2015年第3期，第44页。
② （明）萧大亨：《北虏风俗》，文殿阁书庄印行，1936年重印，第5页。

益"，而不是"父之仇，弗与共戴天""兄弟之仇，不反兵"[1]的激励。既然不存在指责为人子而不复仇"此则恶逆之甚者也"[2]的外在环境，人们也就不用承受"杀人私和"[3]的压力，正大光明地接受财产补偿。因而，侵害财产，可以获得劳役（通过将对方罚为奴婢）补偿；对方有财力，可以赎买；即使侵害人身，也可以谷物补偿。这与中国先秦对于侵犯的回应，有比较大的差别。这些，是我们过去未曾措意的。

霍存福

于沈阳师范大学3u生宅

2024年7月31日

---

①《礼记·曲礼上》。

②（清）汪琬：《尧峰文钞》卷9《复仇或问（并序）》，影印文渊阁四库全书，上海古籍出版社1987年版，第1315册，第276页。

③《唐律疏议·贼盗》"亲属为人杀私和"条："诸祖父母、父母及夫为人所杀，私和者，流二千里；期亲，徒二年半；大功以下，递减一等。受财重者，各准盗论。虽不私和，知杀期以上亲，经三十日不告者，各减二等。（疏）议曰：祖父母、父母及夫为人所杀，在法不可同天。其有忘大痛之心，舍枕戈之义，或有窥求财利，便即私和者，流二千里。若杀期亲，私和者徒二年半。'大功以下，递减一等'，谓大功，徒二年；小功，徒一年半；缌麻，徒一年。'受财重者，各准盗论'，谓受仇家之财，重于私和之罪，假如缌麻私和，合徒一年；受财十匹，准盗徒一年半之类。"中华书局1983年版，第333页。

参考文献

一、著作类

（一）古籍

1.孔颖达.尚书正义[M]//阮元.十三经注疏.北京：中华书局，1980.

2.孔颖达.毛诗正义[M]//阮元.十三经注疏.北京：中华书局，1980.

3.贾公彦.周礼注疏[M]//阮元.十三经注疏.北京：中华书局，1980.

4.孔颖达.礼记正义[M]//阮元.十三经注疏.北京：中华书局，1980.

5.孔颖达.春秋左传正义[M]//阮元.十三经注疏.北京：中华书局，1980.

6.徐彦.春秋公羊传注疏[M]//阮元.十三经注疏.北京：中华书局，1980.

7.王聘珍.大戴礼记解诂[M].北京：中华书局，1983.

8.伏胜.尚书大传[M]//影印文渊阁四库全书：第68册.上海：上海古籍出版社，1987.

9.司马迁.史记[M].北京：中华书局，1959.

10.班固.汉书[M].北京：中华书局，1962.

11.范晔.后汉书[M].北京：中华书局，1965.

12.陈寿.三国志[M].北京：中华书局，1959.

复仇　报复刑　报应说

13.房玄龄，等.晋书[M].北京：中华书局，1974.

14.沈约.宋书[M].北京：中华书局，1974.

15.萧子显.南齐书[M].北京：中华书局，1972.

16.姚思廉.梁书[M].北京：中华书局，1973.

17.魏收.魏书[M].北京：中华书局，1974.

18.令狐德棻，等.周书[M].北京：中华书局，1971.

19.魏征，令狐德棻.隋书[M].北京：中华书局，1973.

20.李延寿.南史[M].北京：中华书局，1975.

21.李延寿.北史[M].北京：中华书局，1974.

22.刘昫，等.旧唐书[M].北京：中华书局，1975.

23.欧阳修，宋祁.新唐书[M].北京：中华书局1975.

24.薛居正，等.旧五代史[M].北京：中华书局，1976.

25.脱脱，等.宋史[M].北京：中华书局，1977.

26.脱脱，等.辽史[M].北京：中华书局，1974.

27.脱脱，等.金史[M].北京：中华书局，1975.

28.宋濂.元史[M].北京：中华书局，1976.

29.张廷玉.明史[M].北京：中华书局，1974.

30.赵尔巽，等.清史稿[M].北京：中华书局，1977.

31.国语[M].上海：上海古籍出版社，1988.

32.战国策[M].上海：上海古籍出版社，1985.

33.李焘.续资治通鉴长编[M].北京：中华书局，1995.

34.夏燮.明通鉴[M].北京：中华书局，1959.

35.蒋良骐.东华录[M].北京：中华书局，1980.

36.杜佑.通典[M].北京：中华书局，1988.

37.马端临.文献通考[M].北京：中华书局，1986.

38.王溥.五代会要[M].北京：中华书局，1998.

39.钱仪吉.三国会要[M].上海：上海古籍出版社，1991.

40.沈家本.历代刑法考[M].北京：中华书局，1985.

41.睡虎地秦墓竹简[M].北京：文物出版社，1978.

42.长孙无忌，等.唐律疏议[M].刘俊文，点校.北京：中华书局，1983.

43.大明律.怀效锋,点校[M].沈阳：辽沈书社，1990.

44.吴坛.《大清律例通考》校注[M].马建石，杨育棠，等，校注.北京：中国政法大学出版社，1992.

45.朱谦之.老子校释[M]//新编诸子集成.北京：中华书局，1984.

46.孙诒让.墨子间诂[M]//诸子集成.

47.邢昺.论语注疏[M]//十三经注疏.北京：中华书局，1980.

48.焦循.孟子正义[M]//新编诸子集成.北京：中华书局，1988.

49.王先谦.荀子集解[M]//新编诸子集成.北京：中华书局，1988.

50.郭沫若，等.管子集校[M].北京：科学出版社，1954.

51.高亨.商君书注译[M].北京：中华书局，1974.

52.陈奇猷.韩非子集释[M].上海：上海人民出版社，1974.

53.刘文典.淮南鸿烈集解[M]//新编诸子集成.北京：中华书局，1989.

54.王充.论衡[M].上海：上海人民出版社，1974.

55.郭沫若.盐铁论读本[M]//郭沫若全集·历史卷.北京：人民出版社，1985.

56.和凝.疑狱集.杨奉琨,校释.[M].上海：复旦大学出版社，1988.

57.刘肃.大唐新语[M].北京：中华书局，1984.

58.李昉,等.太平御览.夏剑钦,等，校点[M].石家庄：河北教育出版社，1994.

59.李昉,等.太平广记.华飞,等,校点[M].北京：团结出版社，1994.

60.洪迈.容斋随笔[M].长春：吉林文史出版社，1994.

61.洪迈.夷坚志[M].郑州：中州古籍出版社，1994.

62.真德秀，等.名公书判清明集[M].北京：中华书局，1987.

63.叶留.为政善报事类[M].沈阳：辽宁教育出版社，1998.

64.王夫之.读通鉴论[M].舒士彦，点校.北京：中华书局，1975.

65.丘濬.大学衍义补[M].林冠群,等，校点.北京：京华出版社，1999.

66.冯梦龙.智囊补[M].北京：气象出版社，1997.

67.纪昀.《阅微草堂笔记》注译[M].北京：中国华侨出版社，1994.

68.袁枚.子不语[M].北京：中国国际广播出版社，1992.

69.蒲松龄.聊斋志异[M].北京：人民文学出版社，1989.

70.杨景仁.式敬编[M].清道光二十五年（1845）刻本，吉林大学图书馆藏.

71.陈其元.庸闲斋笔记[M].北京：中华书局，1989.

72.原北平故宫博物院文献馆.清代文字狱档[M].上海：上海书店，1986.

73.华东政法学院语文教研室.明清案狱故事选[M].北京：群众出版社，1983.

74.辛子牛.中国历代名案集成[M].上海：复旦大学出版社，1997.

75.中国社科院法学所法史室.中国古代办案百例[M].北京：中国社会科学出版社，1983.

（二）近人著作

中文著作

76.吕思勉.吕思勉读史札记[M].上海：上海古籍出版社，1982.

77.杨鸿烈.中国法律思想史[M].台北：商务印书馆，1987.

78.程树德.九朝律考[M].北京：中华书局，1988.

79.瞿同祖.中国法律与中国社会[M].北京：中华书局，1981.

80.蔡枢衡.中国刑法史[M].南宁：广西人民出版社，1983.

81.戴炎辉.唐律通论[M].台北：正中书局，1963.

82.栗劲.秦律通论[M].济南：山东人民出版社，1985.

83.张国华.中国法律思想史新编[M].北京：北京大学出版社，1998.

84.刘海年，杨一凡.中国珍稀法律典籍集成：甲编第1册[M].北京：科学出版社，1994.

85.俞荣根.儒家法思想通论[M].南宁：广西人民出版社，1992.

86.刘俊文.《唐律疏议》笺解[M].北京：中华书局，1996.

87.陈兴良.刑法哲学[M].北京：中国政法大学出版社，1992.

88.陈兴良.刑法的人性基础[M].北京：中国方正出版社，1996.

89.陈兴良.刑法的启蒙[M].北京：法律出版社，1998.

99.杨联陞.中国文化中"报"、"保"、"包"之意义[M].香港：香港中文大学出版社，1987.

91.刘再复，林岗.传统与中国人[M].合肥：安徽文艺出版社，1999.

92.王蒙.人文精神问题偶感.人文精神寻思录[M].北京：文汇出版社，1996.

93.刘小枫."道"与"言"——华夏文化与基督教文化相遇[M].上海：上海三联书店，1995.

94.乐黛云，勒·比松.独角兽与龙——在寻找中西文化普遍性中的误读[M].北京：北京大学出版社，1995.

95.李宗桂.中国文化概论[M].广州：中山大学出版社，1988.

96.常金仓.穷变通久——文化史学的理论与实践[M].沈阳：辽宁人民出版社，1998.

97.林达.历史深处的忧虑：近距离看美国[M].北京：生活·读书·新

知三联书店，1997.

98. 任继愈.中国佛教史：第1卷[M].北京：中国社会科学出版社，1981.

99.陈兵.生与死——佛教轮回说[M].呼和浩特：内蒙古人民出版社，1994.

100.老品.尘世是唯一的天堂：名家笔下的生老病死[M].北京：中国国际广播出版社，1995.

101.张立文.朱熹思想研究[M].北京：中国社会科学出版社，1981.

102.孔繁敏.包拯研究[M].北京：中国社会科学出版社，1998.

103.陈先达.漫步遐思：哲学随想录[M].北京：中国青年出版社，1997.

104.李庆善.中国人新论——从民谚看民心[M].北京：中国社会科学出版社，1996.

105.姚鹏，等.东方思想宝库[M].北京：中国广播电视出版社，1990.

106.鲁迅.鲁迅全集：第9卷[M].北京：人民文学出版社，2005.

107.鲁迅.中国小说史略[M].上海：上海古籍出版社，1998.

108.李剑国.唐前志怪小说史[M].天津：南开大学出版社，1984.

109.张国风.公案小说漫话[M].南京：江苏古籍出版社，1992.

110.王立.中国文学主题学[M].中州古籍出版社，1995.

111.陈正宏.漫话二十四孝[M].上海：上海文化出版社，1992.

112.蔡志忠.六朝怪谈[M].北京：生活·读书·新知三联书店，1997.

外国著作

113.马克思.死刑——科布顿先生的小册子——英格兰银行的措施//马克思恩格斯全集：第8卷[M].北京：人民出版社，2016.

114.[德]恩格斯.家庭、私有制和国家的起源//马克思恩格斯选集：第4卷[M].北京：人民出版社，1972.

115.[法]孟德斯鸠.论法的精神[M].张雁深,译.北京:商务印书馆,1995.

116.[德]黑格尔.法哲学原理[M].范扬,张企泰,译.北京:商务印书馆,1961.

117.[英]罗素.西方哲学史.[M].北京:商务印书馆,1976.

118.[英]弗兰西斯·培根.培根论说文集[M].水天同,译.北京:商务印书馆,1983.

119.[美]布迪,莫里斯.中华帝国的法律[M].朱勇,译.南京:江苏人民出版社,1995.

120.[美]霍贝尔.初民的法律——法的动态比较研究[M].周勇,译.北京:中国社会科学出版社,1993.

121.[美]弗兰西妮·科兰格斯伯伦.圣哲箴言[M].许和平,等,译.北京:文化艺术出版社,1992.

122.[美]莫蒂默·艾德勒、查尔斯·范多伦.西方思想宝库[M].姚鹏,等,译编.长春:吉林人民出版社,1988.

123.[美]约翰·麦·赞恩.法律的故事[M].刘昕,胡凝,译.南京:江苏人民出版社,1998.

124.[日]仁井田陞.唐令拾遗[M].栗劲,等,译.长春:长春出版社,1989.

125.[日]西田太一郎.中国刑法史研究[M].段秋关,译.北京:北京大学出版社,1985.

126.[美]刁冠群.官司难缠——美国法庭见闻录.[M].台北:张老师出版社,1994.

127.外国法制史资料选编:上[M].北京:北京大学出版社,1982.

128.西方法律思想史资料选编.北京:北京大学出版社,1983.

二、论文类

129.吴荣曾.试论先秦刑罚规范中所保留的氏族制残余[J].中国社会科学，1984（3）：199–200.

130.王月清.中国佛教善恶报应论初探[J].南京大学学报，1998（1）：62–64.

131.胡大展.《圣经》中的摩西法律.外国法制史汇刊：第1集.武汉：武汉大学出版社，1984：80.

132.张田勘.安乐死：在地下状态进行[N].时代潮，1997（12）.

133.张全民.《周礼》中所见的法制研究（刑法篇）[D].长春：吉林大学，1997：121–122.

附录1：

正视传统，磨琢文化，提炼精神，任重而道远^①
——在第一届中国法律文化研究成果奖颁奖典礼上的获奖感言

尊敬的曾宪义先生，尊敬的各委员会委员、各位专家、各位代表：

我把原来申报的发言题目做个小修正。

不好意思，又获奖了，而且又是一等奖。2007年刚获得"曾宪义基金会"^②的"中国法学教育研究成果奖"。当时评委们考虑了我们草拟本科评估方案的辛苦，以及挨骂的委屈，给了一个一等奖。这次又申报，犹豫了很久，直到快截止了，才进行了申报。犹豫的原因，是不好意思再从这个基金会拿奖。但这次是基金会奖励"法律文化研究成果"的，评奖单位又有中国法律史学会、全国外国法制史研究会，加上三十年研究这个时间段，不报又觉得可惜。我1978年3月进入吉林大学法律系学习，到2008年，刚好三十年，也想给自己总结一下。于是硬着头皮申报了。如果说，上一次奖是法学教育的，这次是法律文化的，"曾宪义基金会"的两个名头的奖励先后都得到了。以后不敢再申报了。

关于获奖的成果，我做个说明。获奖成果是我1999年写的博士学位论文，不敢不好好写。当时想综合使用法学、历史学尤其是文化学方法和原理进行一个比较全面的研究。之所以刻意从文化学角度开展研究，是与学友的鼓励分不开的。我的一本叫《权力场》的小书，送给赵晓耕

---

① 《法律文化论丛》第11辑（2020年12月版），第240—244页。
② 编者注：曾宪义法学教育与法律文化基金会，简称"曾宪义基金会"。

教授看，他翻了目录，又大致翻看了内容，对我说："你这是在搞文化研究呢。"当时吓了我一跳，我从未想过我是在研究文化。20世纪80年代"文化热"的时候，我知道自己的文化根底浅，没敢凑热闹，只集中精力做我的资料积累、辨析和考证。当听说自己一不留神也进入了文化研究行列，当时除了意外之外，还多少有点惊喜。再后来写博士论文的时候，就想刻意搞点文化研究了。论文的副题本来是"中国人罪过偿报态度的文化解说"，突出个大概念"文化态度"，在此之下突出"偿报态度"，但出版时编辑坚持用"法律观念的文化解说"，当时觉得这个帽子有点大。论文完成情况，就文化层面而言，并不是很满意。文化学方法用得还比较生涩，不自如；有的概念、范畴还有生搬硬套的味道。出版推迟了五年，也是想好好改一改。但一直没有大块的时间，也就作罢。当时努力想把复仇问题、报复刑问题、社会上流行的报应学说问题作为一个中国的、特别的法律文化问题来研究，已耗尽了我自己的能量。能够获奖，表明大家认可了我的努力，认可了包含于其中的学术态度、研究方法及取得的成绩。这对我是一个很大的鼓励。就学术道路而言，这本小书的写作尝试，对我近年来的研究，影响颇大，是一种促进。现在我采用文化的视角，以及尽可能使用文化学方法、文化学原理来研究问题，比过去更主动一些，也更自觉一些。不过，困难仍在，也很大。我一直有一种感觉，就是"越研究法律文化，越觉得自己没有文化了"。这个艰难的"二律背反"，应该是我们每个研究者都要跨越、都要超越的。对我而言，更是这样。

能获得一等奖，非常荣幸。三十年中，我从入门，到逐步开展研究，有自己的努力。但比起老先生们开创的辛苦，以及他们对我们的培育和期望，差距还很大。因而确实是任重而道远的。感谢曾宪义法学教育与法律文化基金会，也感谢各委员会、学会、研究会及评审委员们的抬爱。我将会继续沿着踏实研究的路子走下去，没有新意的文章不发，没有新意的书不出，不浪费大家宝贵的阅读时间，不因为我的作品带给大家不好的心情。

　　再次感谢。谢谢！

霍存福

2008年12月15日

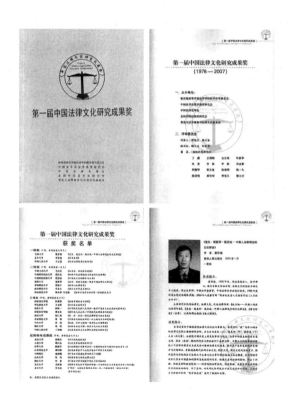

附录2：

原论文摘要

一、复仇主义的文化心理是当前中国的一个现实存在，中国法律也一直没有大面积地脱去报复刑色彩。复仇主义的文化心理来自中国的传统文化，以文化传统的形式传给一代又一代中国人。中国的施报文化结构，为报仇（报恶）这个文化丛（相对的一个文化丛是报恩即报善）提供了背景，复仇、报复刑、报应说是报仇（报恶）这个文化丛在功能上互相关联的三个文化元素或文化特质。原始复仇—报复刑—报应说构成了一个历史的、逻辑的发展过程。复仇是自力行为，报复刑是他力行为，报应说则是他力和自力的结合，在逻辑上类似一个"正—反—合"的否定之否定过程。复仇出现于人们力所能及之时，报应（期待）适合于他们力不能及之时。

二、（一）复仇是人类最古老的行为之一。血族复仇的集体义务，源于氏族组织及其一体性；复仇的事由，则是起于各种形式的侵害，杀伤、侮辱皆是；为避免复仇的灾难性后果，出现了替代流血死亡的经济赔偿方式和以流血为止的象征性报复形式。

原始复仇习俗，在氏族社会向国家过渡的过程中，起了积极的作用——孕育了报复刑；但在国家法制建立之后，却是一种破坏性存在，常表现出对法制原则之超越它的否定和蔑视。

（二）中国的复仇文化或复仇文明是经学文化或经学文明。经书中的复仇规则是循着限制和规范复仇的路径走出来的。从复仇前提之标准的建立，到复仇对象的限定，到复仇者的范围及角色限定等，原始血族复仇的任意性被逐项规则化。经学的限制规则主要是道德规则，相对于原始复仇道德是一个革命性变化；但对这种道德规则，贤者可以遵守，而不肖者可以不遵守，因而其约束力自然成问题。

（三）中国封建时代在法律完备的状况下，复仇在立法上的纵禁竟然成了问题，中国人一直没有走出逻辑悖论，出现了长时期的允许和禁止复仇的反复循环。早期法制曾对复仇习俗予以清理，但受儒家伦理的激扬，复仇一直受鼓励，复仇案一再发生。历朝在司法上对复仇多予以宽纵。有关复仇的往复争论，反映了中国人处在一种文化困境中：赞许复仇实际是一个道德陷阱，既赞许复仇又惩罚擅杀的二元标准仍然是陷阱，禁止复仇的法律一元标准难以树立。

汉代以后的复仇案，其原因多是加害者未受惩，比例很高。复仇具有代替或弥补法律纠正的功能，兼有平慰受害者家属心理的作用；"杀人者死"的报复刑规则是支持复仇的一个基本因素。复仇风习下，复仇者的年龄降低，少年儿童复父母仇者占近1/5，女性复仇远超过春秋战国时期，占1/10。多是复父母仇，为兄弟或其他亲属复仇较少，为友复仇在个别时期较突出。而复仇者的命运，受追究者较少，不受追究的比例相当高，司法导向为鼓励复仇。复仇常表现出泛滥化倾向：公认的经学规则被打破，复仇行为超出加害程度等。支持复仇的观念，主要是孝、义、勇、智等伦理观；复仇者的法理观呈现出矛盾性，既无视国家禁止擅杀的律令而私下复仇，复仇后又能自首并勇于接受惩罚，甚至不接受减刑的恩惠而宁愿伏法就刑。杀人偿命的报复刑观念是其法理观的核心。复仇者的死亡观既包括释怨申冤的解脱，又包含英雄情结。

处在复仇风习中的法律，一方面为避免复仇而做出使人们不便复仇的安排，如义绝离婚制、杀人移乡避仇制，另一方面，从国家公权力立场出发，禁止人们杀人"私和"，但实际上又激发了复仇，与立法的初衷相背离。

三、（一）报复刑之族刑与缘坐，是原始复仇的蛮性表现，是蛮性复仇在刑罚制度上的印记。夷三族刑的正式立法是一个巨大的历史进步，因为范围的确定是对无限制的族刑的一种限制。

（二）报复刑的普遍而有影响的形态是同害刑。它是报复刑发展的第一阶段。同害刑突出地反映在杀人和伤人罪的处理上。西方古代实行的是绝对同害刑，古代法典和宗教教义显示，"伤人者刑"表现为"以牙还牙""以眼还眼""以打还打"，不仅有伤害结果的报还，也有伤害手段的报还；"杀人者死"则又有对象主义倾向，既可能由责任者偿命，也可能由责任者的子女承当，要看受害方的损失者为何种身份，尚未进化到区分责任者与无辜者的阶段。死亡的报还，不仅包括人偿命，也包括牲畜偿命。经济补偿办法在个别地方也得到有限制的使用。

中国古代实行相对同害刑，在杀人罪方面实行同害原则，而伤人罪则否。中国肉刑种类和数量都有限，从一开始就杜绝了伤人罪上实行绝对同害刑。秦律中杀人者死是基本规则，伤人者则罚甲或处徒刑（有时兼用肉刑），刑罚以徒刑为主，基本不处肉刑。封建时代初期在伤人罪问题上摆脱了同害刑的羁绊。唐律杀人罪的同害刑用于谋杀已杀已伤、殴杀人及其他致人死亡的情形，以结果主义（产生死亡结果）为特征；反坐的同害刑和共犯的同害刑，则较为突出，此二类同害扩及所有犯罪。伤人者处以杖、徒、流等刑，不存在肉刑之类的同害刑。

同害刑是从外表上可以直观地看出或衡量的方式。同害刑包含了对加害者道德的否定性评价，故同害刑多用于故意之罪；过失犯罪即使杀人，也不适用同害刑。西方宗教教义中，过失杀人使用避仇的"坛"或

"逃城"，与中国《周礼》所述"过而杀伤人者"的和难避仇居住的制度十分相近。封建时代汉律过失杀人不坐死，唐律过失杀伤人则使用赎刑。严格的报复刑即刑罚不可以由他人代替承受（不允许代刑），且不可以交纳金钱等来代替（不允许赎刑），西方宗教教义《圣经》即是如此要求的。中国古代，过失杀伤人适用赎刑，故意杀人及其他犯罪，受伦理的影响，有时法律上允许亲属代刑，如东汉。代刑虽仍体现报复刑的"必罚"原则，但已背离罪责自负原则。

报复刑表达了一种原始、朴素的公平、正义观念，报复被理解为刑罚的本质。同害是报复刑的基本形式之一。同害报复的情理基础有二：一是"去其具"——哪里出问题找哪里。把犯罪危害责任的"承担单位"与犯罪行为发生的生理区域相联系，是"直情而径行"的本能反应，含有特殊预防的用意。二是抵命——双方扯平的唯一形式。西方思想家康德主张刑罚的等量报应（种的等同），即同态复仇；黑格尔虽主张等价报应，但在杀人方面又回到等量报应。中国人杀人偿命惯用一个"抵"字。抵命时，有时是绝对的数量上的等同，抵偿的同态性表现得很充分。清律例有大体等量抵命的规定。

（三）非同害的象征性刑罚是报复刑发展的第二个逻辑阶段。在中国，它在时间上是与同害刑大体并行的，而非在同害刑之后单独存在。在实践中对等性补偿原则有时被做了调整，某些犯罪（如杀人）的同害刑，向非同害靠拢，使对等性补偿变成一种高度象征性制度。

在理论上对同害刑的清算是产生和支持非同害原则的基础。西方的清算，一是对宗教教义的重新解释，如对伤害罪的刑罚给以不必同害的解释；二是来自哲学家、法学家对同害刑荒谬性的非难，如黑格尔等。中国对同害刑的清算，杀人者死是铁则，未进行过清算，数量上的同害痕迹一直残留着；对刑罚手段上的同害倾向，个别思想家曾指出过其荒谬性，但立法上仍时有反复；伤害罪因很早就实行未必同害刑，无清算必要，但因恢复肉刑论者坚持同害报复原则，也曾受过尖锐的理论批评。

非同害的报复刑的立论基础是寻求价值的等同，实行等值相报。中国古代的"伤人者刑"就是等值报复的估价系统。等值、等价的讲究，是非同害刑的一个内在的东西。黑格尔所谓在理智上"寻求刑罚和犯罪接近于这种价值上的等同"，正反映了人类在这方面探求的真实历程。报复刑的发展路径是：绝对同害—相对同害—非同害。前两者追求惩罚手段与侵害行为之间的等同，且绝对与相对之间也只有量的差别；第三项则是等值相偿，惩罚手段与侵害行为之间有质的差别。

报复刑并没有走到它的尽头。刑罚产生伊始，就以报复为特征。报复是刑罚的应有之义，离开了报复，刑罚就不成其为刑罚。因而，报复在刑罚消亡前，将一直会作为其内容和特征留存下来。报复刑论作为一种学说，也在与预防说、威吓说、矫正说等理论的论辩中不断修正和丰富自己，个别西方国家报复刑主义抬头也是值得注意的现象。当下中国还必须保持现行法律的报复刑色彩，甚至在一定程度上保持对等性补偿原则。

（四）报复刑观念对刑讯、监管及刑罚的执行都产生了重要影响。刑讯的违法、监管的不合理、刑罚执行的泄愤色彩，以及这些过程中所反映的对待死刑犯的态度，反映了中国刑法文化中"可以伤及有辜"的潜意识。

四、报应是指一定行为（善行或恶行）的必然的后果（善报或恶报）。人们讲报应，多是指恶报。报应包含报应后果和报应期待心理两方面。

（一）报应几乎可以解释一切行为及其后果。中国先有儒家、道家（以及道教）的报应观，后有佛教果报观。报应是福佑（善报）与祸谴（恶报）的统一体，前者是因有阴德，后者因是种了阴祸。道家有阴德阴祸之说，早期道教有"承负说"（先人作恶，子孙承负）、"夺寿说"（作恶者本人或其子孙承受）；儒家有"天道福善祸淫""积善之家，必有余庆；积不善之家，必有余殃"等善恶报应观念。道儒两家的子孙受报说，与后来传入的佛教主张的自业自报的报应论不同。大众认识中，积阴德，可以获得做高官、延寿命、无疾而终、子孙中举等善报；与职业相连的报应，是军官不妄杀人，必有子孙厚报，文官处事以公心，也可以期冀子孙善报。

鬼神之报是与天帝、鬼神观念纠缠在一起的报应观。先秦鬼报有报德内容，但主要是冤报，且冤报对象多是君主。道佛二教的宣扬，使鬼神之报得到发展。道教的冥司在泰山，佛教的阴司在酆都。冥间无贵贱之分，一律平等；冥间阎罗王选"刚猛疾恶"人充任，使用"业镜""神秤"等有效手段判断善恶，程序上重视证人，用法谨慎，使报应得以公正。以此平等、公正的"制度"为背景，鬼厉被赋予一种强愎性格，坚持报冤索命。

报应说包容了传统社会最基本的法律原则。报应说是现世法律概念的摹写，也是现世法律观念的摹写。法律中的报复刑原则，自"杀人者死"到罪罚相应，冥间法都予以贯彻。报应说又与复仇相连。报应就是复仇、雪怨。但与复仇相连的报应，容易泛滥，难与法律规则契合。同态复仇、牵连无辜，都是其表现。

（二）刑官报应说是报应说的局部化、特定化。刑官积"阴德"可以得善报，阴德即治狱不冤枉人或纵活罪人；刑官作恶法获恶报，作善法得善报。

报应的内容是官爵、俸禄、寿考，报应范围为刑官本人与其子孙。

刑官子孙福报是多子多孙；祸报是"刑官无后"或"刑官不蕃其后"。关键标准在于"用心仁恕，治狱无冤"。寿考善报为延寿、为神，恶报为减寿。禄位或官位之报往往与寿报相连，位寿同降是常态。寿考善报以雪冤活人为正途，并被描绘为一个随善恶多少而报的弹性的动态过程。

报应程度或强度以报还相应为原则，故冤报表现为同态复仇，王法、冥刑都是报复刑。"杀人者死"，故冤死者必报以死；"伤人者刑"，故酷刑、滥刑也得身患类似鞭笞疮伤之报，或子孙无手足之报（报应说在这里坚持绝对的"伤人者刑"观念）。出人死罪得延寿，入人死罪得减寿，二者又约略相当。

冤报的缘由是冤情。观念上不应有冤枉的逻辑转化成不可有冤枉的逻辑，就是冤报说。冤之必报首先来源于冤鬼们的报复观念，冤鬼意志的基础是鬼神护佑。冤报的实质是统治阶级内部互相杀伐情形下咒诅宣泄的形式之一，也是单弱小民对抗司法黑暗的主要形式。生前力不能胜，就求死后。可见，冤报说是弱者哲学。

冤报说在阳谴、人诛之外另求阴祸、鬼诛，出现了双保险的惩罚报冤系统。鬼神、地狱提供了精神寄托，提供了幻想，提供了一种常识中不可能的可能性。

冤报的首要罪过形态是故枉人罪，法律上是故入人罪。故枉遭报的警示，迫使刑官们遵循最起码、最基本的职业禁忌——不想得报应，就不要故枉人罪。刑官过误枉入人罪，虽无主观故意，也获冤报。它给刑官们设定了第二个职业禁忌——故枉害人固然不可，漫不经心、马虎大意不求真而造成误杀，也会遭果报。刑官迎合君主、上官意志治狱，以及缄默巧避而不主动纠正错案，也获冤报。冥间法律推原祸本的这种做法，进一步加大了刑官的责任范围，为刑官设置了第三重职业禁忌——

无论有程度多大的逢迎、缄默，只要导致冤枉，刑官都必然被作为牵连责任人成为果报对象。刑官忠厚致冤或枉纵罪人而不为人申冤，也获果报。这设定了刑官的第四重职业禁忌——息事宁人的糊涂账、抑冤而不伸，不能使恶有所惩、责有所归，难免遭报应。

刑官报应说的特征有三：报还相应的同态公平，鬼厉与刑官地位的平等，以法律为依据的法律正义观。"死于法，则不得报"，反映刑官正义与否取决于对法律的依违。报应说从两方面满足了社会需要：一方面，作为道德律，报应说为刑官设定了职业道德约束，要求之高，近乎苛刻。惧怕报应给了刑官一定的心理压力，具有威吓作用。另一方面，报应说主要是为单弱者提供了发泄的渠道，提供了寄托和希望。报应说使弱者不弱，强者不强。阴司是最后说理的地方。人们在昏暗现实之外的幻想、憧憬，就落在这个缥缈的世界里。

但报应说将制度的弊病、刑政的黑暗，转化成个人受报的个体现象，转移了人们对制度、政治、时局、官僚集团整体的注意力，又具有麻痹作用。